설득의 디테일

원하는 것을 얻는 섬세한 대화의 기술 9가지

PERSUASION
PERSUASION
PERSUASION
PERSUASION

설득의 디테일

원하는 것을 얻는 섬세한 대화의 기술 9가지

제임스 보그 지음 | 이정민 옮김

PERSUASION
PERSUASION
PERSUASION
PERSUASION

현대
지성

이 책에 쏟아진 찬사

일하는 사람이 필수적으로 배워야 할 기술이 무엇일까 묻는다면 '설득'이라 답하고 싶다. 인간에 대한 이해와 공감에서 비롯되는 진정한 설득 말이다. 이 책은 삶에서 말 한마디가 왜 중요한지 구체적이고 재미있게 '설득'해낸다.

희렌최, <희렌최널> 유튜버, 『할 말은 합니다』저자

이 책은 논리로 상대를 이기려 하는 사람들이 놓치는 '디테일'을 섬세하게 파고든다. 9가지 대화의 기술과 다양한 유형의 사람들을 대하는 방법까지 당신은 사람의 마음을 움직이는 설득의 해법을 발견하게 될 것이다.

임정민, 『어른의 대화법』저자, 임파워에듀케이션 대표

매우 유용하고 읽기 쉬운 안내서다. 저자는 이 책을 추천하도록 우리를 설득하고 말았다. 이런, 그에게 흠뻑 빠져들었다!

「타임스」

이 책에 설득당했다고? 그렇다면 당장 이 책을 사라.

「매니지먼트 투데이」

이 책은 효과적인 설득의 기술을 가르쳐주는 쪽집게 과외 같다. 누구나 꼭 읽어야 할 필독서다.

「데일리 텔레그래프」

다른 사람을 자신이 원하는 대로 행동하게 만들려는 사람이라면 꼭 읽어야 할 필독서다.

앤서니 제이 경, 전 BBC 제작자 겸 작가

진정한 의사소통에는 신뢰, 정직, 공감이 필요하다. 이 책은 이런 기술을 계발하고 활용하는 방법을 가르쳐준다. 모든 사람의 책장에 꽂혀야 할 책이다.

존 하비 존스 경, 영국 기사단 훈장 회원(MBE)

탁월한 자기계발서다. 술술 읽히고 재미있다. 강력 추천한다.

질리 쿠퍼, 작가 겸 저널리스트

이 책은 사람들을 내 편으로 만드는 데 도움을 준다. 읽어보면 설득당할 것이다. 보물 같은 책이다.

수 롤리, 전 BBC 뉴스 앵커

자기계발 및 대중 심리학 분야 도서 중 21세기를 대표하는 베스트셀러 중 하나다.

필립 스톤, 「더 북셀러」 에디터

서문

설득은 상대방이 가진 것을 일방적으로 빼앗는 일이 아닙니다. 상대방이 바라고 열망하는 것을 찾아주거나 얻도록 도와주는 일입니다. 예를 들어볼까요? 영업은 설득이 필요한 대표적인 비즈니스 환경입니다. 그런데 설득을 잘하는 영업 사원을 관찰해보면 판매 자체에 집착하기보다는 고객의 필요에 먼저 관심을 기울입니다. 이런 영업 사원이 결국 동료들보다 더 나은 성과를 얻게 되지요.

하지만 설득력 있는 사람을 주위에서 찾아보기 어렵습니다. 오히려 자기 생각을 강요하는 사람들을 더 쉽게 볼 수 있지요. 이보다 더 나쁜 점은 '강요'를 설득이라고 착각하는 것입니다. 이런 일은 '설득력'이 아니라 '건방력'인데 말입니다.

일상에서도 설득력은 중요하지만 비즈니스 환경에서는 더할 나위 없이 중요합니다. 오늘날 기업에서는 구성원 개인이 혼자서 할 수 있는 일이 거의 없습니다. 업무 기능이 세분화되고 긴밀히 연결되어 있기 때문입니다. 따라서 협업이 필요한데, 이때 서로에게 가치를 제공하면서도 '대화'가 통하는 사람만이 협업이 가능합니다. 가치와 기준이 서로 다른 사람들이 모인 조직에서 대화가 통하게 하는 힘, 이것이 비즈니스 환경에 필요한 '설득력'입니다.

설득력 있는 사람은 우선 머리가 편합니다. 타인이 자기 생각에 수긍하도록 만들기 때문입니다. 다음으로 몸이 편합니다. 설득력 있는 말 한마디가 두 번 해야 할 일도 한 번에 가능하게 만듭니다. 마지막으로 마음이 편합니다. 대화를 통해 의도했던 것과 함께 사람 자체를 얻을 수 있기 때문이죠. 이런 설득력을 여러분도 한번 배워보고 싶지 않나요?

　이 책 『설득의 디테일』은 살아가는 데 꼭 필요한 설득력을 갖추도록 도와줍니다. 특히 논리로 상대를 이기는 것이 아니라 진심과 공감으로 사람을 변화시키는 방법을 알려줍니다. 개인적으로는 10장「유형: MBTI에 따라 달라지는 관계의 기술」이 흥미로웠습니다. 설득력을 발휘하려면 먼저 상대방과의 관계 형성이 중요한데, 이를 위해 상대방이 MBTI의 E유형인지 I유형인지 먼저 파악하고 전략적으로 다가가야 한다는 이야기가 신선했습니다.

　그렇다고 이 책이 잔재주만 알려주는 것은 아닙니다. 책의 저자는 이렇게 말합니다. "설득력이란 대화의 잔기술이 아니라 바로 공감과 진심에서 시작되는 힘이다." 이 책이 알려주는 다양한 설득의 기술을 통해 먼저 나 자신이 어떤 사람인지 깨닫고 상대방을 이해하고 공감한다면 누구의 마음이든 얻을 수 있을 것입니다.

김범준, 『모든 관계는 말투에서 시작된다』 저자

들어가며

　설득력은 직장은 물론 일상에서 어필할 수 있는 최고의 매력 포인트다. 성공한 사람과 실패한 사람을 구분하는 핵심 요소이기도 하다. 우리는 눈에 띄게 설득력이 뛰어난 사람들을 알고 있다. 그들은 어떤 상황에서든지 타인이 자신의 생각에 동의하도록, 심지어 자신의 뜻대로 움직이도록 이끈다. 별다른 노력 없이 그것이 가능하다. 애초에 탁월한 설득력을 타고났기에 애쓸 필요가 없는지도 모른다.

　하지만 이런 능력과 거리가 먼 우리에게도 희망은 있다. 설득력은 훈련으로 키울 수 있기 때문이다.

　당신은 살면서 주장이나 요구를 관철시키기 위해 온갖 노력을 기울인 적이 있을 것이다. 유아기부터 설득의 필요성에 직면하고, 나이가 들수록 설득을 통해 이뤄야 하는 과업의 무게가 막중해진다.

　나는 아주 어릴 때 마술 심리학(특히 독심술)에 푹 빠져 마술 동호회의 최연소 회원으로 가입하면서부터 설득력에 관심을 갖기 시작했다. 훌륭한 마술사는 '대인 관계'의 달인이다. 심리학자들은 설득이라는 주제를 연구하면서 우리가 날마다 설득의 기술을 사용한다는 사실을 깨달았다. 혹자는 인간이 행하는 모든 '설득' 중 마술사의 설득이 가장 어렵다고 결론 내렸다. 마법사는 (선택한 카드를 뒤집든, 뭔가가 감쪽같이 사라지거나 불쑥 나타나든, 독심술을 보여주든) 모든 의혹을 해소하고 그들이 기적을 봤다고 믿도록 관객을 '설득해야' 하기 때문이다.

마술사는 관객의 주의를 모은 뒤 완벽히 통제한다. '적절한' 단어를 사용하고, 어떤 관객의 말이든 경청하며, 관객들이 기억하기를 바라는 것들을 주로 '제안의 힘'을 이용해 기억하게 만든다. 동시에 자신이 상대하는 사람의 유형을 파악한다. 그 과정에서 긴장을 풀어주고자 유머를 던지기도 하고, 그들의 몸짓을 관찰해 마음을 읽기도 하며, 궁극적으로는 관객이 자신을 '신뢰'하고 호감을 품게 만든다. 이 과정에서 마음속에 피어난 의혹을 말끔히 날려버리도록 관객을 설득한다. 사람과 소통하는 데 이보다 뛰어난 기술이 어디 있단 말인가!

일상에서 성공하는 사람들은 이러한 기술을 적절하게 활용해 막강한 설득력을 발휘한다. 비즈니스 세계에 몸담아온 지난 수년간 나는 타인이 내 생각에 동의하도록 만드는 일이 엄청 유익하다는 사실을 깨달았다. 직장은 물론 집에서도 매일같이 자기 의견을 이해시켜야 하는 사람들을 만난다. 마찬가지로 당신도 그들의 의견을 이해해야 한다. 결국 이 과정에서 우리는 타인이 우리의 생각에 동의하도록 설득하고 또 그들이 어떻게 생각하는지 '읽어낼' 수 있어야 한다.

순조로운 삶을 원한다면 누구나 이런 능력을 탐내지만 실제로 손에 넣기는 아주 까다롭다. 설득력은 '사람들의 의견이나 태도, 행동에 영향력을 미치기 위해 시도되는 모든 기술'을 의미하기 때문이다.

이 책에는 지난 수년간 광고, 영업, 마케팅, 언론, 직무 심리학(work psychology) 및 코칭 등 여러 분야에 걸쳐 축적한 나의 성공 노하우를 담았다. 이 모든 경험은 행동 및 사회 심리학 연구가 뒷받침되었기에

들어가며
•

가능했다.

모든 기술을 이미 시도하고 실험해본 만큼 현실에 적용하는 방법을 알려줌으로써 설득 과정을 간소화하는 게 나의 목적이다. 이 책에서 나는 자기 주장을 설득력 있게 내세우는 방법, 타인을 더 효과적으로 '읽어내는' 방법을 보여줄 것이다. 그리하여 당신이 강력한 설득력을 갖춘, 호감 있고 신뢰할 만한 사람이 되도록 돕고자 한다. 이로써 당신은 자신의 감각들에 눈을 떠 우리 안에서 내재된 '여섯 번째 감각'을 깨울 수 있을 것이다.

레오나르도 다빈치는 보통 사람은 "보지 않은 채 보고, 듣지 않은 채 들으며, 느끼지 않은 채 만지고, 맛보지 않은 채 먹으며, 인지하지 못한 채 움직이고, 냄새나 향기를 맡지 못한 채 숨 쉬고, 생각하지 않은 채 말한다"라는 사실을 날카롭게 포착해냈다. 대다수 인간에 대한 꽤 정확한 평가 같지 않은가?

그렇다면 이 책의 목표는 무엇인가? 3부작을 구성하는 다른 두 책과 마찬가지로 가르치고 정보를 제공하며 즐거움을 주는 것이다.

이 책에서 말하는 '설득력'은 전적으로 긍정적 의미를 지니고 있다. 설득력은 당신과 당신이 마주하는 사람들에게 이롭게 작용한다. 매번 성공할 수는 없지만 이 기술에 익숙해질수록 점차 설득에 능해지고 인간관계가 개선되는 것을 느끼게 된다. 일과 사적 영역에서 성공한 사람과 그렇지 못한 사람을 구분하는 기준은 설득력이라는 사실이 연구를 통해 속속 입증되고 있다.

따라서 이 책은 사람 대 사람의 설득을 다룬다. 가장 성공적인 상호작용은 결국 여기서 시작된다. '설득의 달인'과 그렇지 않은 사람을 구분하는 기준을 한마디로 정의 내린다면, 타인의 머릿속에서 무슨 일이 일어나는지 이해하는 능력이라고 할 수 있다.

이 책은 당신이 읽어본 비슷한 주제의 대다수 책들과는 꽤 다를 것이다. 이미 아는 내용일 수도 있지만, 현실에 적용하는 방법은 처음 배울 것이다. 책을 덮을 무렵에는 설득력이란 당신이 사용하는 기술이 아니라 바로 당신 자신(사람)이라는 결론에 이르길 바란다. 설득력의 관건은 당신의 행위가 아닌, 당신이라는 사람 자체다. 당신의 설득력은 여러 핵심 기술과 다양한 행동 양식을 당신만의 방식으로 결합해야 완성된다. 결국 자신을 아는 게 핵심이다.

나의 경제학 교수님은 J. K. 갤브레이스를 인용해 이렇게 말씀하시고는 했다. "세상 사람은 두 가지 부류로 나뉜다. 모르는 사람들 그리고 자신이 모른다는 사실을 모르는 사람들." 이 책은 두 부류 모두를 위한 책이다.

제임스 보그

차례

설득

설득은 논리가 아니라 공감과 진심이다

수년 전, 극작가 톰 스토파드는 자신의 첫 작품에 대한 질문에 이렇게 답했다. "저를 엄청난 부자로 만들어줄 작품입니다."

이 책도 당신에게 동일한 결과를 선사할 것이다. 소통의 본질이 무엇인지 일깨워 당신의 설득 기술을 향상시켜줄 뿐만 아니라 그로 인해 일터와 일상에서 크나큰 유익을 안겨줄 것이다.

> **클루소 경사:** (호텔 리셉션 직원에게) 당신 개는 사람을 뭅니까?
>
> **호텔 직원:** 아니오.
>
> **클루소 경사:** (개를 만진다.) 착하구나. (그러자 개가 경사를 문다.)
>
> **클루소 경사:** 으악! 물지 않는다고 하지 않았소?
>
> **호텔 직원:** 그건 제 개가 아닌데요.
>
> 영화 <핑크 팬더> 중에서

1장 설득
•

우리는 모두 직장이나 가정에서 누군가를 이해시키거나 특정 행동을 이끌어내고자 매일같이 노력한다. 저마다의 이유로 타인을 내 편으로 만들어야 하는 경우가 항상 존재하기 때문이다. 이때 소통에 능한 사람일수록 설득에 성공할 확률이 훨씬 높아진다.

아리스토텔레스의 설득 기술

○

2,300여 년 전 철학자 아리스토텔레스가 성공적 소통의 조건을 제시한 이래 수십 세기가 지났지만 인간 성품의 기본은 거의 변하지 않았다. 아리스토텔레스의 글은 설득에 관한 이론 중 최고 권위를 자랑한다. 그에게 설득은 곧 기술이었다. 사람들이 평소 같으면 하지 않았을 일을 하도록 만드는 기술 말이다.

아리스토텔레스는 사회적 동물인 인간이 같은 인간을 설득해야 하는 상황에 일상적으로 직면한다는 사실을 주목했다. 모든 설득은 그가 A지점이라고 부른 시작점에서 목표인 B지점으로 청중을 이끌기 위해 이루어진다. A지점에 있는 상대방 혹은 청중은 당신의 아이디어나 제안에 무관심할 뿐더러 반감까지 품고 있다. 따라서 당신이 내세우는 견해를 이해시켜야 하고, 더 중요하게는 신뢰하도록 만들어야 한다. 아리스토텔레스는 설득력 있는 연설은 (대상이 한 명이든 수백 명이든) 흥미롭고 문제의식을 일으키며 유창해야 한다고 주장했지만 정작 핵심은 따로 있다. 설득의 유일한 목표는 청중을 B지점으로 데려가는 것뿐이다.

설득력을 갖추기 위해 그는 설득에 능한 연사들이 사용하는 세 가지 유형의 각기 다른 요소를 제시했다.

◇ 에토스(신뢰성: 인격과 평판 기반)

◇ 파토스(감정: 공감 기반)

◇ 로고스(논리성: 언어 사용 능력 기반)

세 가지 요소를 적절히 겸비한 연설만이 청중을 A지점에서 B지점으로 옮기는 데 성공할 수 있다.

에토스는 소통 가운데 드러나기 때문에 연사의 성격과 결부된다. 제대로 소통하려면 메시지를 신뢰할 수 있어야 하는데, 이는 청중의 마음에서 우러나는 것이다. 따라서 청중의 눈에 연사가 믿음직해 보여야 하며, 이는 그의 됨됨이는 물론이고 그에게서 전해지는 진심과 직결된다.

파토스는 청중이 느끼는 감정과 관련 있다. 아리스토텔레스는 이렇게 말한다. "연설이 청중의 감정을 자극할 때 그 청중을 통해 설득이 실현된다." 다시 말해, 설득력을 얻으려면 반드시 청중의 감정에 호소해야 한다. 즉, 공감을 일으켜야 한다.

로고스는 연사가 실제로 사용하는 언어와 관련 있다. 아리스토텔레스는 청중을 당신의 목표 지점으로 옮기려면 단어와 이야기, 인용문과 사실 들을 선택하는 일이 중요하다고 말했다.

당신이 견해나 주장을 '청중'에게 어떤 식으로 제시하는지 살펴보자. 위의 세 가지 요소를 모두 사용하는가? 다른 사람들은 이 요소들을 어떻게 사용하는지도 관찰해보자. 이때 주로 많이 사용되는 요소를 찾아내고 다른 두 요소와 연관지어보자.

아리스토텔레스에게 가장 중요한 요소는 로고스였고, 에토스와 파토스는 부수적 요소에 불과했다. 이에 비해 오늘날은 에토스가 1순위이며, 파토스와 로고스가 그 뒤를 따른다. 여기에는 그럴 만한 이유가 있다. 가령 정치인에게는 에토스(신뢰성)가 무척 중요하기에 그들이 우리에게 거짓말을 하거나 공약을 지키지 않을 경우 응당 불신할 수밖에 없다. 그럴 때는 파토스(감정)건 로고스(논리성)건 무의미하다. 물론 이는 정치에만 국한된 이야기가 아니다. 일상 속에서 사람들과 관계를 맺는 우리에게도 해당된다.

아리스토텔레스는 타인의 마음을 얻고자 할 때는 처음부터 신뢰가 형성되어 있다는 가정하에 논리와 감정을 조화롭게 사용해야 한다고 말했다.

설득의 과정에는 두 가지 경로가 있다. 나는 이를 각각 '의식'과 '무의식'이라 부를 것이다. 짐작하겠지만 논리성은 주로 의식에서 실현된다. 어떤 이들은 지적 차원에서 사실에 집중하고 상황을 평가한 뒤 합리적 결정을 내린다. 다시 말해 설득당하는 것이다. 당신이 알거나 상대하는 사람들 중에도 설득되기 전 사실을 '처리하는' 단계를 상당히 중요하게 여기는 이들이 있을 것이다.

반면, 무의식이 중요한 이들도 있다. 이 사람은 '설득자'가 제시한 정보를 그 상황의 정서나 직관에 따라 평가한다. 만약 설득자에게 호감이 있거나 에토스(신뢰성)에 만족했다면 그 직관을 근거로 결정을 내리고, 그런 뒤에 결정을 뒷받침해줄 사실을 검토하는 것이다. (하지만 정보가 차고 넘치는 세상에서 우리는 이따금 '분석으로 인한 마비' 증상을 겪기도 한다. 무수한 사실들이 우리의 결정을 지연시킨다.) 그리하여 검토한 사실들까지 만족스럽다면 상대방은 얼마든지 설득될 것이다.

어떤 결정에 도달하게 만드는 주요 원동력은 무의식적 (혹은 감정적) 요소라는 사실이 연구를 통해 속속 밝혀지고 있다. 우리가 아무리 의식적인 인간이라고 해도 본능과 직감에 의해 결정을 내리게 되는 것이다.

하지만 논리는 여전히 중요하다. 결정 이후 논리성을 '검증하기' 때문이다. (연애 경험을 통해 이미 알고 있듯이) 감정은 오락가락하기에 이 같은 검증은 필수다. (10장 '유형'에서 감정과 논리성의 상황별 적정 비율을 살펴볼 것이다.)

공감

○

벌써 2,000년도 더 지났지만 옛 현자들의 가르침은 여전히 진리로 받아들여진다. 아리스토텔레스가 말한 파토스(당신이 대하는 사람들의 실제 감정에 대한 확신 혹은 요즘 통용되는 공감)는 성공한 인간관계의 핵심이다. 공감이야말로 모든 성공적인 소통의 기반인 만큼 정확한 정의를 살펴보는 것이 좋겠다.

> "공감은 타인의 감정과 생각을 파악하고 이해하는 능력이다."

즉, 상대방의 이야기를 머리뿐 아니라 마음으로 듣는 것이다. 타인의 감정을 읽어내는 능력이자 타인의 견해를 경험할 줄 아는 능력이다. 이는 초능력 및 독심술 다음으로 탁월한 능력이다.

설사 비슷한 상황을 경험한 적이 없다고 해도 당신은 타인에게 공감하고 그의 감정을 짐작할 수 있다. 그러므로 당신은 자신뿐만 아니라 상대방도 유쾌해질 수 있도록 노력하게 된다.

이 중요한 자질은 삶의 모든 영역에서 요구된다. 이는 업무 전반에 유용할뿐더러 정치인들도 이 자질을 갖추고 싶어 한다. 특히 부모들은 이 기술을 아주 섬세하게 업그레이드해야 한다. 이성과의 관계에서도 공감 능력이 없으면 실패는 따놓은 당상이다.

어떤 이들은 타고난 공감 능력을 아주 기막히게 활용한다. 누군가가 무엇에 어떻게 반응할지 거의 정확하게 맞힐 수 있다. 상황에 따라 무엇을 어떻게 말해야 하는지 잘 아는 것이다. 그들은 상대방의 마음을 읽고자 노력한다.

어느 분야에서든 성공한 사람들의 행동이나 태도를 살펴보면 그들은 공감의 역할을 아주 잘 이해하고 있다. 공감 능력은 억지로 꾸며낼 수 없다. 사람들은 진심을 정확히 간파한다. 나의 감정을 고스란히 느끼고 싶어 하는 누군가의 간절한 마음을 읽으면 그 사람과 관계가 형성된다. 결과적으로 당신은 자연히 그 사람의 생각과 제안에 동의할 확률이 높아진다.

사회에서 우리는 누군가를 위해 행동하거나 무엇을 믿도록 설득당할 때가 많다. 그래서 우리에게 진심 어린 공감을 전해주는 사람을 만나면 마음이 열릴 수밖에 없다.

당신이 아주 좋아하고 존경하며 함께 있으면 편안한 사람들을 떠올려보자. 십중팔구 공감 능력이 매우 뛰어난 사람일 것이다.

진심

○

앞서 말했듯이 아리스토텔레스의 에토스는 개인의 진심과 연결된다. 진심은 공감 능력 발달에도 필요하다. 하지만 진심을 다하는 것만으로는 부족하다. 공감은 결국 신뢰에서 나온다.

보편적인 인간관계에서 진심의 중요성에 대해 생각해보자. 어떤 인간관계든 첫 번째 위기는 두 사람이 더 이상 서로를 신뢰하지 못할 때 찾아온다. 사람의 모든 행위는 관계 속 신뢰를 강화하거나 약화시킨다. 신뢰는 우리 안에 내재된 고유한 가치가 아니기에 끊임없이 변화하는 것이다.

간단히 말해 신뢰는 사람들 '안'이 아니라 사람들 '사이'에서 생긴다. 비교적 사람을 잘 믿는 이들이 있는가 하면 선천적으로 믿음직스러운 이들도 있다. 하지만 신뢰감을 상대방에게 전달하는 것이 가장 중요하다. 이 중요한 핵심을 우리는 쉽게 간과한다.

어떤 이들은 가만히 있어도 진실함이 전달되어 신뢰도가 아주 높다. 당신이 친구나 친척, 직장 동료, 고객 등 누군가의 문제나 고민을 진심으로 걱정하는 마음을 보여준다면 당신의 입지는 상당히 높아진다. 대화 분위기 자체가 달라지는 것이다. 상대방은 당신의 질문들에 한결 마음을 열고 더 많은 이야기를 나눌 것이다. 이로써 당신이 원하는 방향으로 대화를 이끌어갈 수 있다. 이제 신뢰가 형성되었다. 이처럼 신뢰는 누군가의 성품이 아니라 관계 안에 존재한다는 사실을 명심하자. 물론, 신뢰할 만한 성품이 관계 발전에 도움이 되기는 한다.

당신이 상대방을 더욱 지지할수록 상대방도 자신의 생각이나 감정을 당신과 공유할 것이다. 인간관계는 상호적이기에 당신이 누군가의 '자기 고백'에 신뢰할 만한 반응을 보일수록 상대방은 좀 더 개인적이고 내밀한 생각을 당신에게 털어놓을 것이다. 이와 같은 상호작용은 개인의 일상뿐 아니라 직장에서도 자주 일어난다.

> 공감(E) + 진심(S) → 설득(P)

행동과학 연구자들은 두 가지 속성이 소통 과정을 융화시키고 결과적으로 사람의 마음을 얻게 해준다는 사실이 입증되었다고 주장한다.

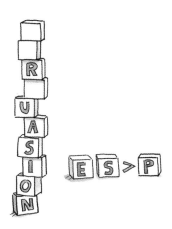

두 속성은 바로 공감과 진심이다.

최근에는 '감성 지능'이라는 개념이 성공의 핵심 요소로 강조되고 있다. 아리스토텔레스의 글이 기록된 지 2,300년이 지나서야 말이다!

> 공감과 진심이라는 핵심 가치가 결여된 소통 기술을
> 배우고 익혀봐야 장기적으로는 결코 성공할 수 없다.

심리학자들이 분류한 두 가지 유형의 지능은 다음과 같다.

◇ **대인 관계 지능**: 상대방의 느낌이나 선호/비선호, 동기 등을 이해하는 능력. 이 능력을 갖춘 이들은 다른 사람들이 어떻게 행동할지 거의 정확히 예측할 수 있고, 따라서 그들과 효율적으로 상호작용하며 상당한 설득력을 발휘한다. 성공한 정치인, 영업 사원, 심리 치료사 등 고도의 사회적 기술을 갖춘 사람들

이 이러한 지능을 겸비하고 있다.

◇ **내적 지능**: 내면에서 일어나는 사고 과정, 느낌, 감정 등을 통찰하는 능력. 우리 행동의 원인과 결과를 헤아려 올바른 결정을 내릴 수 있게 한다.

타인의 마음을 들여다보고 그들과 효율적으로 소통하는 데 이러한 지능은 큰 도움이 된다.

기술 자체만으로는 생산적인 결과를 얻기에 부족하다. 따라서 궁극적으로 설득에 성공하는 발판이 되는 속성은 공감과 진심이다. 이 책에서 계속 다루게 될 기술들은 공감과 진심이라는 핵심 가치가 뒷받침될 때에만 성공적인 인간관계를 맺는 데 도움이 된다.

어떤 사람들은 '설득'이라는 단어를 부정적으로 생각한다. 하지만 이 책 전반에서 언급하는 '설득'은 긍정적인 의미의 기술을 가리킨다. 화자와 청자 모두의 마음에 호소해 사람들을 A지점에서 B지점으로 옮김으로써 긍정적 결과를 도출하는 탁월한 기술 말이다. 우리는 모두 조종당하고 있다는 느낌을 싫어한다. 이 책에서 말하는 설득은 그런 게 아니라 고무적인 결과로 이어질 수 있는 소통 방식을 말한다.

이 책은 경청에서 시작한다. 경청은 공감과 함께 대인 관계 지능(혹은 감성 지능) 및 인간관계 기술의 핵심 요소이자 성공적 관계를 위해 통달해야 할 가장 중요한 기술이다.

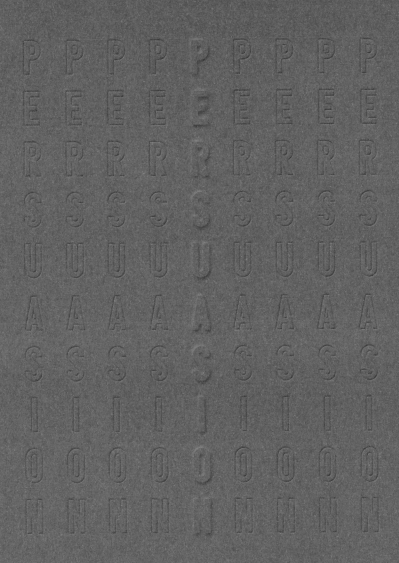

2장

경청

말하는 것보다 듣는 것이 훨씬 중요하다

소통의 모든 요소 중 가장 중요한 건 경청이다. 누군가에게는 그리 달가운 소식이 아닐 수도 있다. 우리 중 대부분은 듣기보다 말하기를 더 좋아하니 말이다. 보통 말을 잘 들어주는 사람은 자신에 대해 할 말이 별로 없는 사람으로 인식되기 일쑤다. 하지만 그런 선입견을 버리고 곰곰이 생각해보자.

상대방의 말을 잘 듣지 않는 누군가를 떠올려보자. 당신이 하는 말에는 전혀 귀 기울이지 않는 사람 말이다. 기운이 쭉 빠지지 않는가? 이런 사람을 보면 어떤 감정이 일어나는가? 만약 그가 당신을 설득해야 하는 상황이 오면 당신은 결코 순순히 응하지 않을 것이다. 당신의 이야기에 일말의 관심도 보이지 않은 사람인데 당신이라고 잘 들어줄 이유가 어디 있겠는가?

설득은 상대방의 이야기를 잘 듣는 데서 시작된다. 잘 듣는다는 건 누군가 이야기할 때 가만히 있는 것만을 의미하지 않는다. 가정이나 직장에서 발생하는 불화는 상대방의 말을 경청하지 않는 데서 비롯되는 경우가 많다. 반면, 공사를 막론하고 서로의 말에 귀를 기울이기만 해도 관계가 좋아지기 마련이다. 언제 어디서나 충실하게 듣는 것만으로 타인의 생각이나 감정, 행동을 좀 더 깊이 있게 이해할 수 있다.

타인의 말을 잘 듣지 않는 누군가에 대한 뒷담화는 대개 당사자가 없는 곳에서 이루어진다. 따라서 당사자들은 정작 자신의 큰 결점을 끝까지 자각하지 못할 테고, 이로써 친구나 직장 동료, 또는 고객을 잃게 될 수도 있다.

당신의 경청 지수는 과연 몇 점이나 될까? 점수가 형편없다면 스스로 진지하게 반성해야 한다. 잘 듣지 않는 게 죄라면 결백한 사람은 아마 거의 없을 것이다. 사람들은 자신이 듣는 데 집중한다고 생각한다. 하지만 오히려 끼어들어 말하고 싶은 충동을 억누르느라 경청하지 못하는 게 사실이다.

사람들은 대부분 듣기보다 말하기를 선호한다(그래서 불행히도 듣기보다 말하기를 더 많이 한다). 타인을 설득하려면 듣기의 기술(나중에 이야기하겠지만 듣기는 단순히 소음에 노출되는 것과는 대비되는 개념이다)에 통달하는 게 성공의 열쇠다. 능동적인 듣기는 어렵다. 매 순간 정신을 모으고 상대방의 말에 집중해야 하기 때문이다. 이는 학습의 기본 자세인데, 통달하기까지는 상당한 노력이 필요하다. 안타깝게도 학교에서조차 듣기의 중요성을 가르치지 않는다. 심지어 지금도 듣기보다 발표를 훨씬 강조한다.

폴 랜킨은 사람들이 소통의 각 요소에 들이는 시간을 조사해 흥미로운 결과를 발견했다. 사람들이 소통의 각 요소에 할애하는 평균 시간은 다음과 같다.

듣기: 총 소통 시간의 45퍼센트

말하기: 30퍼센트

읽기: 16퍼센트

쓰기: 9퍼센트

직장에서 경청은 훌륭한 대인 관계 기술로 인정받는다. 사람들은 잘 들어주는 누군가에게 호감을 느낀다. 그렇다고 해서 스스로도 다른 사람의 말을 잘 들어주겠다고 다짐하지는 않지만 말이다. 미국의 한 대형 컴퓨터 업체에서 직원들에게 경청 훈련을 시키기로 하고 전국 각지의 훈련 코스를 밟도록 한 뒤 만족도를 조사했다. 그 결과 직원들은 업무 효율이 높아졌을 뿐만 아니라 가족과의 관계가 개선되었다고 응답했다.

사람들은 말이 너무 많은 사람을 좋아하지 않는다. 하지만 지나치게 많이 듣는다고 비난받는 사람은 없다. 만약 당신이 경청하는 사람이라면 사람들은 당신에게 놀라운 이야기들을 털어놓을 것이다. 생각해보라. 경청하는 당신의 태도가 친구들이나 지인들에게 어떤 영향을 미칠 것인가. 지난번 길에서 우연히 이웃을 마주쳤을 때나 친구들과 함께 저녁 식사를 했을 때 당신은 어땠는가? 당신의 가족들은 아마 당신이 다른 사람 말을 듣지 않는다고 끊임없이 불평할 것이다. 부모는 자녀가 너무 말을 안 듣는다고 하소연하는 반면, 부모가 자기 말을 듣지 않아 머리끝까지 화가 났을 것이다. 잘 듣는다는 건 지지의 표현이기도 해서 상대방의 자존감을 높여준다. 반면, 귀를 기울이지 않으면 정반대의 결과를 초래할 수밖에 없다.

직장에서도 마찬가지다. 사람들은 잘 들어주는 사람에게 끌린다. 회사 내부의 정치에서 벗어나 객관적으로 들어주는 사람이 있다면 분명 무슨 말이든 털어놓고 싶을 것이다. 사회적 지위로 온갖 격식에 발묶인 사람이라면 가슴에 맺힌 뭔가를 외부인에게 털어놓음으로써 치유를 맛보고 만족감을 느낄 것이다.

아래의 짧은 시는 많은 걸 시사한다.

> 그의 생각은 느리고
> 그의 말수는 적어서
> 결코 반짝일 수 없었다
> 하지만 그는 기쁨이었다
> 그가 어디에 가든
> 당신은 그가 듣는 걸 들었어야 했다

상대방의 말을 잘 들어주면 긍정적인 보상이 뒤따른다. 새로운 친구가 될 수도 있고, 업무 파트너로서도 서로 좀 더 잘 이해할 수 있다.

게다가 주의 깊게 듣다 보면 상대방, 심지어 상대 기업의 온갖 특이점들을 발견할 수 있다. 경청하지 않는 사람들은 듣기를 수동적 행위, 곧 비생산적 활동으로 간주하는 경우가 많다. 그들은 어떻게든 자신을 내세우려 하기에 어떤 말로든 상대방에게 깊은 인상을 남겨야 한다는 압박감을 느낀다.

직장에서 회의 참석자들을 가만히 관찰해보면 마치 복수라도 하려는 듯 끊임없이 말하는 사람들을 볼 수 있다. 무의미한 말로 계속 훼방만 놓는 것이다. 이들은 이런 행동이 회의에 도움이 된다고 믿는다. 실제로는 자꾸 끼어드는 바람에 중요한 포인트를 모조리 놓치고 있는데 말이다. 심지어 이들은 답이 이미 다 나와 있는 질문들까지 퍼붓는다. 그런데도 단지 자신이 말하고 있다는 이유로 소통하고 있다고 느낀다. 이 얼마나 엄청난 착각인가! 경청도 소통의 일부다.

제품을 판매하는 현장에서도 이와 같은 상황을 종종 볼 수 있다. 큰 목소리로 장황하게 말한다고 해서 상대방에게 깊은 인상을 남길 수 있는 게 아니다. 오히려 정반대다.

머릿속에서 계속 돌아가는 테이프

○

생산적으로 듣는 방법은 단 한 가지, 마음속에 떠오르는 온갖 잡생각을 지워버리고 화자에게 집중하는 것이다. 말은 쉽다고? 산만함은 당신의 생각과 감정에서 비롯된다. 당신의 머릿속에 여러 개의 테이프가 돌아가고 있는 것이다. 다른 무엇에 사로잡혀 있거나 관심이 적으면 결코 경청할 수 없다.

화자의 이야기에 별 관심이 생기지 않는다면 듣기도 싫을 것이다. 다른 무엇에 사로잡혀 있어도 방해가 될 수 있다. 일례로 어떤 사람이 당신의 차를 뒤에서 박았다면 한동안은 골치가 아파 다른 데 신경 쓰

기가 힘들 수 있다.

우리를 둘러싼 환경도 듣는 태도에 영향을 미친다. 버젓이 TV가 켜져 있을 때 누군가와 깊이 있는 대화를 시도한 적 있는가? 논의할 게 있으니 TV를 꺼달라고 해도 "다 들려요"라는 답변만 돌아왔을 것이다. 그럴 때는 무음으로 해달라고 제안할 수 있지만 그다지 효과는 없다. 청각적 방해 요소가 제거되었어도 시각적 '소음'이 여전히 존재하기 때문에 집중할 수 없기는 마찬가지다. 소음은 어디서든 생겨날 수 있다. 창밖에서 공사가 진행 중이라면 회의에 집중하기 어렵다. 세미나 자리에서 벽난로 위에 걸린 아름다운 유화에 넋이 나가 초반 20분간의 내용은 완전히 놓쳐버릴 수도 있다.

나는 상대방이 내 이야기를 얼마나 잘 듣고 있는지 시험하고 싶을 때 자칭 'W.C. 필드 테스트'를 실시한다. 갑자기 이런 말을 던져보는 것이다. "물과 음식만 먹고 몇 날 며칠을 산 적도 있어요." 대화 도중 상대방이 잘 듣지 않는 듯할 때 이 말을 하면 꽤 재밌는 반응들이 돌아온다. "이런, 끔찍하네요.", "대체 어떻게 버텼어요?"부터 시작해 "정말이에요?", "대체 어떻게 된 거죠?"에 이르기까지 다양하다. 하지만 주의 깊게 '듣고' 있던 사람은 금세 무슨 말인지 알아채고는 웃음을 터뜨린다.

이처럼 경청은 상대방이 말하는 동안 단순히 입만 다물고 있는 게 아니다. 상대방의 말에서 의미를 끄집어내는 것이고 이것이야말로 사람들이 어려워하는 부분이다. 이를 간과하면 '잘 듣는' 게 아니라 '들리는 대로 놔두는 것'뿐이다.

"당신 말 다 들려"

○

우리는 들리는 것(hearing)과 듣는 것(listening)의 차이를 구분하지 못해 일상적으로 상당한 혼란과 의견 충돌을 겪는다. 당신도 두 단어를 언제든 혼용할 수 있다고 생각해왔을 것이다. 하지만 사실 이 두 가지는 완전히 다른 말이다.

들리는 것은 감각적 활동이다. 귀를 통해 들어온 정보가 청각 신경망을 통해 뇌로 전달되는 물리적 과정이다.

듣는 것은 좀 다르다. 해석과 이해의 절차를 거쳐야 하기 때문이다. 즉, 들려오는 내용에서 의미를 끄집어내는 심리적 활동이 포함된다.

상대방이 듣고 있는 거냐고 물었을 때, 우리는 모두 제대로 이해하지도 못한 채 귀에 들려온 단어들만 두서없이 나열해 죄책감을 느낀 적이 있을 것이다.

> **여자:** 당신, 조만간 자동차 서비스 센터에 다녀와야 해. 크리스마스에 엄마한테 다녀오려면 장거리 뛰어야 하잖아.
>
> **남자:** (TV에서 중계하는 럭비 경기에 푹 빠져 있다.)
>
> **여자:** 듣고 있어?
>
> **남자:** 뭐? 그럼, 당연히 들었지. 크리스마스에 어머니께 다녀오려면 장거리를 뛰어야 하니까 차를 서비스 센터에 맡기라고 했잖아. 알았어. 크리스마스 지나면 바로 맡길게.

이 경우는 상대방이 하는 말의 의미가 제대로 전달되었다고 할 수 없다. 효과적 경청은 상대방의 말에서 의미를 파악해 온전히 이해하는 두 가지 행위의 조합이다. 이는 결코 쉽지 않다. 말 그대로 기술인 것이다.

우리는 말하는 것보다 훨씬 더 빠르게 생각한다

○

상대방의 이야기를 주의 깊게 듣기 위해 반드시 극복해야 하는 장애물이 있다. 바로 우리 인간은 말하는 속도보다 생각하는 속도가 훨씬 빠르다는 사실이다. 이는 실험 결과로도 입증되었다.

◇ 우리는 분당 120~150개의 단어를 말한다.
◇ 우리는 분당 600~800개의 단어를 생각한다.

당신은 언제나 상대방이 말하는 것보다 4~5배가량 빠르게 생각할 수 있기 때문에 잘 듣고 있다가도 어느새 샛길로 빠질 수 있다.

물론, 속도의 차이는 있겠지만 여기서 핵심은 청자가 화자를 언제나 앞선다는 사실이다. 이로써 분명해지는 사실이 있다. 누군가의 이야기나 라디오, TV 등에 귀를 기울일 때, 당신의 마음은 그 말들로부터 벗어나 얼마든지 떠돌 수 있다는 것이다. 결국 집중력은 흐트러진

다. 만일 다른 어떤 문제에 사로잡히면 주위의 모든 소음이 멀어지면서 의식에서 사라질 것이다. 겉으로는 듣고 있는 것처럼 보여도 실제로는 아무 소리도 듣지 못한다.

상대방의 이야기를 듣고 어떤 반응을 보이는가에 따라 그 사람과의 관계가 좋아질 수도 있고 나빠질 수도 있다. 그만큼 듣는 태도와 반응은 인간관계에서 무척이나 중요하다. 말 한마디 한마디에 공감하며 들으면 '난 당신이 말하는 모든 내용이 흥미롭고 당신의 관점을 이해하고 싶어요'라는 신호가 전달된다. 반면, 건성으로 듣고 반응도 제대로 하지 않는다면 정반대의 신호가 전달될 것이다.

그렇다면 상대방이 편안한 마음으로 하고 싶은 말을 다 할 수 있도록 경청하려면 어떻게 해야 할까?

끼어들지 않는다

생각은 말보다 속도가 빠른 만큼 아마 상대방의 말을 끊고 끼어들고 싶은 욕구가 자주 치솟을 것이다. 이는 당신이 듣고 있지 않거나, 상대방이 펼치는 논리의 방향을 (당신에게 유리한 쪽으로) 돌려놓고 싶거나, 당신도 듣기보다 말하기를 좋아하는 수많은 사람 중 하나라는 증거다. 하지만 그렇다고 실제로 끼어들었다가는 이유와 무관하게 상대방으로부터 적대감을 일으킬 수 있다. 게다가 그들 역시 (자신이 들을 차례가 됐을 때) 제대로 듣지 않을 것이다. 자신의 말이 끊기는 순간 호의는 사라지고 만다. 다음 사례를 보자.

이웃 1: 저… 이번 집 확장 건으로 저희 집 침실에 햇빛이 차단되는 문제에 대해 생각해봤습니다. 물론, 의회 승인과 건축 허가 모두 받으신 것 잘 압니다. 이 문제로 우리 관계가 틀어지길 원하지도 않…

이웃 2: (끼어들며) 괜찮아요. 얼마 전 건축가에게 높이를 낮춰달라고 요청했어요. 다 해결됐습니다. 아내는 이웃끼리 서로 감정이 상하는 걸 원치 않아요. 저도 그렇고요.

이웃 1: 하지만 제 말은…

이웃 2: 진짜 괜찮아요. 그 문제는 더 이상 신경 쓰실 것 없어요. 이제 가봐야겠네요. 25번 도로에서 차가 엄청 막히거든요. 다음에 또 봬요.

만약 이웃 2가 이웃 1의 말에 끼어들지 않았더라면 상황은 다르게 흘러갔을 것이다. 이웃 1은 이렇게 말하려던 참이었다. "저희가 다락방을 개조했어요. 몇 년 전부터 그럴 계획이었죠. 다락방이 훨씬 넓고 남향이라 제 아내가 침실로 쓰고 싶어 했거든요. 이제 집을 확장하시더라도 저희는 괜찮습니다."

다음번에 누군가 당신의 말에 끼어든다면 잠시 한숨 고르면서 어떤 기분인지 느껴보라. 기분이 좋은가, 아니면 불쾌한가? 상대방이 당신보다 멋진 이야기를 늘어놓았는가?

만약 당신이 수시로 남의 말에 끼어드는 사람이라면 실제 상황을 잠시 떠올려보는 것도 좋다. 효과가 있었는가? 원하던 결과를 얻었는지 묻는 것이다. 그 이후 상대방이 당신에게 더 호감을 보였는가, 아니면 몸짓만으로 그들의 불쾌감을 알 수 있었는가?

다른 사람이 당신의 말에 끼어들 때는 어떤가? 실제로 그런 적이 있는가? 상대방이 대화 도중 흥분해 추임새를 넣는 순간을 말하는 것이 아니다. 이는 엄연히 다르다. 이런 식으로 끼어드는 건 대개 순간적이어서 화자가 자연스럽게 말을 이어갈 수 있다. 하지만 불쾌한 방식으로 무턱대고 끼어들면 화자가 이야기의 흐름과 리듬을 잃게 된다. 심지어 대화의 주도권을 빼앗기는 상황도 벌어질 수 있다.

상대방의 말을 당신이 완성하지 않는다

두 이웃의 사례처럼 상대방의 말에 끼어들면 괜히 손해만 볼 수도 있다(실제로 이웃 2가 이웃 1의 말을 끝까지 들었더라면 훨씬 좋은 결과를 얻었을 것이다). 또 다른 불쾌한 습관은 상대방의 말을 자신이 완성하는 것이다. 다음 사례를 보자.

> 고객: 그래서 이번엔 그 어떤…
>
> 디자이너: (끼어들며) 문제도 생겨선 안 된다고요?
>
> 고객: 아, 네. 맞습니다.
>
> 디자이너: 걱정 마세요. 저희가 모든 조치를 취해놓겠습니다.

가끔 한 번씩은 이럴 수 있겠지만 결코 습관이 돼선 안 된다. 특히 누군가에게 지속적으로 이런 태도를 보이면 순간적 불쾌감을 넘어 당신에 대해 나쁜 감정을 가질 수밖에 없다. 화자가 자신의 생각대로 말하지 못한다고 느끼기 때문이다.

난처한 상황에서 누군가 하고 싶은 말을 대신해주는 건 주의 깊게 듣고 있다는 표시일 수도 있지만 상대방의 자존심을 건드리는 행위가 될 수도 있다. 그들의 생각을 가로채놓고 마치 당신의 생각인 것처럼 군다는 오해를 살 여지가 있기 때문이다. 결국 당신이 원하는 관계를 맺는 데 도움이 될 게 하나도 없다.

이처럼 말을 끊고 끼어들 때 발생할 만한 또 다른 위험은 잘못된 결론에 이를 확률이 높다는 것이다! 지금껏 어느 누구도 당신의 예상이 틀렸다고 말해주지 않았기 때문이다. 아마 왜 갑자기 끼어드냐고 따지면서 당신을 곤란하게 만들고 싶지 않았을 것이다. 혹은 자신의 주장을 아예 이어갈 수 없을까 봐 그랬을 수도 있다.

당신이 과잉 친절로 알려준 결론은 이전에는 생각도 못했던 의구심을 낳을 수 있다. 예를 들어보자.

> **고객**: 함께 일하게 되어 기쁩니다. 우리가 거래한 지 2~3년 정도 됐지만 반드시 짚고 넘어갈 사항이…
>
> **당신**: (끼어들며) 지난번처럼 저희의 배송 착오로 3주 더 기다려야 하는 상황은 결코 없을 겁니다.

사실 고객이 하려던 말은 다음과 같다. "반드시 짚고 넘어가야 할 사항이… 저희가 보내드리는 주문서 양식에서 건별 배송 지역이 달라졌다는 겁니다."

하지만 당신이 괜히 끼어드는 바람에 제프는 당신 회사가 배송 착오를 일으켜 3주나 지연된 적이 있었다는 사실을 새삼 알게 되었다. 정작 그 사실을 전혀 몰랐거나 이미 오래전에 잊었을 수도 있는데 굳이 당신이 확인시켜준 것이다. 결국 고객은 그 일로 회사가 엄청난 손실을 입었을 것이며, 따라서 이 기업에 대한 내부 평가도 나빠졌으리라고 추측한다. 그는 마침내 거래를 재고해야겠다는 결론에 이른다. "다시 연락드리죠." 전에는 이런 적이 단 한 번도 없었다. 결국 무심코 던진 말 한마디로 거래는 무산되고 말았다. 심지어 본래 고객이 하려던 이야기는 당신에게 도리어 득이 되는 내용이었다.

옛 격언을 기억하자. "모든 의심을 해소하겠다고 입을 여는 것보다 바보처럼 보여도 입을 다물고 있는 게 낫다!"

상대방의 말을 가로채지 않는다

상대방의 말을 가로채는 행위도 많은 이들이 무심코 저지르는 나쁜 습관이다. 자, 지금 이 순간 직장 상사는 물론이고 동료나 친구, 가족까지 떠오를 것이다. 그만큼 대다수가 남의 말을 일상적으로 가로챈다는 뜻이다. 그리고 이를 당하는 입장이 되면 상당히 불쾌해진다. "난 당신이 뭐라고 하든 신경 안 써. 어차피 내 얘기가 더 타당하니까" 라는 뜻이기 때문이다. 다음의 사례를 보자.

> **앤:** 샬럿, 크루즈 여행은 즐거웠어? 어땠어?
>
> **샬럿:** 얼마나 즐거웠는지 상상도 못할걸? 갑판마다 맛있는 음식들이 밤낮으로 가득하고… (다른 사람이 끼어드는 바람에 다음 이야기는 묻혀버린다) 심야에도 뷔페가 차려져 있었는데 안타깝게도 식중독이….
>
> **앤:** (말을 가로채며) 어머, 멋져라! 우리도 예전에 크루즈 여행 다

녀왔는데. 정말 좋았어. 언제였더라…? 아, 맞다, 10년… 아니, 8년 반 좀 넘었나 보다.

당신에게 이러한 경향이 있다는 걸 스스로 인지하고 있는가?

아니면 다른 사람들에게서 발견하는가? 우리는 모두 그 순간에는 잘 알지 못하는 (흥분했거나, 공감을 표하고 싶거나, 상대방의 태도가 불쾌해 '골탕 먹이고 싶은' 강한 욕구가 들거나) 다양한 이유로 상대방의 말을 가로챈다. 하지만 자신에게 이런 경향이 있다는 사실을 알기만 해도 최소한 그러지 않으려고 노력할 수 있다. 말을 가로채는 건 친구나 거래처를 잃는 지름길이기 때문이다.

이 명백한 사실을 기억하라. 청자가 당신이든 상대방이든 생산적 듣기를 방해하는 장애물은 항상 피하거나 제거해야 한다.

성급히 충고를 내뱉지 않는다

이 같은 문제는 친구나 동료, 업무상 알게 된 사람 등 누군가를 간절히 돕고 싶을 때 자주 발생한다. 한시라도 빨리 지지하거나 돕고 싶은 마음에 섣불리 입을 여는 것이다. 그 결과 서로 여유 있게 진행되어야 할 논의가 너무 일찍 끝나버리고 만다. 만약 당신이 전형적으로 '문제를 해결하는 유형'이라면 이 같은 실수에서 자유롭지 못할 것이다. '공감하는 유형'인 경우에도 자주 실수했을 확률이 높다.

"그가 뒤늦게 전화해 야근 통보를 한 적이 두 번 있었어. 걱정되더라고. 혹시 바람피우나 해서. 내가 바보 같은 건지 모르지만…"

"그냥 차버려. 걱정할 가치도 없어."

"우리 회사의 문제는 직원들이 자꾸 그만둔다는 거예요. 4~6개월
만 지나면 다들…. 직원들을 대하는 관리자의 태도에 문제가 있는
건지 모르겠어요. 아니면 혹시 다른 이유가…"

"걱정 마세요. 저희가 모든 지원자들을 철저히 조사했습니다. 저
희 회사가 이 분야에서만 10년을 일했습니다. 귀사의 안정을 보
장합니다."

위의 두 사례에서 공통적으로 발견되는 문제는 청자가 너무 빨리
반응해 상황을 좀 더 구체적으로 파악하지 못했다는 점이다. 말이 채
끝나기도 전에 끼어든 바람에 청자의 의도대로 대화가 흘러가버렸고,
아직 할 이야기가 남은 화자는 일찌감치 말문이 막히고 말았다.

상담 치료 분야의 심리학자들은 상담 시 내담자들이 할 말을 충분
히 하지 못한다는 사실을 발견했다. 치료사들이 고객과 함께 치료에
임하기보다 고객을 대상으로 치료하려 하기 때문이다. 그들은 내담자
의 말에 귀 기울이며 대화에 몰입하기보다 그 이야기에서 의미를 찾
아내려는 경향이 강하다. 하지만 대화의 질문들은 사전 지식 없이 자
연스레 떠오르는 것일 뿐 치료사의 머릿속에 저장된 각종 이론들로부
터 나오지 않는다.

다른 말로 표현해보기

○

공감하며 듣는 행위는 관계를 발전시키는 열쇠다. 상대방의 말을 다른 말로 바꿔 표현하는 기술 역시 화자가 전달한 생각과 느낌을 타인이 어떤 관점으로 해석했는지 보여줄 수 있다는 점에서 고무적이다. 당신이 상대방에게서 들은 이야기를 다른 말로 바꿔 이야기하는 것은 메시지를 덧붙이는 게 아니라 당신이 받아들인 의미를 확인하는 절차다. 청자 입장에서는 화자의 말을 어떤 식으로 해석했는지 전달할 수 있어 효율적이다. 그 중요성을 정리하면 다음과 같다.

- 화자는 청자가 자신의 생각과 느낌을 이해하고자 노력하고 있다고 확신하며 진심으로 들어주는 청자에게 감사하게 된다.

  "말씀하신 내용 확인 좀 할게요. 그러니까 낯선 사람이 당신의 집 열쇠를 갖고 있을까 봐 걱정된다는 게 가장 큰 이유라는 거죠?
  "네, 맞아요."

  "그러니까 다른 고객과 갈등의 소지가 없다면 저희와 TV 광고 계약을 맺으시겠다는 말씀이죠?"
  "그렇습니다."

- 이렇게 확인할 때 청자는 화자가 방금 말한 내용을 그대로 전달하고 싶을 것이다(긍정적이거나 부정적인 이유로 말이다). 그래야 화

자가 시사한 의미를 좀 더 명확하게 파악할 수 있기 때문이다.

"지금 당신은 그 수업을 포기하고 싶은 것 같군요. 하지만 나중에 마음이 바뀌면 처음부터 다시 시작해야 해요. 그래도 포기하시겠어요?"

"어… 아뇨. 아닙니다."

"말씀하신 내용을 확인해봐도 될까요? 그러니까 IT 관리자들이 시스템을 시험해보고 싶어 한다는 거죠? 그러자면 비용이 네 배는 더 들 텐데요. 각 부처 관리자들이 받아들일 수 있을까요?"

"음… 그건 좀 더 생각해봐야겠네요."

- 청자가 화자의 말을 정확히 파악하기 위해 노력하다 보면 그 사람의 실제 느낌이나 요구는 가늠하기 힘들 수 있다.

"제가 이해한 게 맞는지 한번 여쭤볼게요. 그러니까 소문 때문에 업무에 지장이 있어 부서를 바꾸고 싶다, 이 말씀이시죠?"

"다른 이유도 있어요."

"이렇게 받아들이면 될까요? 그가 당신 입장을 한번도 묻지 않아 지금 이런 심정이라는 거죠?"

"아뇨, 그건 극히 일부예요. 빙산의 일각이라고요."

타인이 나의 생각에 따를지 말지 결정하는 데는 내가 아닌 타인 자신의 근거 체계가 작용한다. 하지만 때로는 자신의 근거 체계를 알지 못하므로 내가 직접 그의 마음 깊숙한 곳을 파고들어 공감하는 질문을 던져야 한다. 이 질문들 중 상당수는 감정과 연관되어 있으므로 자연스럽게 공감하는 것이 중요하다. 우리는 누구와 소통하든 잘 듣고 그 말의 깊은 의미를 찾아내야 한다.

상대방의 근거 체계를 면밀히 들여다보고 그들의 사고방식을 타당하게 추정할 수 있을 때 그에게 영향을 미칠 확률이 훨씬 높아진다.

가족이나 동료, 친구 사이에서 경청은 더할 나위 없이 중요하다. 귀 기울여 들으면 엄청난 보상이 뒤따른다. 설득력이 뛰어나거나 카리스마 있는 사람들은 상대방의 이야기를 온전히 느끼기 위해서뿐만 아니라 집중하는 듯 보이기 위해서도 주의 깊게 듣는다는 특징이 있다. 우리는 타인의 이야기를 듣는 데 인생의 많은 시간을 할애한다. 물론, 다른 사람들도 자신의 말을 잘 들어주길 바란다. 그래서 질문이 중요하다. 질문으로 사람들의 관심을 끌고 집중하도록 만들 수 있기 때문이다.

이번 장부터는 말미에 '핵심 정리'를 마련했다. 하나하나 읽으면서 각 장의 요점을 다시 한번 짚어보길 바란다.

●▶ 사람들은 대부분 듣기보다 말하기를 선호하며, 실제로 말하기를 더 많이 하는 경향이 있다.

●▶ 우리는 말하는 속도보다 생각하는 속도가 다섯 배 빠르다. 이렇게 늘 화자의 속도를 앞서기 때문에 다른 사람의 말을 경청하기가 어렵다.

●▶ 우리는 상대방이 말을 앞질러 생각하기 때문에 툭하면 끼어들고 그 과정에서 길을 잃게 된다.

●▶ 사람들은 자신이 타인의 말에 귀 기울이지 않는다는 사실을 잘 인식하지 못한다. 혹여 그에 대해 말하더라도 보통 그 사람이 없는 자리에서 하기 때문에 그 사실을 알게 될 확률은 낮다.

●▶ 집중하지 못하는 원인은 자신의 생각과 감각, 감정에 있다.

●▶ 공감하며 듣고 다른 말로 표현해보는 것만으로도 상당한 설득력을 발휘할 수 있다.

●▶ 사람들은 듣는 것(listening)과 들리는 것(hearing)을 혼동한다. 들리는 것은 감각적 활동인 반면, 듣는 것은 들리는 내용에 의미를 부여하고

이해하는 심리적 활동이다. 따라서 지금껏 당신은 들리는 대로 그냥 두었을지언정 잘 듣지는 못했을 확률이 높다.

●▶ 다른 말로 표현해보는 기술은 화자의 생각과 느낌이 타인의 관점에서 어떻게 받아들여졌는지 확인할 수 있게 해주어 유용하다.

집중

상대방의 말에 오랫동안 집중하려면?

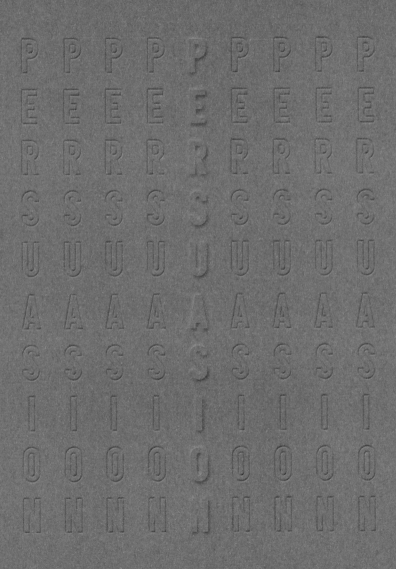

사람들이 나의 이야기를 귀 기울여 듣길 원한다면 흥미를 유발할 수 있어야 한다. 게다가 우리는 사람들이 계속해서 내 이야기에 집중해주길 원한다. 우리는 대부분 여러 가지 이유로 장시간 집중하지 못한다. 집중력은 흥미가 생길 때만 발휘되는데, 문제는 흥미를 일정 수준 유지하기가 상당히 어렵다는 것이다. 앞 장에서 겉으로는 이야기에 집중하는 듯 보이지만 실제로는 (보통 말하는 속도보다 생각하는 속도가 빠르기 때문에) 잡생각들 사이에서 떠도는 마음의 문제에 대해 이야기했다. 물론 '듣고' 있으나 사실은 듣고 있지 않은 것이다. 사람들은 대부분 이 두 가지 행동이 상호 보완적이라고 생각한다. 그러나 꼭 그렇게 단정 지을 수만은 없는 사례가 있다. 다음 대화를 보자.

"그럼 지난 주말에 뭐 했어?"

3장 집중
·

"아이들이랑 브라이턴 해안으로 드라이브 갔다가 하룻밤 자고 왔어."

"오, 브라이턴! 난 못 간 지 몇 년이나 됐는데. 기차 타고 간 거야?"

"아니, 차 타고 갔지."

"혼자서?"

끔찍하다! 이 사람은 질문을 던져놓고 제대로 듣지 않았다. 자신에게 흥미로운 단어 외의 내용은 건너뛴 탓에 나머지는 모조리 놓쳤다. 다른 세부 사항들은 개의치 않기로 선택한 것이다. 당신도 솔직히 이런 적이 많지 않은가? 가족이나 친구들과 함께 있을 때, 쇼핑할 때, 직장에서 일할 때, 면접 볼 때, 업무 회의할 때, TV를 볼 때 사실 어디에서 무엇을 하든 마찬가지일 것이다!

사람들은 자기 자신이 타인의 말을 잘 들어주는 사람이라고 착각한다. 하지만 들리는 대로 놔두는 것과 관심을 갖는 것은 엄연히 다른 문제다. 귀를 기울여 집중하지 않으면 사랑하는 사람이나 친구, 동료와의 관계를 결코 발전시킬 수 없다. 리모컨을 쥔 채 안락의자에 앉아 TV 시청 중인 남편에게 이야기하는 한 여성의 사례를 보자.

"내일 잔디 좀 깎아줄래?"

"뭐? 아, 그래그래."

"일곱 시까지 극장에 가려면 지금 나가야 해."

"응. 알아, 알아."

"이 원피스를 입을까 했는데 하체가 너무 뚱뚱해 보이지 않아?"

"응, 응."

"뭐? 뚱뚱해 보인다고?"

"뭐? 아니, 아니지."

"방금 계속 그렇다고 했잖아. 내 말을 귓등으로 듣고 있네. 당장 리모컨 내려놔!"

이런! 여기서 남편이 TV를 보며 아내의 말을 듣긴 했지만, 실제로 TV에 귀 기울이고 있지는 않았기 때문에 상황이 악화되었다. 그는 자신의 머릿속 생각에 귀 기울였을 뿐이다. 우리 머릿속에서는 계속 자기만의 채널이 돌아가고 있다.

어떻게 해야 사람들이 우리 말에 귀를 기울일까? 우리에게 집중하고, 또 그 집중을 유지하도록 하는 방법은 무엇일까? 그 방법은 이야기가 지루해 자신의 머릿속 채널에 집중하지 않도록 지속적으로 흥미를 유발하는 것이다.

런던 웨스트엔드, 뉴욕 브로드웨이, 동네 극장, 심지어 학교 무대에서도 연극의 성패는 오직 관객의 흥미를 붙들어두는 것에 좌우된다. 배우들의 목표는 흥미를 유발하고 최대한 오랫동안 지속시키는 것이다. 이를 위해 시각적 방해 요소는 물론이고 관객들의 머릿속 잡생각과도 경쟁해야 한다. '지루한' 장면에서 청중의 관심을 놓쳤다가는 온갖 종류의 잡생각이 줄줄이 밀려들 것이다.

'음… 주차된 차가 무사해야 할 텐데. 코너에서 약간 튀어나와서

3장 집중
•

말이야. 물론 내 잘못은 아니지. 코너 주변이 왜 주차 금지 구역
이냐고. 이 근처 교통경찰들은 너무 사나워. 이모가 전화만 안 했
어도 늦지 않았을 텐데. 사람들은 왜 항상… 그랬으면 주차장에
들어갈 수 있었을 텐데. 그래도 덕분에 훨씬 가까운 데 주차했으
니 뭐, 끝나고 찾아갈 수 있겠지? 그래, 피자 가게 근처였어. 거기
피자 맛있는데. 나중에 또 가야지. 이따 전화해서 예약 가능한지
물어봐야겠다. 그런데 내 휴대폰이 어딨지? 주머니에도 없네. 들
어오면서 떨어뜨렸나? 아니면 아까 나랑 부딪혔던 그 녀석이 소
매치기를… 대체 왜 그런 도둑질을… 아, 아니다. 집에서 나올 때
아내 가방에 넣어달라고 했었구나. 저 무대 가장자리에 있는 건
뭐지? 아, 칼이네… 저 여자는 스타킹에 구멍 난 건 알기는 할까?'

이 사람이 다시 연극에 집중하려고 할 때쯤에는 이미 흥미가 사라져 다시 집중하기 힘들 것이다.

집중력이 무너질 때

○

우리는 일상에서 이 같은 문제를 매일같이 맞닥뜨린다. 전형적인 업무 상황을 살펴보자. 당신이 거래를 트고자 하는 고객의 사무실에 방문했다. (면접, 진료, 갖가지 미팅 시에도 동일한 문제가 발생할 수 있다.) 고객이 권하는 자리에 앉아 몇 마디 안부 인사를 나눈 뒤 프레젠테이션을 시작한다.

◇ 3분 후 고객의 휴대폰이 울린다. "잠시 실례할게요." 그가 전화를 받는다.

◇ 2~3분 후 그가 전화를 끊고 자리로 돌아온다. "어디까지 했었죠? 죄송합니다. 계속하시죠."

◇ 당신은 말이 끊기기 직전의 내용을 기억해 이야기를 이어간다. 고객은 이해한다는 듯 고개를 끄덕이며 듣고 있다. 약 2분 후, 고객의 비서가 들어와 상사에게 말한다. "실례합니다. 여기에 서명 좀 해주시겠어요? 아주 급한 사안이라서요."

◇ 고객은 당신에게 사과하고 수표를 들여다본다. 금액에 대해 비서에게 몇몇 질문을 한 뒤 서류함에서 특정 서류를 찾아달라고 부탁한다. 비서가 나간다.

◇ 당신은 이어서 설명한 뒤 고객에게 몇 가지를 묻는다. 이제 고객 차례다. 5분 후, 비서가 부탁받은 문서를 들고 돌아온다. 고객은 다시 한번 당신에게 사과하고 여러 문서를 검토한다. 그러다가 어떤 내용 탓에 불쾌해진 듯 보인다. 생각에 잠긴 채 펜을 들어 수표에 서명하고 비서에게 건넨다. 비서가 나간다.

◇ 이제 당신은 고객이 집중하지 않는다는 사실을 알아차린다. 고객은 더 이상 당신의 말에 관심이 없다. 그래서 동기부여가 안 된다. 당신의 에너지만 축내는 꼴이다. 이제 당신이 무슨 말을 했는지도 가물가물하다. 그렇지만 당신은 계속한다. 누군가 커피 두 잔을 들고 들어온다.

◇ 준비한 내용을 절반 정도 설명하자 고객의 휴대폰이 울린다. 고객이 또다시 사과한다. 고객의 상사가 15분 후 열릴 부서 회의를 위해 몇 가지 보고 자료를 요청한다. 고객은 전화를 끊은 뒤 자신의 서류함을 뒤지기 시작한다.

◇ "계속 말씀하세요." 고객이 보고 자료를 찾느라 서류 더미를 뒤지며 말한다. 그런데 자료가 좀처럼 나오지 않자 낙담한 듯하다. "죄송합니다. 일이 잘 안 풀리는 날이네요. 계속하시죠. 그런데 좀 짧게 해주시겠어요?"

짧게?!

절망적이지만 흔히 겪을 수 있는 상황이다. 우리는 대부분 면접, 상사나 고객과의 회의, 판매를 위한 프레젠테이션 때도 이와 비슷한 경우를 숱하게 겪는다. (혹은 누군가를 비슷한 상황에 처하게 한 적이 있다.)

이처럼 난감한 상황에는 끝이 없다!

요점은 이것이다. 전혀 집중되지 않는 상황에서는 적당히 끝내기도 힘들다. 이렇게 집중력이 한번 무너지면 그다음은 우리의 통제 범위를 넘어선다.

만약 짧게 해달라는 요청을 받으면 아예 중단하는 게 낫다. (물론, 상황에 따라 달라질 수는 있다.) 상대방이 바쁘지 않을 때 다시 오겠다고 제안하는 게 오히려 현명한 방법이다.

이렇게 산만한 환경에서 계속해봐야 시간과 노력만 낭비할 뿐이다. 상대방은 이미 다른 곳에 마음을 두고 있는 데다 서둘러 논의를 끝내면 서로서로 좋지 않다. 그냥 다음에 다시 만나자고 제안해보자. 그런 번거로움까지 감수해야 하는지 의문이 들겠지만 '메시지'를 분명히 피력할 의지가 있다면 그 방법이 낫다. 또한 상대방의 부담을 덜어주었으므로 다음번에는 좀 더 배려하고 집중할 것이다.

청자의 지속적인 집중은 대화나 회의를 성공적으로 이끄는 필수 전제 조건이다. 모든 것은 거기서부터 시작된다.

> 주의 산만 = 소통 불가 = 성과 없음

하지만 사람들은 상대방의 집중력이 점차 무너지는 걸 파악하지 못할 때가 많다. 낌새를 알아차리고 그에 대처하는 건 당신 몫이다.

아이디어를 제시하든 구매를 촉진하든 무조건 산만하지 않고 집중할 수 있는 환경에서 이야기를 꺼내는 것이 중요하다. 대개 이 첫 단

추가 최종 결과를 판가름한다. 상대방은 일단 처음에 거절하고 나면 혹시 나중에 틀렸다는 것을 알게 되더라도 번복하고 싶어 하지 않는다. 자존심이 걸린 문제로 생각하기 때문이다. 우유부단하거나 판단이 미숙한 사람처럼 보이고 싶지 않을 수도 있다.

당신이 뭔가를 제안한다고 해보자. 마음이 딴 데 가 있는 사람 앞에서 애써 준비한 프레젠테이션을 하고 싶은 사람은 없을 것이다. 상대방이 제안의 절반을 흘려들으면 성공 확률도 그만큼 줄어드니 말이다. 따라서 누군가 당신 제품을 구입하거나, 다음 주 목요일 휴가 요청을 수락하거나, 청혼을 받아들이거나, 사직 의사를 수긍하도록 만들고 싶다면 전적으로 그들의 생각을 사로잡아야 한다. 그렇지 않으면 아예 다음을 기약하는 게 낫다.

위의 사례에서 끊임없는 방해가 고객의 반응, 즉 집중력에 어떤 영향을 미치는지 분석해보자.

1. 최초 3분 동안 고객은 당신의 말을 대부분 흡수한다.
2. 전화가 울린다. 그의 마음은 이제 통화 주제로 옮겨진다. (광고 에이전시에서 새 광고의 문구 수정 여부를 오후 3시까지 알려달라고 한다.) 통화를 마치고 휴대폰을 내려놓는다.
3. 당신이 말을 이어가고 그는 연신 고개를 끄덕인다. ('듣는' 와중에 머릿속으로는 딴생각을 한다. '음, 새 광고 로고에는 별색을 넣어야 겠어.')
4. 그의 비서가 수표를 가져와 서명을 요청한다. 그는 미심쩍어하며 비서에게 관련 문서를 가져오도록 지시한다.

5. 당신은 중단했던 말을 이어가고(어디까지 했는지는 당신이 대략 기억해낸다) 그는 계속 듣는다. (하지만 그는 생각한다. '수표 액수가 왜 이렇게 크지? 송장을 기입할 때 실수한 게 분명해. 조안나한테… 우리를 언짢게 하려는 건 알지만….')

6. 당신이 인터넷 소프트웨어에 관해 질문했지만 그는 대답할 준비가 되지 않았다. 그의 생각은 분산되어 지금껏 당신의 말을 거의 듣지 않았기 때문이다.

7. 비서가 지시받은 문서를 갖고 돌아온다. 그는 마지못해 수표에 서명한다.

8. 당신은 다시 이야기를 시작하지만, 이젠 고객의 머릿속에 다른 '바퀴'가 돌아가고 있는 게 훤히 보인다. (공급처에 송장을 조회해볼걸 그랬어. 제대로 된 명세서가 하나도 없잖아. 부처 회의할 때 재무부장이 다그치겠군….) 하지만 그는 당신의 말을 이해한다는 듯 계속해서 고개를 끄덕이고 있다.

이 정도면 속아 넘어가기 십상이다. 그래도 당신은 낌새를 알아차려야 한다. 상대방의 눈빛이나 표정을 보면 마음이 어디에 가 있는지 간파할 수 있다. 만약 상대방이 당신에게 집중하지 못하고 있는 걸 알게 된다면 즉시 중단하는 게 낫다.

집중력 곡선

○

청중의 집중력은 곡선으로 가장 잘 표현된다. 집중력을 꾸준히 상승시키는 것은 사실상 불가능하다. 이는 누구라도 달성하기 힘든 이상적 상태이기 때문이다(도표 3.1 참조).

곡선은 사실 간헐적으로 형성되는 경우가 더 많다. 집중력이 높아졌다 낮아졌다를 반복하는 것이다(도표 3.2 참조).

실제로 사람들은 대화 중간에 맥락을 잃을 수 있고 어떤 내용을 무언가는 늘 다시 설명해야 할 때도 있다. 하지만 그들은 순순히 인정하지 않는다. 그 이유는 다양하다.

◇ 무례해 보이고 싶지 않다.

◇ 어리석어 보이고 싶지 않다.

◇ 정신줄을 놓은 것에 (다시 말해, 당신을 두고 딴짓한 것에) 대해 죄책감을 느낀다.

◇ 이야기가 흥미롭지 않아 '신경을 끄기로' 결심했다.

◇ 다른 약속과 할 일이 많아 대화를 질질 끌고 싶지 않다.

만약 당신에게 이런 상황이 발생한다면 상대방의 관심을 또다시 얻기 위해 조치를 취해야 한다.

어떤 대화 상황에서든 머릿속에 집중력 곡선을 그려나가도록 시도해보자. 그러면 집중력의 고점과 저점을 파악할 수 있고, 자연히 상대방의 집중력이 떨어지는 순간도 포착할 수 있다. 처음에는 어렵더라

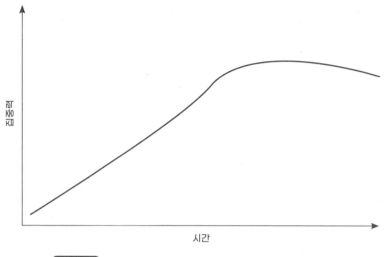

도표 3.1 처음부터 상승한 후 일정하게 유지되는 집중력 곡선

도표 3.2 간헐적으로 하락을 보이는 집중력 곡선

3장 집중
•

도 적절한 때 한번 시도해보면 상당한 효과를 경험할 것이다.

만약 상대방의 집중력이 떨어지는 게 감지되면 그 원인을 찾아내야 한다. 이야기가 지루한가? 상대방이 논점을 놓쳤는가? 전문용어를 사용했는가? 우리는 상대방의 머릿속을 들여다볼 수 없기에 늘 예의 주시하며 딴생각으로 빠지는 징후나 집중력이 흐트러지는 순간을 포착해야 한다.

집중을 방해하는 다양한 유형을 알아보자.

> ◇ 청자가 동의할 수 없는 내용이 등장한다. (그래서 그 부분에 대
>   해 생각하기 시작한다.)
> ◇ 시각적 방해 요소가 등장한다.
> ◇ 타인이 개입하여 대화가 중단된다.

상대방이 동의하지 못할 때

상대방이 당신의 이야기에 동의하지 못할 경우 금세 생각이 분산되어 맥락을 놓치고 만다.

> "물론, 나도 그가 경험이 너무 부족해 좋은 총리가 될 수 없다고
> 생각해. 다른 후보는… 그에게도 그만의…"(청자가 화자의 말에 동
> 의하지 못해 집중력이 흐트러진다.)

> "그 사람과 사귀기 전에 네 마음을 알릴 기회가 있었겠지. 내가
> 네 나이일 때 우리 엄마는 이런 말씀을 하셨…"(청자가 동의하지

않는다.)

"밀스 씨, 당신은 신속한 서비스가 내구성보다 중요하다고 생각
하시는 것 같군요…" (청자가 동의하지 않는다.)

이처럼 청자가 당신의 말에 전혀 동의하지 못한다면, 그는 이 대화
를 끝낼 기회만 엿볼 것이다. 그야말로 '소 귀에 경 읽기'와 같은 상황
이다.

시각적 방해 요소들

시각적 방해 요소들은 자극받기 쉬운 우리의 마음을 순식간에 장악
해 어떤 '메시지'든 끼어들 틈이 없게 만든다.

◇ 연극 <햄릿>을 관람하는 동안 오필리아의 손목에서 시계를
   발견하고는 몇 분간 그것에 신경 쓰느라 대사와 연기 모두 놓
   치고 말았다.
◇ 고객과 식당에 갔는데 그가 갑자기 저쪽 코너 테이블에 지인
   이 있다며 반가워한다. 그는 수시로 시선을 돌리며 지인이 자
   신을 알아봤는지 확인한다. 집중력이 무너진 것이다.
◇ 상대방의 재킷에 얼룩이 묻었거나 눈에 띄는 단추가 느슨하게
   매달려 대롱거린다면 어떤 대화를 하든 집중하기가 어렵다.

예컨대 당신이 입고 있는 옷의 소매가 찢어졌거나, 단추를 잃어버

렸거나, 차림새가 단정하지 못하다는 사실을 발견할 경우 상대방에게 그것을 먼저 이야기하자. 당신이 이미 알고 있다는 사실을 상대방도 알게 되면 그것에 대해 더는 생각하지 않을 것이다. 집중할 수 없는 상황이 종료되는 것이다.

마찬가지로 당신의 사무실에서 회의가 열릴 예정이라면 시각적으로 방해될 만한 게 없는지 사전에 점검하자. 그리고 가능하면 모든 사진을 뒤집어놓자.

수년 전 나의 동료 중 하나가 실제로 겪은 일이다. 유명 광고 에이전시를 방문한 동료는 접수처에서 따뜻한 미소로 환영받았다. 건물을 나서는 사람들조차 온화하게 미소 지어주었다. 그는 친근한 회사 분위기에 감명받았다. 미팅을 진행한 회계 이사의 사무실에서도 참석자 모두가 내내 따뜻한 미소를 잃지 않았다. 사무실을 나서며 그는 성공적인 미팅이었다고 생각했다. 모두가 환하게 웃으며 호의적으로 대해주었기 때문이다.

심지어 회사로 돌아오는 길에 탄 택시 기사조차 줄곧 웃음을 지었다. 회사에 도착해 우선 화장실에 들른 그는 거울을 들여다보고 경악하고 말았다. 얼굴에 붙어 있는 화장지 조각을 발견했기 때문이다. 그날 아침 면도한 이후로 내내 그 자리에 붙어 있었던 것이다. 광고 에이전시와의 계약은 성사됐느냐고? 당연히 아니다. 그들은 그의 말에 전혀 귀 기울이지 않았다!

지속적인 방해에 대처하기
누군가와의 대화 중에 계속 방해를 받는다면 성가시지 않을 수 없다. 레스토랑에서 친구와 새로 입사한 회사에 대해 신나게 이야기하고 있는데 웨이터가 자꾸 나타나 방해한다고 생각해보자. 주문하고 싶을 때 부르겠다고 이미 이야기했는데도 말이다. 또, 동료에게 복잡한 시스템 운용 방법을 알려주고 있는데 후배 사원이 별 시답지 않은 질문들로 자꾸 방해한다면 어떻겠는가.

직장에서 상사나 동료, 고객과 중요한 대화를 나누는 도중에 지속적인 방해를 받는다면 생산성이 떨어질 수밖에 없다. 이런 사례에 해당되는 집중력 곡선은 도표 3.3에 잘 나타나 있다.

하지만 직장 내 압박 요소들이 차츰 증가하면서 위와 같은 상황이 일반화되고 있다. 사람들이 점점 더 많은 일을 떠맡고, 구조 조정이 일어나고, 사무실 내 칸막이가 차츰 사라지면서 방해를 전혀 받지 않는 회의는 이제 거의 찾아볼 수 없게 되었다. 적응해야지 어쩌겠는가.

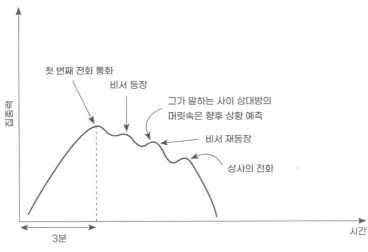

도표 3.3 여러 방해 요소가 미치는 영향을 보여주는 집중력 곡선

안타깝지만 집중력이 흐트러지는 순간을 감지하고 다시 한번 흥미를 유발할 책임은 당신에게 있다.

다른 사람에 의해 방해를 받는 경우 당신도 그 내용을 알 수 있는 만큼 문제의 본질을 파악할 수 있다. 그리고 상대방의 집중력에 어떤 영향을 미칠지도 가늠해볼 수 있다.

하지만 전화가 걸려온 경우, 만약 통화가 건조하게 흘러가면 상대방의 얼굴 표정이나 어조를 잘 살펴야 한다. 여기엔 다음과 같은 이유가 존재할 수 있다.

◇ 상사가 질책한다.

◇ 연인 혹은 배우자가 이별을 고한다.

◇ 비서가 그의 자동차 충돌 사고를 보고한다.

◇ 분노한 고객이 중대한 계약을 파기하겠다고 위협한다.

◇ 아들이 대학을 자퇴하겠다고 선언한다.

◇ 생산 부서에서 주요 거래처에 본래 일정대로 배송할 수 없다고 통보한다.

상대방이 전화 통화에 관해 별다른 언급을 하지 않는다면 그의 눈빛이나 어조에 비추어 집중력이 얼마나 흐트러졌는지 예측해봐야 한다. 만약 다소 조심스러워 보이거나 심각할 정도로 넋이 나가 보인다면 어떻게 대처해야 할까?

반복해야 한다. 반복해서 말해야 한다. 방해 요소가 끼어들기 전에 당신이 했던 이야기를 요약해주자.

사람들은 항상 이야기 도중 이미 했던 말을 앵무새처럼 반복할까 봐 걱정한다. 하지만 연구 결과, 사람들은 자신이 (아무런 방해도 없이) 들은 이야기 중 불과 40퍼센트만 온전히 기억한다는 사실이 계속해서 밝혀지고 있다. 따라서 했던 말을 몇 번이고 반복함으로써 당신의 논점을 확실히 각인시킬 수 있다.

방해 요소들이 사라지고 나면 머릿속에서 집중력 곡선을 그려본 뒤 대화가 중단되기 전 어느 지점에 있었는지 가늠해본다. 이는 어려운 일이 아니다. 상대방은 새로운 문제에 맞닥뜨리면서 조금 전 들은 내용의 일부를 완전히 잊어버렸으므로 당신이 다시 기억을 되살려줘야 한다. 상대방의 마음속으로 들어가 집중력이 무너진 지점을 복구해야 하는 것이다.

당신이 말했던 제안을 필요할 때마다 요약해주면 상대방은 그 제안의 여러 이점을 좀 더 구체적으로 파악할 수 있다. 일례로 면접 시 당신의 다양한 성과와 능력을 요약해 제시하면 적어도 그중 몇 가지는 면접관의 뇌리에 분명히 각인될 수 있다. 영업할 때도 마찬가지다. 장점들을 이미 다 설명했어도 한 번 더 반복하자. 이렇게 제안의 핵심 포인트들만 짚어줘도 당신이 논리적이고 구조적으로 사고하는 사람이라는 것을 보여줄 수 있다. 그 결과, 당신의 위상도 높아진다.

상대방이 딴생각에 빠져들 수 있는 한 (우리 모두 그럴 수 있다) 당신에게 완전히 집중하기란 불가능하다. 하지만 어쩌다 딴생각이 시작됐는지 알고 있으면 큰 도움이 된다. 알아차리는 방법을 알아야 대처도 가능하기 때문이다.

상대방의 집중력을 높이는 방법

○

가능하면 자리를 옮긴다

이 원칙은 모든 상황에 적용되지만 여기서는 직장을 예로 들겠다. 직장에서는 책상이 화자와 청자를 갈라놓는 경우가 많다. 책상 주인은 자신의 손길을 기다리고 있는 쌓인 업무로부터 (정신적으로나 육체적으로) 벗어날 수 없다.

그렇다면 어떻게 할 것인가? 자신의 책상에 앉아 논의하는 사람은 한시바삐 처리해야 하는 서류 작업을 훤히 꿰뚫고 있다. 당신도 경험해봐서 잘 알 것이다. 바로 코앞의 서류들 때문에 조급해지는 상황 말이다. "할 일이 태산 같은데 대체 나는 이 사람이랑 무슨 얘기를 하고 있는 거지?" 이런 상황에서는 머릿속에 온갖 생각들이 난무할 수밖에 없다. 음, 이따가 까먹지 말고 답장을 써야지. 아, 저건 금요일까지 끝내야 하는데. 저기 저 녹색 종이는 뭐지? 이런, 구독 갱신하는 걸 깜빡했네. 이것 봐, 프랜이 이메일에서 맞춤법이 틀렸잖아.

이는 당신 자리에서 벗어나지 않은 결과다. 처리할 업무가 자꾸만 쌓여가는 걸 목도하고 있으면 집중력이 흐트러질 수밖에 없다. 그뿐만 아니라 막연한 불안감에 휩싸인다. 이는 상대방에게는 엄연한 결례다.

이처럼 특정한 자리에서 초래될 문제를 잘 알고 있어야 한다. 마음을 짓누르는 그곳에서 나와 좀 더 조용한 데서 이야기하자고 해야 한다. 그의 책상에서 멀리 떨어진 곳 말이다. 당신이 먼저 나서서 자리를 옮기자고 제안해보자.

흐름을 유지한다

집중력 곡선을 알고 있다면 상승세를 가능한 한 오래 유지시키는 게 최선이라는 사실도 알 수 있다. 어떤 결정을 내려야 할 때 우리에게 가장 큰 영향을 미치는 건 그 순간의 감정이다. "합격 소식을 알리게 되어 기쁩니다", "더 말씀하시죠", "좋습니다. 귀사의 제품을 한번 써보도록 하죠", "네, 수요일에 쉬셔도 좋습니다". 이렇게 순간적으로 고조된 감정을 최대한 활용할 수 있는 타이밍을 잡는 게 중요하다. 혹시 여기에 찬물을 끼얹는 일이 생기면 종전의 결정도 뒤집힐 수 있다. 따라서 상대방의 집중력이 계속 상승세의 마법을 탈 수 있도록 당신이 책임지고 관리해야 한다.

TV에서 방영하는 45분짜리 드라마를 보고 있다고 생각해보자. 불과 3미터 앞에 낭떠러지가 있는 위기 상황에서 자동차 브레이크가 고장 났다. 천천히 절벽을 향해 굴러가는 자동차. 이때 불쑥 광고가 불청객처럼 끼어든다.

3분 후 드라마가 다시 시작될 때 당신의 기분은 어떨까? 45분이라는 짧지 않은 시간 동안 당신의 집중력을 붙잡아두었던 긴장감이 여전히 살아 있을까? 드라마가 방영되는 동안 어디론가 사라져버렸던 잡념들이 과연 광고가 끝난 뒤에도 여전히 잠잠할까? 답은 당연히 '아니오'다. 이렇게 흐름이 깨지면 고조됐던 당신의 감정은 동력을 잃고 만다. 마법이 풀리는 것이다.

사람들 사이에서도 동일한 상황이 벌어진다. 당신이 타사의 홍보 프로젝트를 따내기 위해 약 한 시간 반 동안 담당자와 논의 중이라고 해보자. 담당자는 꽤 호감을 느끼는 듯하다.

"보여주실 만한 연구 사례가 더 있나요?"

"네, 다 가져왔습니다."

당신은 가방 안을 뒤지기 시작한다. 그런데 시간이 지체되자 담당자는 결국 이메일을 열어본다. 3분 후 담당자가 다시 고개를 들었지만 당신은 여전히 문서를 찾느라 정신이 없다. 담당자는 또다시 이메일을 들여다본다.

"아, 여기 있네요. 아니군…. 잠깐, 이걸 참고하시면 좋아요. 아, 죄송합니다. 여기 어디 있었는데…."

물론 이 정도면 담당자와 눈을 못 맞춘 지도 오래다. 문서를 찾느라 그럴 정신 따위 없다. 이제 담당자의 감정은 달라졌다. 활짝 열렸던 마음이 점차 닫히기 시작했고, 당신에 대한 신뢰도 종전 같지 않다. 이제 담당자의 머릿속은 자신이 서명해야 하는 문서들, 친구와의 점심 약속 장소에 대한 고민, 그리고 당신의 제안을 수락하면 안 되는 이유로 가득 찼다.

마침내 찾던 문서를 발견했다.

"보시죠. 이 사례에서는 세 개의 캠페인이 서로 다른 지역에서 동시에 진행됐습니다. 이 경우 비용이 다르게 책정돼…."

이때 계산기를 꺼낸다. 또다시 담당자와 눈을 맞추지 못한다.

"음, 잘못된 것 같네요. 빼기를 눌러야 했는데…. 어, 안 되네…. 배터리가…?"

계산기 오작동으로 또 2~3분이 지체된다. 계산기 버튼을 누르는 상대방의 모습만큼 지루한 장면도 없다. 상대방의 능력에 확신이 없을 때는 더더욱 그렇다.

이때쯤 지루할 대로 지루해진 담당자는 감정의 '고조 상태'를 벗어나 지구에 착지해 현실에 눈을 떴다. 이 같은 상황은 결코 드물지 않으며 주변에서 얼마든지 일어난다.

이런 상황은 반드시 분석해봐야 한다. 당신의 잠재 고객은 제안 자체가 마음에 들지 않는 게 아니다. 다만 논의를 계속 진행하고 싶은 마음이 사라져버렸을 뿐이다. 그녀는 '좀 더 생각해보고' 언젠가는 당신의 제안을 수락하겠지만 지금 당장은 도박을 하고 싶지 않다.

여기서 무엇을 알 수 있는가? 무언가 결정하는 일은 대부분 감정적 차원에서 이루어진다는 사실이다. 그러므로 감정이 한창 고조돼 있을

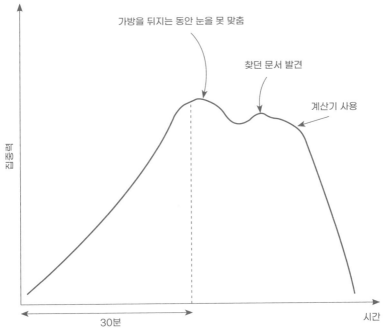

도표 3.4　위의 사례 집중력 곡선: 처음 30분은 집중력이 좋았다가 급격히 떨어진다

3장 집중
•

때 승낙을 얻는 게 중요하다.

시선을 떨구는 바람에 토론이나 프레젠테이션을 중단시키는 일이 없도록 하자. 그건 상대방에게 '딴생각을 해도 좋다'라고 공식 허가해주는 것과 다를 바 없다. 제안서를 눈앞에 두고 계산기를 사용해야 할 때도 능수능란해야 한다.

이 같은 사례를 집중력 곡선으로 그리면 도표 3.4와 비슷할 것이다.

무슨 이야기를 할지 먼저 소개한다

이는 상대방의 관심을 사로잡고 당신의 이야기를 이해시키거나 기억하게 하는 황금 법칙이다. 당신이 무슨 이야기를 할지 말한다. 그 이야기를 한다. 그리고 무슨 이야기를 했는지 말한다.

우선 청중에게 당신이 무슨 이야기를 할 건지 소개한다. 만약 청중이 관심 가질 만한 주제라면 (물론, 당신이 그렇게 만들어야 한다) 사람들은 이야기 내내 흥미를 느낄 것이다. 이어서 앞서 소개한 바로 그 이야기를 한 뒤에 마지막으로 지금까지 무슨 이야기를 했는지 한 번 더 요약해준다.

대부분의 사람들은 들은 내용의 40퍼센트만 기억하지만, 이러한 공식에 따르면 우리의 이야기를 상대방이 기억할 확률도 높아진다(도표 3.5 참조).

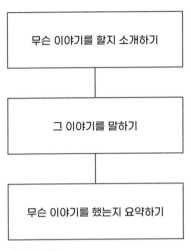

도표 3.5 집중력을 높이는 황금 법칙

●▶ 흥미가 생겨야 집중도 할 수 있다. 청중이 딴생각하는 일이 없도록 관심을 붙잡아두자.

●▶ 사람들의 머릿속에서는 '계속 자기만의 채널이 돌아가기 때문에' 집중력이 무너지는 순간을 당신이 알아차릴 수 있어야 한다.

●▶ 사람들은 보통 대화의 맥락을 놓쳤다는 사실을 인정하지 않는다.

●▶ 머릿속에서 '집중력 곡선'을 그려보면 집중력이 떨어지는 순간을 한눈에 알아볼 수 있어 유용하다.

●▶ 대화에 집중하는 데 방해가 되는 요소는 세 가지로 나눌 수 있다.
  - 당신이 말한 내용에 대한 반대 의견이나 혼란이 있을 때
  - 시각적 방해 요소가 있을 때
  - 다른 사람이 방해할 때

●▶ 제안을 수락하는 결정은 대부분 한창 고조된 감정에 따라 이뤄지므로 서류를 보기 위해 상대방과 눈을 맞추지 않는 것처럼 상대방의 감정을 상하게 하는 행동은 삼가야 한다.

●▶ 사람들은 들은 내용의 40퍼센트만 기억한다.

●▶ 대화를 나누는 도중 단 몇 초라도 상대방으로부터 눈을 떼는 일이 없
도록 한다.

몸짓

의사소통의 90% 이상은 비언어적 메시지다

소통은 단순히 말하기와 듣기만으로 이루어지지 않는다. 우리는 말하거나 들을 때 비언어적 수단을 활용해 감정을 표현하기도 한다. 실제로 소통을 잘하는 사람들은 비언어 신호를 제대로 해석하거나 활용해 자신의 영향력과 설득력을 높인다.

우리는 상대방을 더 잘 이해하기 원한다. 결국, 당신은 스스로 내뱉은 말이 솔직한 생각이나 감정과는 판이할 때가 많다는 사실을 당신의 '몸짓'을 통해 이미 알고 있다.

1. 누군가와 이야기할 때 당신은 언어적 방식과 비언어적 방식으로 메시지를 내보낸다(발신자).
2. 상대방은 메시지를 수신하고 해석한 뒤 언어적 메시지와 비언어적 메시지를 당신에게 다시 보낸다(수신자).

4장 몸짓
●

3. 상대방의 답변에 당신은 언어적 방식과 비언어적 방식으로 반응한다.

발신자는 해석될 몸짓언어를 발신하고, 그 신호를 수신한 수신자는 자신만의 '기준'에 따라 해석한다. (문제가 생길 수밖에 없지 않겠는가!) 우리는 서로 번갈아 이야기를 하거나 들으며 자연히 발신자가 되기도 하고 수신자가 되기도 한다.

타인과의 상호작용 과정에서 문제가 생기는 것은 몸짓으로 표현하는 메시지에 두 가지 형태가 있기 때문이다. 첫 번째는 비언어 전문가 에크먼과 프리센이 명명한 '정보적 활동'이다. 이는 발신자가 별 의도 없이 무심코 취한 몸짓을 수신자가 제멋대로 해석하는 활동을 말한다. 따라서 한 사람의 비언어적 행동이 의도치 않게 신호를 보내면 수신자가 제대로 또는 엉뚱하게 해석할 수 있다. 두 번째 형태는 이른바 '소통적 활동'으로 발신자가 수신자에게 의도적으로 메시지를 보내는 것이다.

이러한 활동은 지속적으로 이루어진다. 사실 우리는 모두 이 활동을 하고 있다! 지난 수년간 심리학자들이 몰두해온 연구에 따르면, 타인과의 대면 교류에서 언어 메시지의 비율은 40~45퍼센트인 데 비해, 몸짓언어 메시지의 비율은 그보다 많은 55~60퍼센트다. 곧, 발화되는 언어 그리고 그 과정에서 전달되는 의미는 전체 내용의 절반이 채 안 되고, 나머지는 화자의 비언어 메시지를 통해 전달된다. 일상에서 대화를 중심으로 교류가 이루어지는 까닭에 의사소통에서 언어가 차지하는 비율이 지극히 낮다는 사실을 자꾸 망각하는 것도 별로 놀라운 일은 아니다.

이는 무엇을 의미하는가? 인간관계에서 적절히 처신하려면 들리는 이야기에만 집중하기보다 비언어적 행동에 더 민감하게 반응해야 한다는 것이다. 즉, 행동을 언어에서 따로 떼어놓고 판단하면서 상대방 내면의 감정을 해석해야 한다.

당신도 특정한 인상을 주고받을 때 비언어적 행동에 지대한 영향을 받는다.

몸짓언어가 사용되는 이유는 세 가지로 분류할 수 있다.

◇ 언어를 대신하기 위해

◇ 언어를 보강하기 위해

◇ 화자의 기분을 표현하거나 감추기 위해

사회심리학자들은 연구를 통해 인간관계에서 첫인상이 얼마나 중요한지, 첫 만남에서 단 몇 분간의 상황이 얼마나 큰 영향을 미치는지 강조한다. 이는 직장 안과 밖 모두 마찬가지다. 우리는 상대방의 성격부터 복장, 몸짓언어에 이르기까지 당장 눈에 보이는 모든 요소를 파악한다. 물론 실수가 없을 수는 없다. 하지만 이 같은 과정을 통해 우리도 관찰자 입장일 때와 반대로 관찰당하는 입장일 때는 뭘 해야 하는지 스스로 깨달을 수 있다.

중요한 건 모든 게 인식의 문제라는 사실이다. 여기서 잠시 우스운 이야기 하나를 소개하겠다.

한 노인이 죽어서 지옥에 갔다. 그곳에 노인의 친구가 있었는데, 95세의 '늙어빠진' 친구의 무릎에 아름다운 여성이 앉아 있는 것이 아닌가! 그가 친구에게 물었다. "여기는 지옥 아닌가? 그런데 왜 자네는 벌이 아니라 상을 받고 있는가?" 그러자 친구가 이렇게 대답했다.

"벌 맞네. 이 여성분한테 말이야!"

여기서 우리는 생각의 핵심 요소, 곧 인식의 전환을 살펴볼 수 있다. 이는 우리가 생각하는 방식과 그에 따라 상황을 '읽는' 방식을 바꿔준다는 점에서 중요하다.

에드워드 드 보노의 연구에 따르면 사고 과정에서 일어나는 실수의 90퍼센트는 인식 실수에서 시작된다. 인식을 바꿀 수 있으면 감정을 바꿀 수 있고, 그러면 새로운 아이디어와 통찰을 얻을 수 있다.

직장 밖에서 보이는 비언어적 행동은 직장에서 전형적으로 볼 수 있는 행동들보다 한결 해석하기가 쉽다. 직장에서는 사람들의 역할이 서로 달라 솔직한 감정을 억눌러야 할 때가 많고, 또 그만큼 '감춰야 할 때'도 많기 때문이다. 따라서 직장에서 신호를 해석하는 데 도가 텄다면 일상적인 인간관계의 기반도 마스터한 셈이다. 결국 기본 원칙은 동일하기 때문이다. 누군가와 함께하는 매 순간, 우리의 기분과 감정은 눈치 빠른 이들에게 금세 들키거나 분석되기 마련이다. 우리 몸의 자세와 위치, 움직임이 모든 걸 드러내는 것이다. 물론, 깊은 내면의 생각을 타인이 공유할 수는 없다. 이는 결국 개인적 자산이 아니겠는가. 그럼에도 우리는 타인의 다양한 감정을 파악할 수 있고, 또 우리의 감정 역시 그들에게 전할 수 있다. 소통하는 두 당사자가 공감한다면 쌍방향의 교류가 이루어진다.

'몸짓언어'라는 용어는 보통 우리의 비언어적 행동을 지칭한다. 소통에서 몸짓언어의 역할은 상당히 중요하다. 당신은 말없이 고유의 몸짓언어를 통해 어떤 인상을 전달하는 중이다.

> 당신은 의사소통을 피할 수 없다.

4장 몸짓
•

비언어적 소통이 중요한 이유

○

사람들의 마음을 읽을 수만 있다면 우리는 어떤 생각들을 알게 될까? 그리고 그 생각들은 방금 그 사람이 우리에게 이야기한 것과 얼마나 상충될까?

> "아주 즐거운 파티였어요." (속마음: 그냥 집에서 TV나 볼걸.)
>
> "와주셔서 감사합니다. 저희가 일주일 내로 연락드리죠. 아직 만나볼 분들이 더 계셔서요." (속마음: 제발 시간 축내지 말고 어서 가라…. 장난하나. 자기 회사에서만 사용하는 전문용어를 대체 어떻게 이해하라는 거야. 당황하는 걸 봤으면 좀 알아차려야지….)
>
> "아뇨, 괜찮아요. 잔디 깎이 기계가 필요하시면 언제든지 말씀하세요." (속마음: 겪을수록 진짜 최악의 이웃이군. 짜증나. 잔디 깎이 기계를 빌린 게 벌써 다섯 번째잖아. 작년엔 곧 살 거라더니.)

어쩌면 상대방의 마음을 못 읽는 게 나을 수도 있다. 이는 보통 쌍방향으로 이루어지는 만큼 상대방 역시 우리의 마음을 읽게 될 것이다. 어쨌든 마음을 읽을 수 없다면 비언어적 요소를 따로 관찰하면서 사람들을 '읽어내야' 한다. 그들의 몸짓언어를 해석해 진짜 속마음을 들여다봐야 하는 것이다. 사람들의 몸과 마음은 하나라는 사실을 잊지 말자.

이처럼 소통의 비언어적 수단이야말로 사람들의 실제 감정을 파악할 수 있는 최고의 단서다. 몸짓언어를 '읽어내는' 데 성공하려면 그 사람의 행동을 하나하나 개별적으로 놓고 보는 게 아니라 일종의 퍼즐처럼 짜 맞춘 뒤 하나의 맥락 속에서 들여다봐야 한다. 몸짓언어는 과학이 아니다. 하지만 여느 기술들을 새로 습득할 때처럼 서로 다른 제스처, 버릇 등 준언어(paralanguage)를 관찰하면서 점차 능숙하게 해석할 수 있다.

여기서 주의할 점이 있다. 간혹 시중의 잡지나 책에서 이런 몸짓은 이런 의미고 저런 버릇은 저런 의미라는 식으로 단정 짓는 경우가 있는데, 여기서 당신의 해석을 뒷받침하는 정보'군'을 찾아내는 것이 중요하다. 하지만 그런 단정이 항상 맞는 건 아니다. 그래도 '마음 읽기'가 불가능한 현실에서는 위와 같은 조언이 타인의 마음을 좀 더 제대로 읽는 데 도움이 될 수 있다.

대개 사람들이 자신의 감정을 숨기려면 비언어적으로 발산되는 신호에 각별히 더 신경 써야 한다. 이는 언어적 수단을 통제하는 것보다 훨씬 어렵다. 아무리 그럴 듯한 말로 포장해도 통제 불능의 감정이 '유출'되면 모든 게 들통나고 만다.

사람들과 원만히 소통하고 '주파수를 동일하게 맞춘 뒤' A지점에서 B지점으로 이동시키기 위해 상대방의 감정을 이해하는 일은 나날이 중요해지고 있다. 몸짓언어가 타인에게 감정을 전달하는 주요 수단인 만큼 이를 효율적으로 읽고 상대방에게 공감을 표시해주는 것이 아주 중요하다.

1960년대 로스앤젤레스 대학의 앨버트 머레이비언 박사는 몸짓언어 논의에서 빠지지 않고 등장하는 기념비적 연구를 수행했다. 그는 대부분의 사람들이 혼란스러운 메시지를 보내는 죄를 짓고 있다고 지적하면서 지금은 잘 알려진 숫자들을 제시했다. 바로 55, 38, 7이다. 사람의 메시지는 시각(비언어) 55퍼센트, 목소리(어조, 리듬, 억양) 38퍼센트, 언어 7퍼센트로 구성되어 있다는 사실을 발견한 것이다.

대면 상황에서는 이와 같다.

◇ 메시지의 93퍼센트는 비언어적 요소다(시각 55퍼센트, 청각 38퍼센트).

◇ 언어적 요소가 메시지에 미치는 영향은 7퍼센트에 불과하다 (언어: 무엇을 어떻게 이야기하는가).

60년도 더 지난 이 연구 결과가 지금까지도 널리 인용되고 있다. 물론, 연구 진행 방식에 문제를 제기하는 사람들도 있다. 하지만 머레이비언 박사는 55, 38, 7이라는 수치의 정확성 여부가 아니라 언어적 요소와 비언어적 요소의 '비중'에 주목해야 한다고 강조했다.

지난 수십 년간 진행된 여러 연구들 역시 이 연구의 타당성을 입증해주었다. 수치는 조금씩 차이가 있지만 실제로 상대방의 감정과 태도를 해석하는 데 절반 이상의 비율로 막대한 영향을 미치는 것이 시각적 요소이고, 두 번째가 청각적 요소이며, 실제 내용인 언어는 그 영향력이 미미하다는 사실이 확인되었다.

다시 말해, 타인에게 전달하고자 하는 메시지는 대부분 몸짓언어로 드러난다는 사실을 머레이비언 박사의 연구를 통해 알 수 있다.

일상적으로 누군가와 교류할 때 언어는 우리의 생각과 감정을 전달한다. 언어의 기능을 적절히 활용한다면 우리는 원만히 소통할 수 있다. 하지만 언어에만 의존해 소통할 필요는 없다. 이제부터 살펴보겠지만 언어는 전달 방식에 따라 상당히 많은 부분이 달라진다.

준언어

앞서 설명했듯이 비언어적으로 이뤄지는 의사소통 93퍼센트 중 55퍼센트는 몸짓언어, 38퍼센트는 이야기의 비언어적 요소다.

이야기의 비언어적 요소란 이른바 준언어로서 어조, 발성 변화, 목소리 변주 등을 말한다. 준언어는 소통에서 비중이 상당하므로 잘 알아둘 필요가 있다. 관련 요소는 다음과 같다.

◇ **크기**: 전달 내용에 따라 목소리 크기가 결정된다. 보통 강조하고 싶은 부분에서는 목소리를 좀 더 높이거나 낮춘다.

◇ **속도**: 말하는 속도에 따라 청중이 이해하고 수용하는 내용의 양이 달라진다. 일례로 누군가 아주 빠르게 말한다면 청중은 금세 흥미를 잃을 것이다. 너무 느리게 말해도 마찬가지다.

◇ **톤, 높낮이, 억양**: 목소리는 저음과 고음을 자유롭게 조절할 수 있고 억양도 변화시킨다. 일례로 사람들은 질문할 때 대부분 고음으로 말한다. 어조, 높낮이, 억양을 능숙하게 변화시키면 메시지를 원만히 전달할 수 있다. 자연스러운 변주를 통해 달성할 수 있는 효과를 기억하자. 같은 문장이라도 강조하는 부분을 달리하면 어떤 변화가 생기는지 살펴보자. 다음 문장들이 똑같은 의미로 들리는가?

- 넌 내가 가길 원해?
- 넌 내가 가길 원해!
- 넌 내가 가길 원해!

우리는 앞서 몸짓언어가 우리의 언어를 상당히 보강한다는 사실을 알아보았다. 준언어의 역할 역시 못지않게 중요하다. 언어에 부정적 어감 또는 긍정적 어감을 부여하는 것은 물론, 의미를 더할 뿐만 아니라 메시지가 효율적으로 전달되도록 돕는다.

혼란스러운 메시지와 '더 높은 수치'

결국 소통의 38퍼센트는 당신이 대화할 때 어떻게 들리는지 어떤 인상을 주는지에 따라 결정된다. 비언어적 소통은 늘 상대방의 반응에 따라 달라지며, 당신의 목소리에는 감정 상태가 반영되어 있다.

물론 소통에서 남은 7퍼센트를 차지하는 언어도 다른 요소들 못지않게 중요하다. 다른 요소의 역할 비중이 줄어드는 건 제 역할을 하지 못할 때뿐이다. 어떤 단어나 문구 하나로 전체적인 소통 경로(6장 참조)를 완전히 뒤바꿀 수 있다.

이 연구에서 가장 중요한 성과는 세 요소 사이에 메시지의 혼선이 일어날 경우 어떻게 해석할지를 발견한 것이다. 곧, 들리는 내용이 보이는 내용과 어긋날 때 (그 반대 경우도 마찬가지) 말이다. 이 연구는 메시지에 혼선이 빚어질 경우 더 높은 수치를 실제 해석으로 신뢰해야 한다고 결론 내렸다.

아마 이런 상황을 많이 겪어봤을 것이다.

나타샤: (『파이낸셜 타임즈』 주가 항목을 뚫어져라 보고 있는 남편에게) 뒷방에 설치할 커튼 견본 한번 볼래? 좀 비싸기는 한데… 지금 바빠?

남편: (고개를 들고 안경을 벗은 뒤 계산기와 펜을 옆으로 치우며) 응, 한번 보지, 뭐.

여기서는 메시지에 혼선이 일어나고 있다. 말로는 '좋다'고 하지만 어조는 전혀 그렇지 않을 수 있다. 당신이라면 어느 쪽을 실제 의미로 받아들이겠는가? 말 그 자체인가 아니면 말이 전달되는 방식인가?

사실, 남편의 실제 감정을 드러내는 건 어조일 확률이 높다. 우리는 언제나 수치가 더 높은 쪽을 믿을 것이며, 여기서 수치가 높은 쪽은 말 자체가 아닌 어조다. 나타샤는 남편의 어조에 반영된 감정을 포착할 만큼 눈치가 빠른 게 좋을 것이다. 그래야 남편에게 나중에 이야기하자고 할 수도 있고, 그만큼 반감도 줄일 수 있을 테니 말이다.

인생이 카드 게임과 같다면

인간관계는 포커와 비슷하다. 포커에서 제일 중요한 게 사람들을 다루는 기술이기 때문이다. 다른 플레이어의 몸짓언어를 정확히 읽어내는 한편 당신의 속내를 들키지 않도록 감춰야 한다. 포커 게임에서는 다른 플레이어의 몸짓언어 중 단서가 되는 것을 '텔(tell)'이라고 부른다.

살다 보면 종종 감정을 억눌러야 할 때가 있다. 특정한 인상을 심어주고자 의도적으로 그럴 수도 있고 본래 성격 때문일 수도 있다. 몸짓언어는 상당 부분 학습되며 오랜 기간에 걸쳐 습관으로 자리 잡는다. 하지만 진지하게 생각해보자. 감정을 억누르는 게 당신에게 득이 될까 독이 될까?

> 사라: 매출이 더 떨어지면 이 프로젝트에 예산을 더 써도 될지 잘 모르겠어.
>
> 제인: (오른손으로 턱을 괸 채 계속 눈을 비비며) 그러게.
>
> 사라: 인사과 리즈가 어떻게 됐는지 봐봐. 그 친구 제안이 받아들여진 뒤로… 그러니까…
>
> 제인: (고개를 돌렸다가 자신의 커피잔을 내려다보며) 그러니까.

이쯤 되면 사라는 이렇게 생각할 수밖에 없다. '제인은 내 문제에 관심이 없어. 난 새집으로 이사하는데 자기는 방 두 개짜리 작은 집을 벗어나지 못해 배가 아픈가 봐.' 하지만 제인은 전날 밤에 잠을 설쳐 컨디션이 안 좋고, 그래서 집중이 안 된다는 신호밖에 전달하지 못했을 수 있다. 만약 그렇다면 이것은 메시지 해석 오류로 말미암아 안타까운 결과가 초래된 사례일 것이다.

당신이 다른 사람들에게 어떻게 비춰질지 인식하는 건 중요하다. 몸짓언어를 통해 엉뚱한 메시지가 전달되더라도 상대방이 꼭 그에 대해 반응하는 건 아니기 때문이다. 앞의 사례에서도 제인은 집중이 안 된다는 메시지를 전혀 의도하지 않았는데도 사라가 임의로 그렇게 받아들였다. 또 다른 상황을 보자.

4장 몸짓
•

피어슨: 앉으세요, 케인 씨. 파일 가져오셨죠? 보여주시겠어요?

케인: 네, 여기 있습니다. (앉아서 시계를 들여다보고 피어슨 씨를 올려다본 뒤 자신의 신발 끝부분을 응시한다.)

피어슨: 함께 수치를 검토해보면 둘 다 심각한 손해를 보지 않는 선에서 내년 예산 수정안을 합의할 수 있을 것 같은데요. (몸을 살짝 앞으로 기울인 채 미소 띤 얼굴로 계속 눈을 맞춘다.)

케인: 저는 좋습니다.

피어슨: 여기 대략적인 명세서가 있습니다. 저희가 케인 씨 부서에서 한 사람만 데려오면 급여 예산을 줄여 보스턴의 전시 공간을 대관할 수 있어요. 건지섬(Guernsey)에 위치한 채널제도(Channel Islands)의 새로운 공간도요. 어떠세요?

케인: 꼭 그래야 하면 그렇게 하시죠. (입고 있는 재킷에서 점차 바지로 내려가며 보풀을 떼어낸다.)

피어슨: 케인 씨 생각은 어떠신지도 듣고 싶네요. 이건 함께 결정할 문제니까요. 필요하다면 헨슨 씨에게도 의견을 구해볼게요.

케인: 전 괜찮습니다. 그런데 누가 가든 당장 갈 필요는 없다는 말씀이시죠? (이제 왼발 양말에 붙은 보풀까지 떼고 있다.)

이쯤 되자 피어슨은 처리해야 할 본사 업무가 있었는데 깜빡했다며 정중한 태도로 미팅을 중단한다. 케인의 몸짓언어는 처음부터 끝까지 피어슨의 말에 동의할 수 없음을 표현했고 피어슨은 통찰력을 발휘해 이를 파악해냈다.

케인이 이날 적대적으로 행동한 데는 다른 이유가 있을 수도, 혹은 보다 중요한 근본적 이유가 있을 수도 있다. 어느 쪽이든 생산적인 결과를 내야 한다는 희망 속에서 미팅을 계속 진행하는 건 어리석은 일이었을 테다. 미팅을 중단함으로써 두 사람은 적어도 한 발짝 물러나 생각해보거나 제삼자의 조언을 얻을 수도 있었다. 피어슨 또한 케인 측에 말 못 할 사정이 있는 건 아닌지 알아볼 수 있다.

공감으로 몸짓언어 해석하기

○

공사를 막론하고 일상에서 타인과 효율적으로 소통하려면 언어는 물론 비언어적 소통에도 깊은 관심을 기울여야 한다. 감정은 비언어적 메시지에서 훨씬 극명하게 드러난다. 사람들의 감정 상태는 얼굴 표정, 몸짓, 제스처, 태도, 목소리 등을 통해 외부로 표출된다.

표정은 감정을 전달하는 데 지대한 역할을 한다. 비언어적 수단 중 감정을 가장 많이 드러내는 것이 바로 눈과 얼굴이다. 그래서 사람들의 표정을 통해 당신에 대한 타인의 감정과 태도를 파악할 수 있다.

우리는 표정과 말이 늘 조화를 이루는 사람을 더 신뢰하는 경향이 있다. 말과 행동이 불일치하는 사람들보다 이런 태도를 보이는 사람들에게 더 큰 영향을 받는다.

만약 말하는 이가 완전히 경직된 데다 긴장과 불안이 가득하다면 그의 열정과 열의를 어떻게 믿을 수 있겠는가?

연구에 따르면 갖가지 얼굴 표정에 대한 해석은 전 세계적으로 동일하다. 우리는 사람의 얼굴로 표현되는 여섯 가지 상이한 감정을 꽤 정확히 해석해낸다.

◇ 슬픔

◇ 놀람

◇ 혐오

◇ 분노

◇ 행복

◇ 공포

이 같은 감정 표현이 문화 스펙트럼의 전체를 아울러 전 지구적으로 동일하다는 사실을 감안할 때 이는 학습되기보다 타고나는 것이라는 결론에 이를 수 있다. 하지만 우리의 얼굴 표정을 조절하고 통제하는 일은 비교적 쉽다. 몸짓언어의 관점에서 얼굴은 표현력이 가장 좋은 신체 부위로서 우리의 생각과 감정, 기분을 드러낸다.

사람은 얼굴로 많은 이야기를 할 수 있다. 우리는 일상적으로 얼굴 표정을 이용해 타인과 감정을 소통한다. 누군가 동의할 수 없는 이야기를 하거나 거짓말을 하고 있거나 당혹스러운 말을 한다면 우리는 그저 말없이 '표정'만으로 기분을 전달할 수 있다. 이는 뮤지컬 〈선셋 대로(Sunset Boulevard)〉에서 노마 데즈먼드가 부른 노래에도 잘 드러난다.

표정만으로 내 말을 부끄럽게 해요.
표정만으로 당신은 알아야 할 모든 것을 알게 될 테니까요.

우리는 얼굴 표정을 이용해 언어적 메시지의 의미를 강화하기도 한다. 하지만 주의할 점이 있다. "네 얼굴에 다 써 있다"는 말이 있다 해도 진실한 감정을 숨기기가 얼마나 쉬운지 우리는 잘 알고 있지 않은가. 오스카 시상식에서 탈락한 후보가 트로피를 거머쥔 수상자를 향해 박수 치는 모습을 본 적 있을 것이다. 그들의 얼굴 표정만으로 실제 감정을 예측한다면 맞출 확률이 제로일 수도 있다.

관찰한 바에 따르면 인간은 충분히 이해한다는 뜻을 전하고자 상대방의 몸짓을 따라 하는 것으로 나타났다. 특히, 상대방이 고통스러워하면 그 감정을 모방하게 된다. 이는 기본적으로 상대방에 대한 공감의 표현이다.

미소는 설득력을 높여준다

○

우리가 지어 보일 수 있는 표정 중 미소가 가장 바람직하다는 건 이미 공인된 사실이다. 행복은 우리가 표정으로 보여줄 수 있는 감정 중 유일하게 긍정적이다. 사람들은 진심 어린 미소를 보여주는 데 익숙하지 않다. 마치 눈과 입을 조화롭게 움직이는 데 문제가 있는 듯하다. 만약 입은 웃고 있는데 눈은 아니라면 '으르렁대는' 표정으로 보일 것이다.

타인과 교류할 때 우리는 대체로 무엇을 전달하고 싶어 하는가? 부정적 상태인가 긍정적 상태인가? 부정적 상태와 긍정적 상태 중 기분이 좀 더 나은 때는 언제인가? 잘 알 것이다. 기분이 좋을 때 침울하게 울상 지은 누군가를 마주쳤다고 해보자. 당신의 즐거움 역시 사라지지 않는가? 이쯤 되면 사람들에게 지어 보일 표정은 한 가지뿐이다. 바로 미소다! 돈 한 푼 들이지 않고 좋은 이미지를 만드는 비법이다.

그뿐이 아니다. 미소에는 여러 생리적 이점도 뒤따른다. 그중 하나는 두뇌로 유입되는 혈류가 증가해 기분이 저절로 좋아지는 것이다. 연구에 따르면 어떤 표정을 억지로라도 지을 경우 몸과 마음이 반응하게 된다. 생화학적 변화가 일어나면서 호르몬이 생성되어 기분이 좋아지고 긍정적으로 사고하게 되는 것이다. 긍정적으로 생각하면 좀 더 긍정적인 결과를 달성할 수도 있다. 일반적 인식과는 정반대의 명제가 사실로 판명되는 획기적인 연구 결과가 있다. 무조건 감정 뒤에 표정이 따라오는 게 아니라 표정이 감정보다 앞설 수도 있다는 사실이다.

이처럼 표정은 감정에 실제로 영향을 미친다. 따라서 미소는 상대방에게 중요한 영향을 미칠 수밖에 없다. 사람들이 상대방의 표정을 흉내 내거나 '반영하는' 경향이 있다는 사실이 지속적으로 입증되고 있지 않은가. 또 사람들과 친해지면서 소통이 원활해지면 스트레스 수치가 내려가고, 이로써 좀 더 편안해지면 당신에 대한 호감도가 상승해 결국 당신의 말이 설득력을 얻는다는 사실을 깨달을 것이다.

한 가지 더 기억할 사실이 있다. 기본적으로 미소 외에 갖가지 표정을 지으려면 여러 개의 근육을 움직여줘야 하지만 웃을 때는 단 하나의 근육만 사용하면 된다.

몸짓언어 제스처

○

사실 기분이 몹시 우울할 때도 환한 미소를 지어 보일 수 있다. 정작 통제하기 힘든 건 우리의 제스처와 말투다.

눈 맞춤

눈 맞춤은 비언어적 수단 중에서도 기분 좋은 소통을 이루는 데 탁월하다. 눈을 맞춰야 우리가 집중하고 있다는 사실을 상대방이 알 수 있고, 그래야 향후 소통 방향을 결정할 수 있다. 이는 거듭 강조해도 지나침이 없을 만큼 중요하다. 우리는 화자에게 집중하고 있다는 표시로 눈을 맞춘다. 한편 우리에게도 화자가 우리의 노력을 알고 있다는 신호가 필요하다.

우리는 본능적으로 그리고 무의식적으로 눈을 맞추지만 업무 중에는 충분히 그러지 못할 때가 많다. 직장에 있는 당신의 모습을 떠올려보자. 사람들과 얼마나 눈을 맞추는가? 동료들도 생각해보자. 당신과 비교해보면 어떤가? 우리는 청자일 때 더 적극적으로 눈을 맞추는 경향이 있다. 이에 비해 화자는 청중이 한 명이든 100명이든 일일이 눈을 맞추며 반응을 확인해야 한다. 그러지 않으면 다음의 중요한 사실들을 놓치게 된다.

◇ 청중이 계속 당신의 말을 듣고 있는지

◇ 청중이 당신의 말을 이해하는지

◇ 당신의 말이 너무 빨라서 전달이 잘 안 되는지

눈을 잘 맞추지 않으면 청중은 자신이 아닌 불특정 다수에게 말하고 있다고 느끼게 된다.

사람들에게 말할 때 화자가 왼쪽을 쳐다보면 머릿속에 저장된 지식을 찾기 위해 기억을 더듬는 것이고, 오른쪽을 쳐다보면 상상력을 발휘하는 것이라는 연구 결과가 있다. 이는 '눈 깜짝할 새' 미처 인식할 틈도 없이 벌어지는 일이다.

사람들과 눈을 많이 맞추다 보면 대개 긍정적 효과를 경험하게 된다. 대화 주제가 흥미롭고, 상대방을 좋아하고, 지금 진지하다는 인상을 전달함으로써 상대방과 소통을 시작하고 지속할 수 있게 된다. 따라서 당신의 관점에 동의하거나 제품을 구입하도록 상대방을 설득하는 데 지대한 '영향'을 미칠 수 있다. 그뿐만 아니라 보통 이성적으로 끌리는 사람한테서 눈을 떼지 못하는 걸 보면 눈 맞춤은 남녀 간의 연애에도 좋은 게 분명하다.

제스처 활용하기

보통 몸짓언어라고 하면 의미를 더 명확하게 해주는 제스처의 사용을 의미한다. 심리학자들은 수년간의 연구를 통해 이들 제스처를 다섯 가지 항목으로 분류했다.

◇ **상징**: 말을 대신하기 위한 특정 움직임. 의미를 쉽게 이해할 수 있는 비언어적 행동으로 신체 모든 부위를 활용할 수 있다. 대

표적인 예로는 얼굴을 찡그리는 표정이나 엄지를 치켜세우는 손짓이 있다. 다른 문화권에서는 하나의 상징적 행동을 발신자와 수신자가 완전히 다르게 해석해 의도하지 않은 의미로 전달될 수 있으므로 주의해야 한다.

◇ **삽화**: 현재 말하고 있는 내용을 시각화하기 위해 사용되는 움직임.

◇ **규제**: 말하거나 듣고 있는 내용과 관련해 우리의 의도를 표현하는 움직임. 일례로 끄덕임, 눈 맞춤, 자세 전환 등.

◇ **조절**: 손가락으로 뭔가를 계속 두드리거나 머리카락을 잡아당기거나 액세서리를 만지작거리는 등 감정을 표현하는 움직임. 이 같은 행동 습관은 세 가지 유형으로 분류된다.

   (a) **자기 조절**: 머리카락을 매만지거나 머리를 긁적이거나 손끝을 맞대 탑 모양을 만드는 등의 행위.

   (b) **변화 조절**: 친밀감이나 거리감을 나타내기 위해 손을 움직이거나 팔짱을 끼는 등의 행위.

   (c) **물건 조절**: 액세서리를 만지작거리는 등의 행위.

◇ **애정 표현**: 표정처럼 감정을 좀 더 분명하게 드러내는 신호. 대개 사회성을 발휘해야 하는 사교 모임이나 업무 환경에서 사용된다.

어떤 몸짓언어든 해석해내려면 다른 제스처나 특정 상황은 무시한 채 제스처 자체만 보지 말고 전체를 분석하기 위해 노력해야 한다. 화자의 언어는 물론, 이른바 '제스처 무리(gesture clusters)'로 불리는 다양한 제스처를 활용해 실마리를 찾자. 예를 들어 앞서 소개한 미팅 상황에서 케인이 자신의 신발이나 시계를 쳐다보고, 발로 리듬을 맞추고, 옷에서 보풀을 떼어내고, 상대방과 눈도 맞추지 않은 건 확신하지 못하는 그의 언어와도 일맥상통하는 제스처 무리다.

서로 다른 소통 수단에서 발생하는 단서의 불일치 또는 모순을 심리학자들은 '경로 간 격차'라고 부른다.

만약 언어와 비언어에서 모순되는 메시지가 발생한 경우 청자는 좀 더 속이기 어려운 쪽의 메시지를 믿을 확률이 높다. 이는 대개 비언어적으로 전달되는 메시지다. 언어적 소통보다는 비언어적 소통이 진실로 받아들여지는 것이다. 이처럼 보는 내용과 듣는 내용이 서로 일치하지 않으면 사람들은 좀 더 높은 수치를 믿는 경향이 있다.

예를 들어, 내용(7퍼센트 비중의 언어)이 괜찮더라도 화자의 어조나 태도(38퍼센트 비중의 준언어)가 불안정하다면 감정 상태에 문제가 있음을 알 수 있다. 따라서 우리는 수치가 좀 더 높은 준언어를 통해 메시지의 신뢰성을 판단한다.

모든 사람은 이런 상황을 자주 경험한다. 만약 당신이 다급하고 방어적이며 거슬리는 말투로 이야기했다면 청자(당신의 아내, 파트너, 고객, 상사, 친척, 친구, 소비자 등)는 혼란스러운 메시지 속에서 당신이 의도하지 않은 뭔가를 '해석'할 것이다. 당신의 말투를 통해 '노출'이 일어난 것이다. '노출'이란 당신이 누군가에게 언어적으로 전달한 메시지가 시각적으로 드러난 진실에 의해 무효화되었음을 의미하는 몸짓언어 용어다. 다시 말해, 아무리 숨기려고 애써도 진짜 감정은 노출되기 마련이다. 만약 당신이 무례했다는 사실을 깨닫고 그럴 수밖에 없었던 이유를 설명해주면 상대방과의 관계가 호전될 수 있다. 일례로 당신이 오늘 아침 나쁜 일을 겪었다고 해보자. "좀 전에 매니저를 해고할 수밖에 없는 일이 있었어요. 제 말투가 불쾌하게 들렸다면 죄송합니다."

따라서 언어와 준언어(총 45퍼센트)가 괜찮게 들리더라도 화자가 마구 의자를 흔들고 상대방의 눈을 피하며 불안한 듯 손가락을 계속 두드린다면 신뢰를 줄 수 없다. 그래서 우리는 수치가 가장 높은 55퍼센트의 비언어 수단이야말로 판단 근거로 삼아야 할 실제 지표라고 믿는다. 우리는 메시지에 설득되는 것이 아니다.

만약 특정 몸짓언어를 취한 마땅한 이유가 있다면 밝히기 바란다. 이로써 일정 부분 신뢰를 회복할 수 있을 것이다.

청중에게 원하는 메시지를 제대로 전달하고 싶다면 언어와 비언어의 메시지가 반드시 일치해야 한다. 이 두 가지는 서로 모순되면 안된다. 이와 같은 일치성과 '제스처 무리'야말로 몸짓언어를 정확하게 해석할 수 있는 수단을 제공한다. 같은 맥락에서 칼 융은 다음과 같이 말했다.

> "생물학의 여러 전제에서 심리학을 분리하는 것은 명백히 인위적이다. 인간의 심리는 신체와 결코 와해될 수 없는 조합이기 때문이다. 몸과 마음은 하나다."

면접실 앞, 차분하고 평온한 척 앉아 (냉소적인 얼굴에 팬 주름이 옷의 주름보다도 많은) 비서를 향해 미소 짓던 때를 기억하는가? 비서가

"기다리고 있었습니다…."

당신에게 커피를 가져다줄 때 속으로 이런 생각을 했을 것이다. '내가 모르는 뭔가를 알고 있나? 벌써 다른 사람이 합격한 거 아냐?'

당신은 커피잔을 테이블 위에 올려놓고 허리를 곧추세우고 앉아 옷매무새를 정리한 뒤 다리를 꼬았다 풀었다 반복한다. 손목시계 줄을 만지작대다 머리를 매만지고 다시 똑바로 앉는다. 그 순간 면접실에서 나와 인사하는 면접관. "안녕하세요? 기다리고 있었습니다." 당신의 심장은 터지기 일보 직전이다!

부정적인 몸짓언어 피하기

○

몸짓언어와 그 효과를 공부할 때 특정 제스처가 당신에게 어떤 의미이냐보다 수신자가 그것을 어떻게 인지하느냐가 중요하다.

무심코 보낸 여러 몸짓언어가 상대방을 불편하게 만들 수 있다.

팔짱 낀 자세

가슴 위로 팔짱 낀 자세에는 몇몇 형태가 있기도 하지만 메시지는 동일하다. 대개 방어 태세를 의미하는 것이다. 기차나 커피숍, 엘리베이터에서 흔히 볼 수 있는 이 자세는 뇌에서 방어가 필요하다는 신호를 보낼 때 나온다. 일대일로 누군가를 만나거나 미팅을 하는 경우라면 상대방이 당신의 말에 동의하지 않고, 그래서 집중하지 않을 때 이 자세를 취할 것이다. 이때 뭔가 조치를 취하지 않으면 당신 역시 포기하게 될 거라는 사실을 기억하자. 아무리 상대방이 언어적으로는 당신 말에 동의하는 것처럼 보여도 이야기를 이어가는 게 무의미한 순간이다. 앞서 말한 것처럼 우리는 더 높은 수치를 믿을 수밖에 없다. (팔짱 낀 자세는 부정적인 몸짓언어다.) 물론 사람들 중에는 습관이나 성향 때문에 가슴 앞에 팔짱 끼는 자세가 편하다고 말하는 이들도 있다. 하지만 몸짓언어가 사용되는 상황을 염두에 두면 당신이나 상대방이나 비언어적인 것으로부터 무엇이든 해석해낸다는 사실에 유의해야 한다.

여기서 핵심은 '유출된' 신호 덕분에 상대방이 솔직한 감정을 털어놓기 전, 그러니까 너무 늦기 전에 분위기를 전환할 수 있다는 사실이

다. 이런 상황은 가족 간 말다툼, 영업을 위한 프레젠테이션, 세미나, 상사와의 회의 및 인터뷰에서 흔히 발생한다. 상대방의 '폐쇄적인' 자세를 버리게 할 한 가지 묘책은 들여다볼 만한 뭔가를 제공하는 것이다. 그리고 그들이 동의하지 않는 근본적 이유를 파악하도록 노력해야 한다.

> **앤:** (또다시 자신의 생일을 잊어버린 조카 존에게 잔소리를 했더니 존이 혼자 팔짱을 끼고 있다. 존은 시험을 보느라 경황이 없었기 때문에 그런 질책이 부당하게만 느껴진다.) 지난주 잡지에서 시험에 도움이 되는 기억 체계에 관한 글을 스크랩해뒀는데 어디다 뒀더라? 아, 여기 있네. 이것 좀 봐봐, 존. (존에게 종이를 건넨다.)
>
> **존:** (꼬고 있던 팔을 풀며) 네, 좋네요. 고마워요.

면접자: 솔직히 저는 여행을 그리 좋아하지 않습니다. 출장 다녀오면 모든 게 흐트러져서요. 일상으로 돌아오기까지 시간이 좀 걸립니다.

면접관: 그럼 우리가 해외에 여러 지사를 둔 고객을 확보할 경우 당신에게 맡길 순 없겠군요? (가슴 앞에 팔짱을 끼며 등을 뒤로 젖힌다. 그는 처음에는 유망해 보였던 후보자에게 흥미를 잃는 중이다. 사실 구인 광고에는 해외 출장에 관한 언급이 없었지만 향후 필수 사항이 될 확률이 높다.)

면접자: (몸짓언어를 읽고는 자신이 지나치게 솔직했다는 사실을 깨닫는다) 아, 물론 고객이 해외 지사와 협업하고 싶다면 국제적인 기업 구조 안에서 일하는 것도 새로운 도전이 될 겁니다. 그런 업무를 하지 않겠다는 이야기는 아닙니다. 걱정하지 마십시오.

면접관의 우려를 해소시키려 노력한 면접자는 이제 면접관의 자세를 바꿀 의도로 이렇게 제안한다.

면접자: 이 작품을 좀 보여드려도 될까요?

면접관: 물론이죠. (몸을 앞으로 기울여 작품을 받는다.)

이제 다시 면접관의 마음이 열렸다!

앉은 자세

우리는 상대방이 앉아 있는 자세를 통해 그의 마음 상태를 짐작해

볼 수 있다.

- 다리를 꼬는 자세는 가슴 앞에 팔짱을 끼는 자세와 동반되기도 하고 단독으로 취하기도 한다. 이는 꼭 부정적인 자세라고만 할 수는 없으므로 '제스처 무리'를 보고 파악해야 한다. 하지만 다리를 꼬는 자세에 팔짱 낀 자세까지 동반되면 부정적/방어적 신호가 될 가능성이 높다. 예를 들어 누군가를 대상으로 설득하거나 상품을 판매하려 할 때 팔이나 다리를 꼬고 있으면 성의가 없어 보인다. 그 결과 상대방이 확신을 가질 리 만무하다. 이럴 땐 열린 자세가 필수다.

- 당신이 어딘가에 들어갔는데 누군가 일어나 맞이하는 대신 의자에 구부정하게 앉아 있다면 인상이 좋을 수 없다. 면접관이나 상사 중에 이런 무례를 범하는 사람이 있는데 당하는 입장에서는 불쾌한 게 당연하다. 이런 태도는 당신이 열등하거나 시간을 낭비하는 존재라는 느낌을 주고 싶을 때 이용된다.

- 당신도 머리 뒤로 손깍지를 끼고 기댄 채 앉을 때가 있지 않은가? 기분이 좋거나 모든 게 순조롭다고 느낄 때면 무심코 이런 자세를 취하게 될 것이다. 하지만 앞에서도 강조했듯이 자신의 몸짓언어가 상대방에게 어떻게 받아들여지는지 아는 게 중요하다. 이 자세는 흔히 자신감이 충만하거나 스스로 우월한 존재라고 느낄 때 나온다(일례로 한 직원을 해고하고 싶어 안달 난 관리자가 해고 사실을 통보할 때 기쁨에 취해 이럴 수 있다). 하지만 보는 이들에게는 극도로 공격적이거나 불쾌한 태도로 받아들여질지 모른다. 당신에게

는 그들이 상대가 안 된다는 식으로 해석될 수 있기 때문이다.

보통 화자들은 손과 몸이 열린 자세를 취함으로써 긍정적이고 친근한 느낌을 전달한다. 만약 누군가에게 특정 행동을 유도하거나 설득하고자 한다면 이처럼 열린 느낌의 제스처를 사용하자. 탁월한 효과가 수없이 입증된 방법이다.

- 가족이나 친구로부터 벗어나고자 할 때 당장이라도 자리를 박차고 나갈 듯 의자를 붙잡고 있거나 양손을 무릎에 올리고 상체를 앞으로 숙인 자세를 취해봤을 것이다. 또 다른 이야기가 시작되거나 새로운 홈메이드 과일 스콘이 등장할 때는 결코 취하지 않는 자세다.

비즈니스 상황에서 이런 자세는 상대방이 이제 어떤 행동을 취하려 하는지 알려주는 귀한 지표가 된다. 만족해서 당신의 다음 행동을 기다리고 있는 것인지, 아니면 다른 미팅이나 업무 때문에 이 만남을 끝내고 싶은지 알 수 있다. 만약 부정적인 이유라면 당신은 이미 유출된 제스처 무리를 해석해 이를 간파해야 한다. 그래야 향후 적절한 조치를 취할 수 있을 뿐만 아니라 먼저 나서서 만남을 종료할 수 있다. 상대방이 그만하자는 신호를 보냈는데 당신이 알아듣지 못한다면 더 난처해진다. 마무리를 위한 의식을 처음부터 다시 시작해야 하는 것이다. 결과적으로 부정적 감정이 증폭된다.

- 의자 모서리에 걸터앉은 자세는 불안한 인상을 심어준다. 사실은 여기 있고 싶지 않다는 인상을 줄 수 있기 때문이다. 그 원인이 현재 불안하거나 시간이 없거나 본래 성향일 수 있겠지만 어느 쪽

4장 몸짓

이든 호의적인 인상을 줄 수 없기는 마찬가지다.

그 밖의 제스처

이외에도 잘못 해석될 수 있는 몸짓언어들이 수없이 많다. 분명 당신에게 집중하고 있음에도 발을 계속 까딱거리거나, 안경 사이로 눈을 치켜뜨거나, 코를 만지작거리거나, 눈이나 귀를 비비거나, 입술을 만지거나, 주먹을 움켜쥐거나, 손가락으로 무엇을 두드리거나, 눈을 지나치게 깜빡대거나, 머리카락을 꼬거나, 액세서리나 시계로 장난치거나, 의자를 흔들거나, 펜을 갖고 놀거나, 손톱을 뚫어져라 쳐다볼 수 있다. 이 같은 버릇들은 부정적 뉘앙스를 전달한다. 이런 신호들을 주의 깊게 살피고 당신 자신의 몸짓언어도 점검하자.

여기서는 반드시 이 사실을 기억해야 한다.

> 손과 발은 뜻대로 통제할 수 없기 때문에
> 대체로 우리 안의 극단성이 표출된다.

공간적 관계

자세는 제스처 무리의 일부로 현재 감정의 강도를 나타내는 지표가 될 수 있다. 만약 누군가 비밀스러운 사안을 이야기하기 시작한다면 상대방에게 몸을 좀 더 밀착할 것이다. 사람들은 상대방을 좋아하거나 존중할 경우 서로를 향해 몸을 기울이는 경향이 있다.

몸짓언어 분석에서 중요한 요소는 공간적 관계라는 개념이다. 곧,

사람들과의 사이에서 당신이 편안함을 느끼는 사적 공간을 말한다. 거리가 가까울수록 관계가 더 친밀한 경향이 있다. 심리학자들은 이 같은 거리를 네 가지 공간으로 분류했다.

◇ **친밀한 공간**: 자신의 몸으로부터 최대 48센티미터 이내의 거리. 절친한 친구, 배우자, 가족이 포함된다.

◇ **사적 공간**: 대략 두 개의 하위 구역으로 나뉜다. 배우자, 절친한 친구, 막역한 직장 동료를 포함하는 48~70센티미터 영역과 파티 등에서 사람들과 대화할 때 흔히 볼 수 있는 70~120센티미터 영역이다. 흥미롭게도 사교 혹은 업무 모임 도중 '끼어드는 누군가'가 생기면 사람들은 한 발 물러났다 각자의 '소모임'을 재조정했다. 예를 들어 누군가 파티장을 돌다 다른 사람에게 이야기를 건넨다고 해보자. 그가 '입문'에 성공해 그 모임에 계속 머물게 되면 사람들은 다시 가까이 모여들어 종전의 활력을 회복한다.

◇ **사회적 공간**: 서로 잘 모르는 사람들은 보통 1.2~3.6미터 사이의 거리를 유지한다. 이는 세미나 자리나 상사와의 거리에 적용될 수 있다.

◇ **공적 공간**: 3.6미터 이상으로 낯선 이들과도 편안한 거리다. 만약 회의에서 발언을 한다면 청중과의 사이에 이 정도 공간은 확보해야 편안함을 느낄 수 있다. 물론 소규모 단체를 대상으로 이야기할 경우 거리는 더 좁아질 것이다.

우리는 대부분 '사적' 공간 안에서 대화할 때 행복해 보인다. 비즈니스 등 격식을 차리는 상황에서는 '사회적' 공간이 적용된다. 우리 모두는 주위를 둘러싼 '공간 비눗방울'을 갖고 있다. 새로운 사람과 교류할 때도 이 사실을 기억하는 게 좋다.

사적 공간에 대한 이야기를 마무리하기 전에 버스, 기차, 지하철 같은 대중교통에 관해 한마디만 하겠다. 대중교통을 이용할 때면 규칙이고 뭐고 창밖으로 다 날아가는 것만 같다. 극장, 엘리베이터 등 붐비는 여러 공간을 이용할 때도 마찬가지다. '내 친밀하고 사적인 공간 비눗방울에 대체 무슨 일이 생긴 거지?' 당신이 울부짖는 소리가 심지어 여기까지 들린다.

사람들은 이토록 붐비건만 비눗방울은 사라져버린 공적 공간에서 우리는 알고 있는 방어 신호를 모조리 동원해 타인의 침입을 보상받고자 한다. 일례로 엘리베이터 안에서 우리는 입을 꾹 다물고 고개를 돌린 채 뭔가를 읽거나 초조한 눈길로 바뀌는 층수만 바라보고 서 있다. 대중교통을 이용할 때도 마찬가지다. 우리 주변을 가득 메운 사람들의 존재를 인정하지 않는 것이다. 만약 인정한다면 지극히 사적인 두 공간을 침범당했다고 느낄 수밖에 없다.

'사적 공간'에 관한 이야기가 나온 김에 수년 전 이야기를 꺼내보려한다. 내가 인지에 영향을 미치는 심리학의 행동적 요소에 관해 연구하던 당시 담당 심리학 교수님과 나눴던 대화다. 그때 나는 교수님께 심리학자를 무어라고 정의하시는지 물었다. 교수님은 진지한 학자들만이 할 수 있는 방식으로 잠시 뜸을 들이더니 이렇게 대답하셨다.

심리학자란 스트립쇼 무대를 눈앞에 두고도
관객들 관찰하기에 바쁜 사람이다.

그러므로 당신에게 관객이 되는 누군가의 몸짓언어를 주의 깊게 관찰함과 동시에 당신 자신의 몸짓언어도 늘 인지하도록 하자.

사람들이 누군가와 소통할 때 보여주는 '몸짓'이 어떤 의미로 받아들여질지 이해하는 것이 중요하다. 앞으로는 타인의 비언어적 행동을 관찰해야 할 뿐 아니라 항상 이렇게 자문해야 한다. 지금 내 몸짓언어는 상대방에게 어떤 인상을 주고 있을까? 물론, 이보다 더 중요한 질문도 있다. 과연 내 의도대로 전달되고 있을까? 당신의 몸이 당신의 생각을 제대로 표현해야 한다.

4장 몸짓
•

●▶ 당신이 주고받는 인상은 대부분 비언어적 행동에 의해 결정된다.

●▶ 상대방에게 전달되는 메시지의 약 45퍼센트는 언어 및 비언어적 요소에서, 다른 55퍼센트는 '몸짓언어'에서 나온다.

●▶ 위에서 말한 비언어적 요소를 준언어라고도 한다.

●▶ 우리는 말과 표정이 일치하는 사람들을 신뢰하고 그들에게 더 큰 영향을 받는 경향이 있다.

●▶ 비언어적 수단 중 눈 맞춤은 원만한 소통을 하는 데 상당히 중요하다.

●▶ 특정 제스처가 당신에게 어떤 의미가 있는지는 중요하지 않다. 중요한 사실은 상대방이 그것을 어떻게 인식하느냐다.

●▶ 타인을 설득할 때는 손과 몸의 열린 제스처를 취하는 게 가장 효과적이다.

●▶ 몸과 마음은 하나라는 사실을 기억하자. 감추는 것은 불가능하다.

기억

관심은 고래도 춤추게 한다

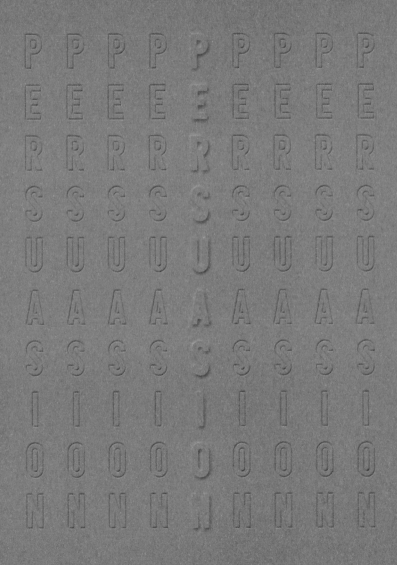

사람들은 탁월한 설득력뿐 아니라 탁월한 기억력도 갖추고 싶어 한다. 인생은 순전히 기억으로 구성된다. 금세 떠올릴 수 있는 좋은 추억이 사람들을 설득하는 데 매우 효과적인 도구가 되는 것은 물론이다. 아름다운 추억이 직장생활은 물론 가족이나 친구와 함께하는 일상을 풍요롭게 해준다는 사실은 두말할 나위가 없다. 무언가 기억나지 않을 때 기분이 어땠는가?

　기억력이 나쁘면 삶의 모든 요소가 위협받기 마련이다. 대인관계, 수입, 건강에 이르기까지 나열하자면 끝이 없다.

> "아내가 머리끝까지 화났어. 지난주에 나한테 말하는 걸 못 들었는데…."
> "아마 거래처에서 거래를 끊겠다고 통보하겠지. 내가 어떻게 알

수 있었겠어?"

"진짜 당황했다니까. 지난번에는 그녀가 한턱냈다는 걸 까맣게 잊고 있었어."

"면접이 시작되기도 전에 잔뜩 긴장해 머릿속이 백지가 됐어."

"내가 회의 내내 그를 켄이라고 불렀어. 분명 그렇게 소개받았거든. 매튜라고 소개받은 기억은 전혀 없는데…."

"매년 크리스마스 파티에 참석한 사람들 얼굴은 다 알아. 이름을 모를 뿐이지. MD로서 확인했어야 했는데. 그 사람들 기분 나쁘지 않았을까? 그러니까 내 말은… 실수라는 거지."

위와 같은 말들 중 어렴풋이나마 익숙한 대사가 있지 않은가?

"아, 네, 기억나요."
○

우리는 자신의 기억력을 높이 평가하는 경향이 있다. 다음 노래 가사를 보자.

우린 9시에 만났어

우린 8시에 만났어

난 제시간에 갔어

아냐, 넌 늦었어

아 그래, 난 똑똑히 기억해

우리가 탔던 그 열차

네가 걸어서 날 바래다줬지

넌 장갑을 잃어버렸어

난 빗을 잃어버리고

아 그래, 난 똑똑히 기억해

청명했던 그 하늘

비가 조금 왔었어

그 러시아 노래들

화창한 스페인에서

아 그래, 난 똑똑히 기억해

하지만 애석하게도 사람들은 대부분 기억력 향상을 위해 노력하지 않는다. 결과적으로 그들은 왜곡된 기억 속에서 살아갈 수밖에 없는 것이다.

우리는 보통 자신에게 일어났던 일이나 자신이 다른 누군가가 했던 일을 중심으로 이야기한다. 따라서 당신만의 값진 경험이나 타인의 격언을 인용해 평소 듣는 이야기보다 좀 더 흥미를 유발할 수 있다면

5장 기억
•

성공은 따놓은 당상이다. 사람들에게 자신 없는 영역이 무엇인지 조사해보면 십중팔구 좋은 기억력이 상위권을 차지한다.

문제는 대다수의 기억력 수준은 평범하고 그 밖의 사람들은 기억력이 상당히 나쁘다는 사실이다. 여기서 조금만 나아가도 매우 강력한 입지를 점할 수 있다. 업무와 일상생활 가운데 뛰어난 기억력에서 비롯되는 자신감은 헤아릴 수 없을 만큼 가치가 있다. 우리는 모두 기억력을 향상시킴으로써 삶을 개선할 힘을 지니고 있다.

인지심리학자들이 인간의 이성을 컴퓨터에, 또 기억력을 정보처리 체계에 비유한 이유를 살펴보자. 인터넷 세상을 살아가고 있는 우리는 이 같은 분석을 통해 시스템이 '고장 나는' 이유를 알아볼 수 있다. 컴퓨터에 키보드로 명령어를 입력하면 해당 언어가 숫자 코드로 변환되어 디스크에 저장되고, 이것이 화면에 표시되거나 출력되는 방식으로 디스크에서 회수된다. 만약 시스템이 고장 나거나 디스크 공간이 부족하거나 실수로 파일을 삭제한다면 해당 정보는 '소실'되어 더 이상 접근할 수 없게 된다.

이에 따라 기억력 분야의 연구자들은 우리가 받아들이는 모든 정보가 머릿속 정보 처리 시스템에서 어떻게 처리되는지 연구해왔다. 연구 결과, 감각 체계에 입력된 자극은 지극히 한정적으로 기억된다는 사실을 밝혀냈다. (a) 관심을 받아 의식의 영역에 진입하거나, (b) 뇌에서 코딩되어 저장되거나, (c) 차후 검색돼 활용되는 정도에 불과한 것이다.

게다가 최고의 기억력을 발휘하려면 좌뇌와 우뇌를 동시에 쓸 수 있어야 한다. 다시 말해, 논리력(좌뇌)과 창의력(우뇌) 둘 다 필요한 것이다. 뒤에서 다시 살펴보겠지만 이때는 연상 기호를 활용한 연관 짓기가 일어난다.

따라서 기억력은 세 가지 유형으로 나뉜다. 바로 감각 기억, 단기 기억, 장기 기억이다.

감각 기억

감각 기억은 고작 1초에서 3초에 불과한 짧은 시간 동안 저장되는 기억들을 말한다. 이 형태의 기억은 단순 인지와 구별하기 힘들다. 잠시 스친 어떤 이미지나 일순간 들려온 소리 등이 포함되기 때문이다. 이렇게 인지된 감각이 관심을 끌지 못하면 분석되지 않으므로 그냥 사라져버린다. 반면 그중 '관심을 끈' 감각들은 기억의 다음 형태인 단기 기억으로 전환된다.

단기 기억

단기 기억은 인지 기억에서 상당히 흥미로운 체계인데 '관심'이 핵심이다. 단기 기억은 저장 가능한 항목 수와 지속 기간 측면에서 용량이 제한적이다. 곧, 저장 가능한 양과 기간이 제한되어 있는 것이다.

연구 결과, 한 사람이 정확하게 기억해낼 수 있는 아이템의 수는 숫자나 이름, 문자, 단어를 통틀어 일곱 개 정도인 것으로 나타났다. 단기 기억에는 엄연히 한계가 존재하며 또 그래야 한다. 다시 컴퓨터의 정보 처리 시스템을 예로 들면 오래되고 필요 없는 파일은 디스크에서 삭제하는 것과 같다. 원치 않는 항목을 단기 기억에서 삭제할 수 없는 상황이 상상되는가? 만약 그렇다면 당신의 의식에는 3주 전 발표된 로또 당첨 번호, 불필요한 전화번호, 잠시 스쳐 간 모든 감각이 저장되어 있을 것이다.

오래 기억하려면 반복과 리허설이 중요하다. 그렇게 하지 않으면 정보가 의식 속에 입력되기 무섭게 사라져버릴 수 있다. 예를 들어 라디오에서 어떤 전화번호를 듣고 즉시 버튼을 누른다. (물론, 주변에 펜 따위는 없다.) 그러나 다섯 번째 숫자까지만 누르고 끊을 수밖에 없다. 뒷자리가 머릿속에서 완전히 지워져버린 것이다. 또는 파티장에서 20분 전 만난 누군가와 한창 대화를 나누고 있는데 당신의 파트너가 등장했다. 파트너에게 새로운 지인을 소개하려는 순간 그녀의 이름이 떠오르지 않는다.

정보를 조용히 반복적으로 떠올려보는 반복법(혹은 기억 연구가들이 이름 붙인 '유지 리허설')을 사용했다면 위와 같은 상황은 벌어지지 않았을 것이다. 이는 단기 기억 형태로 입력된 정보를 영원히 유지하고자 할 때 활용하는 방법이다.

장기 기억

단기 기억 형태로 입력된 정보를 스스로 반복할 수 있으려면 먼저 장기 기억 영역에 저장되어야 한다. 이를 위해서는 정보가 좀 더 깊은 의미로 인식돼야 하며 장기 기억 영역에 이미 저장된 다른 지식(구체적 반복)과 연관돼야 한다. 장기 기억은 단기 기억과 달리 한계가 없다. 이 영역에 저장된 정보는 상기하거나 반복하지 않더라도 사라지지 않는다. 필요할 때마다 떠올릴 수 있는 것이다.

장기 기억을 구체적으로 반복할 때는 새로운 정보를 자기 자신과 연결시키는 것이 중요하다. 다시 말해, 자기 자신을 기억 보조 장치로 활용해야 한다. 새로운 정보를 이미 알고 있는 정보와 연결해 연관 짓고, 장기 기억 영역에 이미 저장된 정보들을 활용해 새로운 정보를 구체화한다.

만약 새로운 정보 중 예전 경험과 연관된 게 있으면 좀 더 깊이 받아들일 수 있기 때문에 향후 끄집어내기도 한결 수월해진다. 만약 모임에서 당신과 생년월일이 똑같은 누군가를 만난다면 그의 생일은 물론 이름까지 기억할 확률이 그와 비슷한 매력을 지닌 다른 이들을 기억하는 것보다 훨씬 높지 않겠는가? 만약 새로운 거래를 위해 만난 누군가가 당신의 대학 동문이라면 수년 후에 그를 우연히 마주치더라도 얼굴까지 뚜렷이 기억하고 있을 것이다. 장기 기억 영역에는 사람들의 얼굴 같은 특정 데이터가 의식적으로 노력하지 않아도 저절로 저장되기 때문이다. 심지어 당신은 그들의 이름, 처음 만난 장소, 출신 대학까지 알고 있을 것이다. (만약 상대방의 기억력이 나쁘다면 보통이라면 당신이 그의 출신 대학까지 기억한다는 사실에 깜짝 놀랄 것이다. 하지만 그 비결은 비밀이다!)

코딩

○

정보는 두 가지 방식 또는 '코드'로 저장된다. 이는 우리의 기억력 향상에 중요한 의미를 지닌다. 첫째, 의미론적 코딩이다. 언어로 이루어지는 모든 소통은 메시지를 구성하는 개별 단어가 아니라 전체적인 의미 단위로 처리돼 기억된다. 다음의 예를 보자.

존: (동료 제니스에게) 그래서 내가 휴스 부인한테 우편물 담당 부서를 따로 못 만든다면 7시까지라도 출근할 사람을 고용해 사전 작업을 해놔야 사람들이 아침 8시에 와서 일을 빨리 처리할 수 있다고 얘기했어.

제니스: (이후 존의 말을 떠올리며) 존은 상황이 나아지지 않으면 7시에 출근할 사람을 고용하겠대요. 자기 상사와도 얘기를 끝냈다고 하더라고요.

샐리: 아빠, 나한테 휴대폰이 없는데 열차가 늦거나 고장 났다고 생각해봐. 역에 몇 시까지 오면 되는지 아빠한테 알릴 방법이 없잖아. 공중전화들은 하나같이 고장이라고…. 수잔도 벌써 엄마한테 휴대폰을 받았고 앨리스도 지난달에 선물로 받았대.

아빠: (저녁에 아내와 이야기하며) 응, 샐리는 휴대폰이 있어야 열차가 지연되거나 하면 우리한테 알릴 수가 있대. 친구 수전이랑 그 동생도 크리스마스 선물인가 뭔가로 받았다고 하더라고. 더는 빠져나갈 수 없을 것 같아.

이처럼 기억 속에는 행간에 존재하는 내용을 포함해 전체적인 의미가 저장된다. 따라서 우리는 단순히 들었다고 생각되는 내용뿐 아니라 메시지 속에 내포된 의미까지 기억해내게 된다. 위의 두 번째 예시에서 아빠는 딸 샐리의 친구가 휴대폰을 크리스마스 선물로 받았다고 이야기하지만 사실 딸은 '선물'이라는 단어만 언급했을 뿐이다.

언어로 전달된 정보가 장기 기억 영역에 저장될 때는 전체적 의미가 중심이 된다. 반면, 정보의 시각적 요소를 비롯해 다른 많은 항목들은 시각 이미지로 저장될 확률이 더 높다. 연구를 통해 지속적으로 입증되고 있듯이 뭔가를 기억할 때 이미지를 활용하면 상당히 효과적이다. 단어들을 이미지화한 뒤 기억해야 할 다른 대상과 연관 지어 기억하는 기술이 흔히 사용된다.

핵심은 정보를 기억할 만하게 만드는 것이다. 일례로 당신이 (a) 편지를 부치고, (b) 드라이클리닝 맡겼던 옷을 찾은 뒤, (c) 자동차 정비소에 가서 서비스를 신청하고, (d) 며칠 전 황급히 들렀을 때 두고 갔던 우산을 찾을 수 있는지 정비원에게 물어봐야 한다면 이 네 가지 행위와 관련된 어떤 이미지를 머릿속에서 형상화할 수 있을 것이다. 이는 당신의 상상 속에서 이루어지기 때문에 아무리 이상해도 문제 될게 없다.

첫 번째 이미지는 우편함일 것이다(a). 그리고 드라이클리닝을 마친 정장을 가격표도 떼지 않은 채 입고 있는 당신의 모습을 상상할 수 있다(b). 이어서 정비소 앞마당에 주차된 당신의 자동차(c)와 자동차 핸들에 걸려 있는 우산(d)의 이미지를 그려본다. 이 모든 이미지는 당신의 머릿속에서 하나의 모습으로 종합된다. 드라이클리닝이 된 정장을 가격표도 떼지 않고 입은 당신이 자동차 운전석에 앉아 있고, 핸들에는 우산이 '잠금장치'처럼 걸려 있으며, 자동차 지붕에는 우편함이 올려져 있다. 모든 게 '단 하나'의 이미지로 합쳐진 것이다. 이를 머릿속에서 반복적으로 떠올리고 할 일을 모두 마치고 나면 당신의 기억 속에서 지워버리자!

자신이 기억력이 나쁜 축에 속한다면 문제는 대개 정보를 코딩하는 방법에 있을 것이다. 코드화는 해당 정보를 기억의 영역으로 보내는 작업이다. 심리학자들은 기억을 자주 상기할수록 기억력이 상당히 향상된다는 사실을 계속 입증하고 있다.

물론, 별다른 반복 절차도 없이 코딩돼 자신도 모르게 기억 영역에 저장되는 정보도 있다. 이른바 '자동 처리'되는 것이다. 하지만 지금까지 이야기했듯이 관심을 주지 않은 대부분의 정보는 성공적으로 코딩될 수 없다.

정보를 어떻게 처리하느냐에 따라 기억할 확률이 달라진다. 특정 정보에 개인적 의미를 부여하면 잊어버릴 가능성도 줄어든다.

이름 기억하기

○

당신은 이런 말을 수백 번은 했을 것이다. "얼굴은 알겠는데 이름이 잘 기억나지 않아." 이름을 기억하는 건 대다수 사람들에게 가장 힘든 일이라고 해도 과언이 아니다. 특히 비즈니스 세계에서는 더 그렇다. 그럼에도 이름은 어떤 사람이 가진 정보 중 가장 중요한 축에 속한다. 누군가의 이름을 잊어버리는 것은 총을 겨눠 그의 자존심을 한 방에 날려버리는 행위와 다를 바 없다. 만에 하나 이름을 잊은 사실이 티나지 않았다 해도 점수는 깎이게 되어 있다. 상대방이 대략 눈치만 채도 중대한 결례가 되기 때문이다.

엄밀히 말하면 실제로 이름을 잊어버리는 경우는 많지 않다. 처음에 이름을 제대로 듣지 못했는데 다시 한번 알려달라는 요청을 하지 않을 때도 있다. 그 이유는 이러하다.

◇ 관심의 문제다. 당신은 그 사람의 이름을 제대로 듣고 '저장할' 만큼 관심이 크지 않았다.
◇ 소개받을 당시 당신의 마음이 다른 데 가 있어서 집중할 수가 없었다.

이유야 어떻든 마뜩잖다. 이름을 기억하는 것은 강력한 사회적 기술이거나 설득 도구이기에 다른 노력은 하지 않더라도 이름만큼은 기억하도록 힘을 기울여야 한다. 누군가의 이름을 말할 때 당신은 더 많이 주목받게 된다는 사실을 알고 있다. 이는 인간의 본능으로 머릿속이 복잡해 자꾸 딴생각을 하다가도 누군가의 이름이 들려오면 귀가 쫑긋해지는 게 인지상정이다.

쇼핑을 하거나 은행 업무를 볼 때, 친목 모임에 참석하거나 식당에서 식사할 때도 이러한 경험을 할 수 있다.

"식사가 입맛에 맞으셨으면 좋겠네요, ○○님"

"즐거운 비행 되시길 바랍니다, ○○님."

"○○님, 토스터에 문제가 생기면 언제든지 가져오세요."

"방이 마음에 드시길 바랍니다, ○○님. 혹시 다른 방을 원하시면 리셉션 데스크로 전화해주세요."

"돈을 어떻게 드릴까요, ○○님?"

기업들은 이렇게 원초적 허영심을 충족시켜주면 성공한다는 사실을 일찍이 깨달았다. 기적의 비결은 바로 자존심을 확실히 세워주는 것이다. 위의 말들이 그리 대단찮은 제스처처럼 보여도 실제로는 엄청난 효과를 발휘한다. 사람들은 하나같이 개별적 존재로 인식되고 싶어 하며, 결국 모두가 자신을 알고 있는 곳으로 돌아가기 마련이다.

어떤 분야든지 최고의 실적을 자랑하는 이들은 무슨 일이 있어도 사람들의 이름을 기억한다. 누군가와 관계를 시작하는 가장 좋은 방법은 그 사람에게 진심으로 관심을 갖고 그의 이름을 기억하는 것이다. 이름을 기억함으로써 당신의 연애사에 어떤 기적이 일어났는지 눈치챈 적 있는가? 고장 난 제품을 반품하러 가서 당신을 응대했던 점원의 이름을 기억했을 때는 어떤가? (물론, 이름은 영수증에 버젓이 적혀 있다.) 혹은 여러 명이 참석하는 회의에서 '가장 아랫사람'의 이름을 기억했을 때는 어떤가? (그들도 얼마든지 영향을 미칠 수 있다.) 어떤 논쟁이나 관점, 사업에서 단순히 누군가의 이름을 기억했거나 잊었다는 이유로 이길 수도 질 수도 있는 게 현실이다.

헬스장에서 꾸준히 운동하면 체력이 단련되듯 정신력도 그러하다. 모든 사람에게는 능력이 있다. 당신 스스로 자신의 개인 트레이너로 거듭나자. 정신 훈련을 통해 이성을 단련하면 더 효과적으로 이름을 기억할 수 있을 것이다.

관심은 고래도 춤추게 한다

○

만약 당신이 누군가의 개인적 사항들을 기억한다면 그는 순간 기분이 좋아질 것이다. 이것이야말로 그의 자존심을 세워주는 방법이다.

> "지난번에 <레미제라블> 보러 간다더니 어땠어?"
>
> "지난 3월에 만났을 때 새집 계약했었잖아. 이사는 아직이야?"
>
> "지난번에 만났을 때 새 사무실 계약 건 때문에 골머리 앓았었잖아. 이제 해결됐어?"

앞에서 살펴본 것처럼 유의미한 정보를 기억 속에 저장하려면 집합 해제 단계를 거쳐야 한다. 쓸모없는 정보는 당신만의 쓰레기통에 버리자. 윔블던 단식 경기에 관해서라면 1972년 우승자부터 줄줄이 꿰면서 정작 자신의 자동차 번호조차 모르는 사람도 있다. 또 어떤 사람은 영화 〈바람과 함께 사라지다〉의 마지막 10분 대사는 달달 외우면서 은행의 개인 식별 번호를 외우는 건 꿈도 꾸지 못한다. 이런 경우에는 조절이 필요하다.

최우선 과제는 관심을 갖기 위해 의식적으로 노력을 기울이는 것이다. 타인에 관한 지식이 부족한 까닭은 관심을 갖기 위해 노력하지 않아서다. 심지어 친구 관계 중에서도 공감과 이해가 순전히 일방적으로만 이루어지는 경우가 많다. 어떤 사람들은 지극히 형식적인 태도로 상대방을 대하는 탓에 다음과 같은 식으로 대화한다.

"어떻게 지내요, 마크?"

"일은 잘 안 풀리고 지난주엔 강도까지 당해서…."

"좋네요, 좋아. 한 가지 여쭤볼 게 있는데…."

타인의 말을 머릿속에 입력하는 체계를 스스로 갖추지 않는다면 어떻게 기억할 수 있겠는가? 알고 보면 이는 상당히 이기적인 행위다. 타인에게서 우정, 일자리, 판매, 도움, 돈, 공감, 지원 등 뭔가 원하는 게 있다면 관심을 충분히 기울여 그들과 관련된 사항들을 기억해내야 한다. 그래야 서로에게 유익이 되는 생산적 관계를 구축할 수 있다.

기억력을 향상시키는 가장 간단한 방법은 연상을 활용하는 것이다. 공통점이 있는 사람들을 만나면 그들에 관한 여러 사실을 기억하기가 한결 수월해진다. 게다가 무엇이든 공통점이 될 수 있다. 나이, 고향, 스포츠 사랑, 자동차, 휴가, 이름 등 무궁무진하다. 이와 같은 공통 사항은 순식간에 기억의 연상 작용을 일으킨다. 반면, 상대방은 기억력이 좋지 않기 때문에 자신의 새 차, 휴가, 최근의 사고 등에 대해 이야기했다는 사실을 잊어버릴 것이다. 그 결과 당신이 "새 페라리는 어때요?"라거나 "최근에도 테니스를 치셨나요?"라거나 "사르데냐 여행은 어땠어요?"라거나 "남편 분은 좀 나아지셨나요?"라고 물으면 놀라지 않을 수 없다. 심지어 "아니, 어떻게…?" 하며 감명을 받을지도 모른다.

연상 구성하기

○

만약 당신이 연예인이나 유명 인사의 사진 150장을 본다면 아마 130명 이상의 이름을 정확히 알고 있을 확률이 높다. 하지만 이들 중 직접 만난 사람은 단 한 명도 없을 것이다.

당신은 그들의 얼굴을 알아보고 이름까지 기억했다. 이름을 기억하는 데 관심을 갖고 이에 필요한 연상을 무의식적으로 활용한 덕분이다. 영화 속 클레오파트라로 분한 배우 엘리자베스 테일러의 사진을 봤다면 아마 클레오파트라라는 단서를 활용해 배우의 이름까지 기억했을 것이다.

우리는 모두 기억해내기보다는 알아보는 일이 더 능숙한 까닭에 얼굴은 알아도 이름은 모르는 경우가 더 많다. 이름을 잘 기억하는 비결은 각자의 역량에 있다. 여기서 또다시 당신의 상상력이 개입된다. 별 어려움 없이 기억하게 되는 이름들도 있다. 그 이유는 다음과 같다.

◇ 당신의 일상에서 중요한 사람들이기 때문이다. 이를테면 친구, 직장 동료, 업무상 주요 고객, 주치의, 담당 은행원 등이다.
◇ 당신의 삶에 지대한 영향을 미쳤기 때문이다. 예를 들어 모교 교장 선생님, 첫 직장의 면접관, 1등 로또 복권을 당신에게 판매한 사람, 운전면허 시험을 통과시켜준 시험관 등이 있다.

그렇다면 공적 또는 사적으로 알게 된 사람들의 이름을 기억하고 싶다면 어떻게 해야 하는가? 격식을 차려야 하는 비즈니스 현장에서는 이름을 기억하는 게 더 중요할 수 있지만 문제의 본질은 동일하다.

우리는 수많은 이름, 그중 적어도 성(姓)만큼은 기억해야 할 때가 있다. 이럴 땐 성을 무언가와 연관 지은 뒤 그림으로 표현해볼 수 있다. 그런 의미에서 하퍼, 워커, 셰퍼드 같은 이름은 쉽다. 롱맨, 로열, 실버 같은 이름 역시 손쉽게 연상해낼 수 있다.

여기서 중요한 점은 당신의 상상력은 순전히 당신 것이라는 사실이다. 어떤 이들은 자신의 머릿속에서 바보 같은 연상 작용이 이루어진다는 사실만으로 죄책감을 느낀다. 충분히 그럴 수 있다. 하지만 당신이 머릿속으로 무슨 일을 하든 그것은 순전히 당신 소관이다. 사람들의 이름을 기억하기 위해 우스운 방법을 사용하는 게 당신의 삶에 도움이 된다면 얼마든지 계속하자.

위의 예시를 구체적으로 살펴보겠다. 하퍼(Harper)라는 성을 마주하게 된다면 하프를 연주하는 사람을 떠올릴 수 있다. 워커(Walker)는 배낭 멘 사람, 셰퍼드(Shepherd)는 양을 안고 있는 사람을 연상시킨다. 롱맨(Longman)은 롱다리의 서커스 단원을 그려보고, 로열(Royal)은 머리에 왕관 쓴 사람과 연관 짓는다. 또한 실버(Silver)는 한쪽 눈에 검은 안대를 착용한 사람을 상상한다. 이처럼 상상의 세계는 무한하니 당신이 시작하고 또 당신이 끝내면 된다.

만약 시각 이미지를 이용해 기억을 자극할 수 없다면 다른 어떤 방법으로도 불가능하다. 머릿속으로 사람들을 그려보고 마음속에 그 그림을 저장하자. 그러면 나중에 그 사람들을 볼 때 당신이 아주 그럴듯하게 짝지었던 상상의 내용이 떠오를 것이다. 만약 뭔가를 기억하고 싶은데 거기에 상상을 일으키는 요소가 있다면 상당히 도움된다.

(신경심리학자들은 기억력과 상상력이 좌뇌와 우뇌를 모두 사용한다는 사실을 입증한 바 있다.)

이렇게 하면 다른 사람들이 누군가의 이름을 기억하려고 안간힘을 쓸 때 당신은 그 이름을 줄줄 외울 수 있다. 물론 다른 사람들은 비법을 알 수 없다. 하지만 당신만은 알고 있다. 그야말로 마법, 즉 기억의 마법이다.

소개

○

앞서 보았듯 이름을 실제로 잊어버린 게 아닌 경우도 허다하다. 그보다 처음부터 제대로 알아듣거나 기억하려 들지 않았던 것이다. 이는 게으름이나 무관심에서 비롯된다. 혹은 예민해서일 수도 있다. 예민해서? 예민한 게 왜 이유가 될까?

누군가를 처음 만나면 순간적인 충격이 시스템에 가해져 평소의 듣기 절차가 제대로 진행되지 않는다. 우리는 무슨 말을 할지, 자신이 어떻게 보일지, 어떤 인상을 줄지 너무 신경을 쓰는 바람에 상대방이 이름을 소개할 때 제대로 듣지 못한다. 따라서 몇 초 만에 이름을 잊어버리는 게 아니라 애초부터 못 들었을 확률이 높다. 하지만 상대방이 그런 가능성을 늘 염두에 두지는 않는다. 또한 그럴 수 있다고 이해해주는 경우도 드물다. 무엇보다 상대방이 당신의 이름을 귀담아 듣고 외우기까지 했을 때는 더더욱 그렇다.

애초에 상대방의 이름을 알아듣지 못했다면 (혹은 단순히 소개받지 못했다면) 잠시 악수하는 시간이야말로 이름을 다시 한번 알려달라고 요청할 수 있는 최적의 기회다. 사람들은 무례하거나 허술해 보일까 봐 그렇게 하기를 꺼린다. 하지만 사실은 그 반대다. 오히려 상대방에 대한 성의와 예의를 표시하는 기회가 될 수 있다. 이름은 각 개인에게 고유하게 주어지는 것인 만큼 가장 개인적인 자산이라 할 수 있다. 실제로 이름은 심리적 자아에서 매우 큰 부분을 차지한다. 결과적으로 사람들은 자신의 이름을 불러주는 이에게 더 긍정적으로 반응하기 마련이다.

두 사람이 제삼자로부터 서로 소개를 받았다고 해보자. 이들이 악수하며 말한다.

> "안녕하세요? 저는 수 매드슨이에요."
> "반갑습니다. 저는 존 왓킨스입니다."

아주 분명하게 잘 들리지만 이 중 누구든, 혹은 두 사람 모두 다음에 해야 할 말을 생각하느라 얼마든지 이름을 놓칠 수 있다. 서로 이름을 말하는 동안 각자 머릿속으로는 분주하게 다음에 할 말을 궁리하고 있는 것이다. 그 결과 이름은 완전히 묻혀버릴 수 있다. 이제 중요한 건 기억력이 아니라 듣기 능력이다.

당신이 이전에 참석했던 각종 모임을 생각해보자. 연회장에 도착해 카베르네 소비뇽 한잔을 집어 들고 주위를 둘러보니 낯선 이들이 가득하다. 이어지는 사람들의 소개 행렬. 하나씩 호명되는 이름이 도무지 끝날 줄을 모른다. "리처드, 여기는 아일린, 사이먼, 셰일라, 폴, 리사, 앤드루, 레이철…."

그 순간 당신은 연회장의 낯선 환경에 적응하기 위해 애쓰고 있다. 다양한 장식, 배경 속의 사람들, 음악, 남은 와인 등 눈에 들어오는 모든 것을 부지런히 쫓는다.

새로운 사람들을 만날 때는 이처럼 자신을 의식하게 될 뿐만 아니라 주의가 산만하기 때문에 소개받는 이들 중 한두 명의 이름만 기억해도 다행이다. 그런데 가까스로 기억한 이름들도 얼굴과 제대로 매치할 수 없을 때가 많다. 반면 당신을 소개받는 상대방의 입장에서는 그리 불리할 게 없다. 상대방은 오직 당신의 이름만 기억하면 되니 말

안녕하세요? 저는…

5장 기억
●
139

이다. 그뿐만 아니라 그들은 이미 자신의 영역을 구축했기 때문에 한결 여유롭다. 여유를 얻고 나면 무엇이든 기억하기가 훨씬 수월하다.

아마 당신은 우연히 이름을 알게 된 두 사람과 함께하게 될 것이다. 혹시 연회장에서 가장 지루한 사람들을 상대하게 된다 해도 당신의 운명이니 어쩔 수 없다. 그들은 맹장수술을 했다고 하거나 집을 직접 양도했다고 거드름을 피우며 눈살을 찌푸리게 만들지 모른다.

원칙 하나: 반드시 이름을 제대로 듣는다
○

당신이 굿 씨와 그의 상사인 킹 전무를 포함한 다른 세 사람과 회의를 하기 위해 그들의 사무실에 도착했다고 하자.

회의실로 들어서자 굿 씨가 세 동료를 소개한다. "다시 만나 뵙게 되어 반갑습니다. 이쪽은 저희 회사의 사이먼 킹 전무님, 이쪽은 홍보 담당 제이슨 몰렛 씨와 정보 기술 담당 애넷 반스 씨입니다."

그런데 당신은 킹 전무의 이름을 완전히 놓치고 말았다. 오른손에 들고 있던 서류 가방을 왼손으로 옮겨 들고 악수를 청하며 당신은 이렇게 얼버무린다. "아… 안녕하십니까?" 반면 이름을 제대로 들은 몰렛 씨와 반스 씨에겐 이렇게 말한다. "안녕하세요, 몰렛 씨, 반스 씨?"

자리를 안내받은 뒤 회의가 시작된다. 굿 씨는 지난 회의에서 거래를 승인할 최종 권한은 상사인 킹 전무에게 있다고 당신에게 알려주었다. 전무가 동의하지 않으면 아무것도 진행할 수 없다는 것이다. 그런데 킹 전무는 겉보기엔 합리적인 사람 같다. '사람을 가장 중요하게 생각하는 사람'으로서 자신과 함께 일하는 사람이 정직하고 공감할 줄 아는, 그래서 믿을 수 있는 사람이라는 걸 확인하고 싶어 직접 회의에 참석한 것이다.

킹 씨의 이름이 기억나지 않는 당신은 이름을 제대로 들은 몰렛 씨, 그리고 본래 알고 있던 굿 씨를 상대로 설명하기 시작한다. (당신의 단기 기억 영역에 몰렛이 등록될 수 있었던 건 예전에 알고 지내던 여자아이 중 몰리가 있었기 때문이다. 여기에 반복과 상상을 더하니 회의 내내 그의 이름을 쉽게 기억할 수 있었다.) 이 프로젝트에서는 굿 씨의 영향력이 가장 적었음에도 당신은 그를 향해 핵심 포인트를 짚어주고 중요한 질문까지 던지는 방식으로 회의를 진행하고 말았다. 왜냐고? 당신이 그의 이름을 알고 있다 보니 저절로 굿 씨 위주로 회의가 흘러간 것이다.

킹 씨와 반스 씨는 별다른 주목을 받지 못했다. 하지만 정작 해당 프로젝트에 대한 결정권은 그 두 사람에게 있었다. 당신은 그들과 공감대와 친밀감을 형성하기 위해 노력해야 했다.

이 같은 상황은 공사를 막론하고 매일같이 벌어진다. 이런 식으로는 결코 효율적으로 소통할 수 없다. 하지만 얼마든지 방지할 수 있으며 심지어 좋은 결과를 도출할 수도 있다!

방법은 아주 간단하다. 애초에 "죄송하지만 성함을 잘 못 들었습니다"라고 분명히 말하면 해결될 일이다. 하지만 대다수가 그렇게 하지 않는다. 왜일까? 상대방이 '내 이름은 단번에 알아들어야 해. 아니면 끝이야'라고 생각할 것이라 오해하기 때문이다. 마치 못 알아들은 게 용납 하지 못할 죄라도 되는 것처럼 말이다. 그래서 감히 이름을 한 번 더 말해달라고 요청하는 사람은 둔하거나 얼뜨거나 전문적이지 못한 사람, 혹은 세 가지 특성을 모두 지닌 사람으로 취급받을 것이라고 오해한다.

이름을 못 들었다고 인정하는 것을 전혀 당혹스럽게 생각하지 말자. 오히려 다음과 같은 장점들을 누릴 수 있다.

◇ 이름을 확실히 알 수 있다.
◇ 상대방이 자신을 더 중요한 사람으로 느낄 수 있도록 만들어 준다. 그의 이름을 기억하려는 당신의 의지를 몸소 보여줬기 때문이다.

원칙 둘: 이름을 들었다면 다른 사람과 혼동하지 않는다
○

회의나 사교 모임에서 사람들의 이름을 잘못 부른 적이 있다면 다시는 그런 실수를 반복하고 싶지 않을 것이다. 이를 데 없는 당혹감에 조금이라도 헷갈린다면 이름을 아예 부르지 않는 게 낫다. 괜히 잘못 불렀다가 좋은 관계를 맺고 싶은 사람들에게 점수만 깎일 뿐이다. 이름을 잘못 부르는 건 이름을 전혀 기억하지 못하는 것보다 못하다.

이름의 중요성
○

비즈니스 현장에서 당신이 이름을 얼마나 중요시하는지 시험해보고 싶다면 회의, 박람회, 세미나 등의 현장에서 스스로를 잘 관찰해보자. 방문객들이나 대표단은 의무적으로 이름표를 달고 있을 것이다. 만약 전에 만났던 누군가의 이름이 기억나지 않는다면 선뜻 다가가서 말을 건네기가 망설여질 것이다. 혹시 용기 내어 다가가더라도 간간이 이름표를 흘끔대느라 대화에 집중하지 못할 수밖에 없다.

상대방이 당신의 이름은 물론 소속 회사까지 기억한 덕분에 당신의 스트레스는 가중된다. 난처하기가 이루 말할 수 없는 것이다. 상대방의 이름표를 읽으려고 안간힘을 써보지만 플라스틱 명찰에 조명이 반사돼 글자가 보이지 않는다. 결국 상대방의 이야기를 거의 못 듣고 말았다. 그런데 갑자기 관련 질문이 들어온다. 이쯤 되니 내용을 듣지 못한 당신은 어쩔 줄 몰라 안절부절한다. 당신의 모습은 시큰둥해 보였을 것이다. 상대방은 당신과 대화를 이어가는 게 시간 낭비라고 판단하고 가급적 빨리, 정중하게 자리를 옮긴다.

당신은 여전히 상대방의 이름을 모르고 있다. 설상가상으로 상대방에게 당신에 대한 오해만 잔뜩 안겨주었다.

다른 누군가에게 조심스레 물어보는 게 도움이 될 때도 있다. "기억이 안 나는데, 저기 저분 이름이 뭐죠?" 만약 잘 모르는 사람이라면 이름을 잊은 게 그리 큰 문제도 아니다. 상대방이 불쾌감을 느낄 정도는 아니라는 뜻이다. 그럴 때는 "죄송합니다. 성함을 잊어버렸네요." 하고 사과하면 자연스럽게 넘어갈 수 있다. 운이 좋아 상대방이 다른 사람들과 함께 도착하면 먼저 악수를 청해 오며 이름을 밝힐 수도 있다. 그러면 모든 게 해결된다.

최후의 수단, 명함

○

지금까지 살펴본 것처럼 격식을 갖추고 상대방을 대해야 하는 업무 환경에서 이름을 제대로 아는 건 중요하다. 다행스럽게도 가끔은 비즈니스 세계의 공용 화폐라 할 수 있는 명함의 도움을 받을 수 있다. 명함은 거의 전 지구적으로 사용되지만 어떤 이들은 흔하디 흔하다는 이유로 명함 없이 다니는 것을 자부심으로 여기기도 한다. 하지만 명함의 유용성에는 의문의 여지가 없다.

◇ 당신과 소속 기업의 이미지를 구축한다.

◇ 당신의 이름과 지위에 대한 정보를 처음부터 제공한다.

◇ 누군가를 만났을 때 흥미로운 대화거리를 제공해 초면의 어색한 분위기를 바꿀 수 있다.

◇ 당신의 단기 기억력 문제를 해결하는 열쇠가 된다. 대화 도중 상대방의 이름이 생각나지 않으면 명함만 확인하면 된다.

사람마다 명함을 전달할 타이밍으로 선호하는 때가 다르다. 만나는 순간 명함을 전달하면 상대방이 당신의 이름을 기억하고 사회적 지위를 평가하는 데 도움을 줄 수 있다. 상대방도 당신이 그들의 지위를 확인하거나 평가할 수 있도록 보답할 것이다. 하지만 어떤 이들은 헤어질 때쯤 명함을 건네기도 한다.

만약 타인의 이름을 기억하지 못할 게 분명하거나 기억할 자신이 없다면 반드시 만나자마자 명함을 교환하자. 또 필요할 때 참고할 수 있도록 눈에 띄는 곳에 두자. 상대방도 눈앞의 책상 위 또는 편안한 만남일 경우 옆자리 소파 위에 두는 식으로 비슷하게 대처할 것이다. 그들도 당신의 이름을 두고 실수하고 싶어 하지 않는 마음은 똑같다.

거짓 약속?

○

사람들이 일상적으로 반복하는 거북한 이 행위는 다른 모든 습관보다 더 큰 오해와 분노를 일으킨다. 심지어 가족 간 불화나 이혼, 친구와의 절교, 거래처와의 계약 파기까지 일으킬 수 있다. 그렇다면 과연 이 거북한 습관이란 무엇인가? 바로 지키지도 않을 약속을 남발하는 것이다.

사람들은 어떤 약속을 받은 뒤 그 약속이 실현되지 않더라도 결국 잊어버리는 경우가 많아서 딱히 피해를 입었다고 생각하지는 않는다. 이럴 땐 관계도 지속되고 업무도 차질 없이 진행된다. 하지만 이렇게 결국 빈말로 판명 나는 약속은 설사 말한 사람은 잊더라도 들은 사람이 기억하는 경우가 대부분이다. 이런 식으로는 신뢰하는 관계가 구축될 수 없다.

고객과의 미팅에서 다음과 같은 대화가 오갔다고 해보자.

> 남성: 2주간의 행사를 마치면 다음 달에 뵙겠습니다.
>
> 고객: 정확히 무슨 행사라고 하셨죠?
>
> 남성: 윔블던 대회요. 저희가 경기장에서 2주 동안 기업 행사를

개최하게 됐거든요. 존 매켄로 씨가 저희를 도와주실 겁니다.

고객: 와, 말도 안 돼요! 저희는 입장권 예매에 번번이 실패했었는데! 정말 부럽네요. 제 아내가 테니스 마니아거든요. 딸아이도 그렇고요.

남성: 그럼 아내 분을 위해 제가 프로그램을 구해드릴게요. 거기에 매켄로 씨의 사인도 받아드리죠. 따님은 몇 살인가요?"

고객: 사만다요? 열한 살이요.

남성: 윔블던 티셔츠도 구할 수 있어요. 아내 분을 위해서는 사인이 담긴 프로그램을, 따님을 위해서는 티셔츠를 준비하겠습니다.

고객: 저, 괜히 곤란을 드리고 싶지 않은…

남성: 아닙니다. 제가 좋아서 하는 거니 그냥 받아주세요.

고객: 아내와 딸이 진짜 좋아할 겁니다. 정말 친절하시네요.

남성: 네. 그럼 7월에 또 뵙도록 하죠. 그때 제가 모든 수치와 비용을 문서로 정리해 올 테니 더 깊이 있게 논의해보시죠.

고객: 좋습니다. 대회에서 좋은 시간 보내고 오세요. 나가시다 우산 챙기는 거 잊지 마시고요.

남성: 그럼요. 윔블던 선물도 잊지 않겠습니다! 안녕히 계세요!

이 남성은 방문객 주차장에 도착하기도 전에 이미 이 대화를 까맣게 잊어버렸다. 회사에서 갖가지 문제로 메시지가 연달아 날아온 것이다. 반면, 방금 만났던 고객은 기억력이 상당히 좋다. 심지어 그는 그날 저녁, 거래처의 한 '좋은 사람'이 윔블던 프로그램과 티셔츠를 구해주기로 했다고 아내와 딸아이에게 자랑을 늘어놨다. 두 사람도 떨듯이 기뻐했다.

3주 후, 이 '좋은 사람'이 출장에서 돌아와 2차 회의 일정을 잡는다.

> 고객: 그래서 윔블던 대회는 어떠셨나요? 둘째 주 행사는 정말 대단했죠?

이 '좋은 사람'은 순간 중요한 사람이 된 듯 우쭐해지며 상대방이 '참 괜찮은 사람'이라고 생각한다. '내가 윔블던에 다녀왔다는 사실을 기억하다니. 전에 내가 테니스에 관해 이야기한 적이 있었나?'

> 남성: 윔블던에 가보셨나요?
> 예비 고객: 어… 아뇨. 지난번에 여기서 이야기할 때 저희는 입장권 예매에 번번이 실패했다고 말씀드렸는데 기억 안 나세요?
> 남성: 아, 어… 음… 맞아요. 당연히 기억나죠. 동생 분이 테니스를 좋아하신다고 하셨잖아요. (표정을 비롯한 몸짓언어에서 그가 전혀 기억하지 못하고 있다는 사실이 뻔히 보인다.)

황당하기 짝이 없는 예비 고객은 이 사람이 상당히 가식적이라고 생각하며 실망한다. 실제로 미팅이 진행되는 동안 그토록 요란하게 약속했던 '선물' 이야기는 단 한마디도 언급되지 않는다.

고객은 이 남성을 엘리베이터까지 배웅하며 최종 평가 결과를 통보한다.

5장 기억
•
147

남성: 그럼 이제 제가 드린 수치를 바탕으로 준비해볼까요?

고객: 아니오, 괜찮습니다.

고객은 이 사람이 자신의 문제점을 전혀 인식하지 못하는 것에 분노를 느끼는 한편 상당히 불성실한 사람이라고 결론을 내린다. 그는 마음속으로 이렇게 생각했다. '이 정도 약속도 잊어버리는 사람인데 계약하고 나면 훌륭한 서비스를 제공하겠다던 약속도 잊을 게 뻔하잖아? 아, 조금 전엔 자사 서비스에 어떤 문제점이 있는지 말해주는 것도 까먹었을지 모르지!'

당신이 약속을 지키지 못했는데 상대방의 기억력이 좋으면 문제가 된다. 당신은 망했다.

제발 상대방의 마음속으로 들어가보자. 대화하다 보면 무심코 말을 던지고 잊어버리는 게 얼핏 별일 아닌 것처럼 보일 수도 있다. 하지만 정작 상대방에게는 그 말이 무척 중요한 의미를 지닐 수 있다.

이 에피소드는 당신의 성격과 진실성에 어떤 메시지를 던지는가? 중요한 사실이 있다. 사람들은 모두 제각각인 만큼 예민한 정도도 제각각이다.

당신에겐 별것 아닌 가벼운 발언이나 약속이 상대방에게는 중차대한 일이 될 수 있다. 그런 경우 상대방은 자연히 어떤 결과를 기대한다. 그런데 아무것도 없으면 당신의 진실성에 의구심을 갖게 되고, 일단 그런 인상이 생기고 나면 좀처럼 바꾸기 힘들다. 위의 사례에서도 고객은 이 남성의 행동을 기준으로 진실성을 평가했다.

기억력이 나쁘면 인간관계가 깨질 수 있다. 하지만 이는 관심의 문제인 만큼 얼마든지 개선할 있다. 상대방에게 중요한 일이면 무엇이든 더 큰 관심을 기울이자. 어떤 관계에서든 당신의 말이나 행동에 대한 사람들의 반응을 정확히 파악하고자 노력해야 한다.

당신이 까맣게 잊어버렸을 경우 대개 상대방은 솔직한 심정을 표현하지 않는다. 당신의 무신경은 관계에 균열을 초래할 테고, 결과적으로 친구나 고객은 떠나고 말 것이다. 불행히도 당신은 그 이유조차 알지 못할 것이다.

일상적으로 벌어질 수 있는 상황들을 살펴보자.

◇ 친구가 당신에게 10파운드를 빌려준 덕분에 은행에서 대기하는 번거로움을 덜었다. 하지만 당신은 갚는 걸 잊고 말았다.

◇ 당신이 신용카드를 차에 두고 오는 바람에 다른 친구가 뮤지컬 <오페라의 유령> 입장권을 대신 사줬다. 하지만 당신은 갚는 걸 잊고 말았다.

◇ 비서가 당신의 중요한 보고서를 타이핑하느라 늦게까지 야근했다. 당신이 고맙다며 샴페인을 한 병 사주겠다고 약속했는데 그만 잊고 말았다.

◇ 금요일에 고객에게 전화해 요통을 치료해준 물리치료사의 이름을 알려주겠다고 약속했는데 잊고 말았다.

위의 상황들을 보니 새록새록 기억나지 않는가? 당신에게도 이런 경험이 있을 것이다. 이를테면 당신은 '가해자'일 수도 있고 '피해자'일 수도 있다. 사실 상대방에게 빌린 돈을 갚지 않았거나 약속을 지키지 않았다는 사실을 상기시켜 난처하게 만들고 싶은 사람은 아무도 없다. 따라서 당신이 만든 상황은 처음부터 반드시 알아서 기억해야 한다. 그렇지 않으면 결국에는 아무도 당신을 위해 시간을 내지 않을 것이다. 사람들이 하나같이 당신에게 쌀쌀맞게 굴어도 이유조차 모를 게 분명하다.

이럴 땐 이유를 찾기 위해 기억을 더듬어볼 수조차 없다. 그런 기억이 머릿속에 남아 있지 않기 때문이다. 사실 당신은 애초에 그런 사실을 입력조차 하지 않았다!

수치 기억하기

○

다양한 수치를 잘 기억할 수 있으면 평소에도 상당히 편리하지만 일할 때는 훨씬 더 좋다. 날짜, 금액, 기술 관련 세부 사항 등 기억할 게 많기 때문이다. 아무리 기억력이 형편없는 사람이라도 숫자는 얼마든지 잘 기억할 수 있다. 당신이 의미 있게 여기는 어떤 숫자를 이용해 연상해보는 등 의식적으로 노력하면 되기 때문이다. 그 과정은 도표 5.1에 잘 나타나 있다.

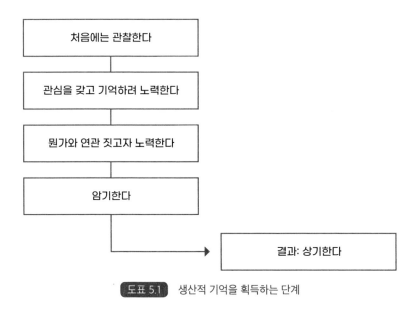

도표 5.1 생산적 기억을 획득하는 단계

전화번호 기억하기

○

연상 작용을 활용하면 전화번호도 훨씬 쉽게 외울 수 있다. 다른 번호들을 외울 때보다 좀 더 깊이 생각하면 된다. 전화번호 중에는 그야말로 기억 속에 아로새겨진 번호들이 있다. 이를테면 친척, 친구, 동료, 병원, 은행, 피자 가게 등의 번호다. 하지만 번호가 생각나지 않아 당황하는 경우도 얼마나 많은가? 그럴 땐 전화도 하지 못하고 그냥 '나중'으로 미뤄버린다. 그러면 어떤 결과가 초래될까? 관계가 끊기거나 거래처를 잃거나 갈등이 불거지나 심지어 더한 일도 생긴다. 모든 게 다 애써 노력해 번호를 외우지 않았기 때문이다.

다시 한번 말하지만 관심을 기울여 번호를 기억하자. 그리고 당신이 이미 알고 있는 무언가와 의식적으로 연관 지어보자. 그러면 기억하려 애쓸 때마다 머릿속에서 두 가지가 자동으로 연결될 것이다.

예를 들어, 021-394-586이라는 번호를 보자. 상상력을 발휘해 021을 외울 방법을 찾아보자. 어쩌면 첫 연애 당시의 나이와 연관 지을 수도 있다. 3945는 제2차 세계대전이 일어난 해와 끝난 해이며, 68은 당신이 학생 때 살았던 집의 호수일 수도 있다. 이렇게 전화번호를 이미 알고 있는 사실과 연관 지으면 필요할 때 언제든지 기억에서 불러낼 수 있다. 당신의 마음속에 입력되었기 때문이다. (테스트: 60분 후 여전히 이 번호를 외우고 있는지 시험해보자.)

또 다른 예시를 보자. 톰 비치우드라는 고객의 전화번호는 65549다. 이 고객의 이름을 외우려면 비치우드로 만든 목재 테이블을 떠올려도 좋겠다. 65는 은퇴 연령이고 54는 당신의 생년이며 9는 당신이 좋아하는 숫자일 수 있다. 이런 식으로 마음과 연결시키면 외우기가 상당히 수월해진다. 하지만 가장 중요한 건 기억하고 싶을 만큼 충분히 관심을 기울이는 것이다. (테스트: 59분 후 여전히 이 번호를 외우고 있는지 시험해보자.)

기억력과 집중력의 상관관계

○

일하다 보면 여러 상품 및 서비스의 가격, 할인율 등의 수치를 기억해야 하는 경우가 많다. 물론 참고할 수 있는 일종의 금액표가 정리되어 있기 마련이다. 그래서 대다수가 굳이 시간과 노력을 들여 수치들을 기억하려 들지 않는다.

그런데 오로지 혼자 힘으로 그런 수치를 기억해내야 한다면? 자료에 의지하지 않고도 가격, 할인율 등을 기억할 수 있다면 거래의 성사 여부가 달라질 수 있다.

어떻게 그럴 수 있을까? 이는 앞서 3장에서 소개한 집중력 곡선과 관련이 깊다. (자, 이건 여러분의 기억력 테스트다!) 미팅 시 타이밍이 얼마나 중요한지, 계약서 서명만 남겨두었을 만큼 한껏 고조됐던 감정이 잠깐의 방해로 얼마나 순식간에 물거품이 되어버리는지 기억하는가. 방금 전까지만 해도 당신의 모든 말과 행동이 심리적 '타결 지점'으로 달려가고 있었다. 계약 성사가 코앞이었던 것이다. 그런데 상대방이 금액, 할인율, 세부 정보 등을 묻자 당신은 고개를 숙여 자료를 훑어보기 시작했다. 마치 TV에서 차가 낭떠러지를 향해 고속 질주하고 있는데 갑자기 광고가 끼어든 것처럼 흥이 깨지고 만 것이다.

하지만 당신이 가격을 기억하고 있다면 갑자기 고개를 숙일 필요가 전혀 없다. 만약 상대방이 "주중 하루 3회 연속 광고료와 황금 시간대인 토요일 저녁 2회 광고료는 얼마일까요?"라고 물어 오면 대화를 중단하고 금액표를 뒤지는 대신 즉시 대답할 수 있는 것이다. 그러면 그들의 집중력, 더 중요하게는 상기된 감정이 그대로 유지된다.

그러나 사람들은 대부분 이런 타이밍에 기억력을 활용하는 일이 얼마나 중요한지 잘 모른다.

대화를 중단하지 말자. 당신이 알고 있는 사실과 수치를 자연스럽게 이야기하며 계속해서 눈을 맞추자. 상대방의 집중력을 계속 붙잡아두자.

방해 요소의 유무에 따라 각각 예상되는 집중력 곡선이 도표 5.2에 잘 나타나 있다. 이를 통해 기억력을 효율적으로 활용하면 집중력의

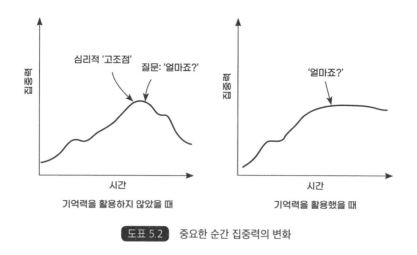

도표 5.2   중요한 순간 집중력의 변화

차원이 달라진다는 사실을 알 수 있다.

기억력은 나이, 나태함, 무관심, 방해 요소, 스트레스, 피로, 알코올, 자신감 결여 등 여러 요소의 영향을 받을 수 있다. 다음은 제인 오스틴의 소설 『설득』에서 발췌한 대목이다.

> 기억력의 힘, 오류, 불평등에는 다른 어떤 지능보다 월등한 이해할 수 없는 뭔가가 있다. 기억력은 때때로 아주 유능하고 자비로우며 순응적이다. 하지만 가끔 너무 황당하고 약해빠졌으며, 또 어떨 땐 폭력적일 만큼 통제가 불가능하다.

이번 장에서는 구체적 상황에서 어떻게 기억력을 향상시킬 수 있는지, 이런 노력이 인간관계에 얼마나 엄청난 보상을 가져다주는지 살펴보았다. 기억력을 향상시키면 공사를 막론하고 모든 관계에서 갈등과 오해를 피할 수 있을 뿐만 아니라 설득의 핵심이라 할 수 있는 인간관계도 구축할 수 있다. 기억력을 향상시키자. 그러면 마법을 경험하게 될 것이다.

●▶ 공사를 막론하고 기억력이 좋다는 데서 오는 자신감이 중요하다.

●▶ 단기 기억력과 달리 장기 기억력에는 한계가 없다. 단기 기억 영역 속 정보를 계속 반복하면 마침내 장기 기억 영역에 저장된다.

●▶ 새로운 정보를 '자기 자신'에게 연결시켜 연상을 구성해야 기억을 잘 할 수 있다.

●▶ 툭하면 잊어버리는 것은 관심의 문제다. 사실 정보는 처음부터 입력조차 되지 않았다.

●▶ 이름을 기억하는 건 관계를 구축하고 상대방을 설득하는 최고의 수단이다.

●▶ 누군가를 소개받을 때 집중하지 못하는 이유는 당신의 마음이 다른 데 있기 때문이다.

●▶ 당신은 까맣게 잊고 상대방만 기대하게 만들 거짓 약속은 하지 말자. 입장만 난처해진다!

●▶ 기억을 잘 활용하면 다른 사람의 집중력을 통제할 수 있다. 자료를 찾
는답시고 얼굴을 숙이거나 대화를 중단하는 일이 줄어들기 때문이다.

●▶ "모든 지식은 기억에 지나지 않는다" _플라톤

언어

언어의 미묘한 차이가 전혀 다른 결과를 낳는다

혹시 일상에서 말의 힘을 간과하고 있지 않은가? 어떤 말들은 '효과적'인 것 같은데 다른 말들은 그렇지 않은 이유를 알고 있는가? 당신은 단어를 신중하게 선택한 뒤 그 효과를 평가하는가? 단어를 효율적으로 조합했을 때의 미묘한 차이에 주목하는 사람은 드물다. 단어나 구문이 또 다른 방법으로 구성되고 전달됐을 때의 차이를 고려하지 않는 것이다.

심리학 분야에서 언어 행동만을 연구하는 심리언어학 연구자들은 우리가 언어를 어떻게 사용하며 언어 능력이 다른 인지 능력과 어떻게 상호작용하는지 관찰했다. 말이 우리의 마음과 감정에 어떤 영향을 미치는지 연구한 것이다.

언어는 생각에 영향을 미치고 말은 머릿속에 특정한 이미지를 창조한다. 우리는 정치인들이 늘 '이중 화법'을 쓴다는 사실을 주목해야 한다. 이중 화법이란 항상 고의적으로 의미를 교란하고 오도하고 감추고 왜곡하는 화법을 말한다. 이를테면 경기 침체를 '마이너스 경제성장'으로 표현하는 식이다.

정치인과 부동산 중개업자의 부정적 이미지는 우열을 가릴 수 없다. 둘 다 비호감이고 여론조사에서 신뢰도가 가장 낮은 직종 1위를 놓치지 않는다는 사실이 비슷하다. 실제로 부동산 중개업자가 대단한 물건처럼 추천하는 '금주의 매물'이 "광범위한 개선과 현대화 작업이 필요하다"고 포장되다가 결국 "절호의 리모델링 기회"로 둔갑하는 모습을 우리는 똑똑히 목격해오지 않았는가. 말은 우리가 생각하는 방식을 규정하고 심지어 왜곡하기까지 한다.

감정을 자극하는 용어 중 하나인 '지구온난화'도 생각해보자. 이 용어가 처음 통용되기 시작했을 때는 막연한 두려움뿐 아니라 과학자들과 정치인들의 진실성에 대한 회의가 만연했다. 일부 국가에서는 그들의 주장을 뒷받침할 증거가 불충분하다며 해당 이론에 대한 토론조차 거부했다. 그렇다면 무엇이 생각의 전환을 가져왔을까? 바로 심리 언어학이다.

'지구온난화'를 좀 더 완곡하게 '기후변화'라는 용어로 리브랜딩(rebranding)한 것이다. 결과는? 각국 정부와 기관이 좀 더 적극적으로 협력할 뿐만 아니라 예상 가능한 문제를 해결하기 위해 정상회담을 지속적으로 열었다.

2009년에는 여러 부정적 정책 및 상황을 사람들이 수용하도록 온갖 용어들이 만들어졌다. 2008년 금융 위기가 일어나자 (누구에게도 책임을 돌리지 않는다는 점에서) 가치중립적인 '신용 경색(credit-crunch)'

이라는 신조어가 탄생했다. 당시 우리가 직면해야 했던 모든 병폐를 지칭하기에 (그리고 오용하기에) 편리한 용어였다. 물가 상승과 형편없는 서비스 등 여러 병폐를 이 용어 하나로 정당화한 것이다. 당시 심각한 경제 위기에 봉착한 국가들은 이와 같은 무책임한 언어로 상황을 무마하려 들었다.

덕분에 일부 국가의 정부는 돈을 더 찍어내는 것 외에 할 수 있는 게 없는 불편한 상황을 맞이했다. 물론 국민들은 좋아할 리 없는 대책이었다. 하지만 고통을 '완화'하기 위한 '양적 완화(Quantitative Easing, QE)'는 강행되었다. 영국의 경우, 잉글랜드 은행이 우량 채권을 사들이는 간접적인 방식으로 돈을 찍어냈다. 정부의 한쪽 팔이 중앙은행에서 발행한 돈을 내고 또 다른 팔이 보유한 채권을 사들이는 것이다. 그런데 과연 이게 돈을 찍어내는 것일까? 정치인들은 '아니오'라고 답하지만 경제학자들은 누구나 '네'라고 답한다. 한 일간지에 실린 만평에는 당시 국민들의 혼란이 그대로 포착되어 있다. 등장인물이 이렇게 말한다. "양적 완화가 무슨 뜻인지 알 것 같아. 그런데 이제는 돈이 도대체 뭔지 모르겠어."

정부 및 여러 기관에서 전적으로 내세웠던 단어가 하나 있다. 바로 '투명성'이다. 2009년 의원들의 비용 스캔들이 터졌을 당시 민주주의에 대한 신념을 복구할 수 있을지 미지수였다. 위기에 처한 영국 하원은 의원들의 개인 비용 내역이 담긴 파일을 국영 신문(national newspaper)에 공개하는 데 동의했다. 하지만 공개된 파일에는 정작 논란이 된 주장과 관련 문서가 엄격한 검열을 거쳐 삭제되어 있었다. 다시 국민의 분노가 들끓었다.

그렇다면 문서가 검열된 이유는 무엇일까? 간단하다. 일부 정보의 민감성 때문이었다. '검열' 혹은 '편집'이라는 단어의 정의를 모르는 사람은 없다. 하지만 이 단어에는 검정 줄을 긋는다는 관료주의적 의미가 담겨 있다.

생각해보자. 당신이 누군가에게 무언가를 전달하고 싶다. 마음속의 어떤 이미지를 단어로 전환시킨다. 그리고 발신자로서 수신자에게 메시지를 발송한다. 그러면 수신자가 당신의 언어를 받아들여 마음속에서 자신만의 이미지를 창조한다. 그들이 메시지의 의미를 결정하는 것이다. 해석은 그들 마음속에서 일어난다.

만약 상대방의 머릿속 이미지가 당신의 의도와 상이하다면 소통이 효율적으로 이루어지지 못한 것이다. 당신이 선택한 단어의 조합이 부정적 결과를 일으켰다.

상대방이 어떻게 느낄지는 그들의 해석에 달려 있다. 인간은 다음의 순서대로 행한다.

1. 감지한다.
2. 해석한다.
3. 느낀다.

따라서 우리는 스스로 해석을 달리하는 간단한 행위를 통해 느낌을 통제할 수 있다. (인지 치료 중 대다수가 이런 식으로 이루어진다.) 그렇게 우리의 느낌을 바꾸는 것이다. 쉬운 일은 아니지만 얼마든지 가능하다. 평소 듣거나 읽는 내용에서 단어가 잘못 쓰이는 바람에 오해하게

되는 경우가 허다하다. 실제로 일상생활에서 "그런 뜻이 아니잖아"라는 말을 무수히 들었을 것이다.

> **해리엇**: 거울 앞에 설 때마다 주름이랑 두꺼운 팔뚝만 보여. 펑퍼
> 짐한 엉덩이, 두꺼운 허벅지에 셀룰라이트투성이고. 존, 나한테
> 희망이 될 만한 말 좀 해줘.
>
> **존**: 어… 그래도 시력은 여전하잖아.

이런! 이래서 어떤 소통에서든 행간을 읽어 내재된 감정을 알아내야 하는 것이다.

그것이 청자에게서 피드백을 들어야 할 중요한 이유다. 효율적이고 명확하게 소통하려면 메시지의 화자와 청자가 모두 노력해야 한다.

6장 언어
•

단어를 신중하게 선택한다

○

다음 사례를 살펴보자. 아만다가 친구 샐리의 자동 응답기에 메시지를 남기려 한다. 다음 중 어느 메시지가 좋을까?

> 1. 샐리, 나는 아무래도 이번 주 토요일 로열 앨버트 홀에서 열리는 엘비스 프레슬리 기념 공연에 못 갈 것 같아. 내 티켓 좀 팔아줘. 살 사람이 없다면 그냥 내가 돈을 낼게. 갑자기 존이 와서 데이트하기로 했거든. 미안해. 나중에 얘기하자. 안녕. (샐리는 몇 주 전 콘서트 티켓을 구하기 위해 줄을 섰다.)

> 2 샐리, 뉴욕에서 일하는 존이 이번 주말에는 쉴 수 있게 됐대. 정말 잘됐지? 그래서 나랑 데이트하고 싶어 해. 이번이 아니면 또 언제 올 수 있을지 모르거든. 그래서 말인데, 난 토요일 공연에 못 갈 것 같아. 김새게 해서 미안해. 나도 정말 보고 싶었던 공연인데. 내 티켓은 다른 사람한테 팔 수 있지 않을까? 만약 살 사람이 없더라도 걱정 마. 돈은 내가 그대로 지불할게. 조만간 날 잡아서 만나도록 하자. 그럼, 안녕.

친구의 실망감과 서운함을 줄일 수 있는 메시지는 몇 번일까? 메시지와 요구 사항은 두 가지 모두 동일하다. 하지만 첫 번째 메시지는 샐리에게 거절당한 느낌을 줄 수 있다. '나'에 관한 이야기만 할 뿐 샐리를 걱정하는 마음이 거의 느껴지지 않기 때문이다. 두 번째 메시지는 밝고 긍정적인 분위기로 시작된다. 그리고 좀 더 구체적으로 상황을 설명한 뒤 샐리가 가질 수 있는 감정에 공감한다. 아만다의 입장역시 충분히 설명하고 있어 두 사람 간의 관계는 더욱 돈독해질 것이다. 첫 번째 메시지의 단어 수는 49개, 두 번째 메시지는 78로 이루어져 있어 시간을 따져 봐도 그리 불리한 건 없다.

물론, 인간의 본성은 너무 복잡해 특정 단어들이 어떻게 해석되고받아들여질지 정확히 예측할 수는 없다. 하지만 상대방의 마음속으로들어가 원하는 효과를 거둘 만한 최적의 단어를 선택하는 것은 가능하다.

두 번 재고 단번에 자른다

○

또 다른 사례를 보자. 인사과 부장이 상무와 함께 복도에 서 있다. 그가 지나가던 비서에게 묻는다. "혹시 톰 콜린스 씨 봤어요? 트레이닝 예산에 관해 논의할 게 있는데."

비서가 답한다. "네, 사실 10분 전에 봤어요. 비틀대면서 계단을 올라가던데요?"

인사과 부장은 현재 오후 2시 30분이 넘은 시각이라 콜린스 씨가'낮술'을 한잔 걸친 모양이라고 짐작한다. 그는 '비틀대면서'라는 말의의미를 골똘히 생각하다 몸도 제대로 못 가누는 콜린스 씨의 모습을떠올리고는 상무의 눈에 띄면 위험할 수 있겠다고 판단한다. 그는 결국 회의 일정을 뒤로 미룬다.

사실, 이 상황은 여러 가지로 설명이 가능하다.

◇ 비서가 '비틀대면서'라는 말을 사용한 건 단지 그 순간 그 단어
가 떠올랐기 때문일 수 있다. 사실 다른 말을 하려고 했는데 엉
뚱하게도 '비틀대면서'라는 말이 튀어나왔다. (실제로 낮술을 마
신 건 그 비서일지도 모른다!)
◇ 콜린스 씨가 점심시간을 이용해 웨이트트레이닝을 했거나 스
쿼시를 하고 온 터라 몸을 제대로 가누지 못했다.
◇ 콜린스 씨가 극심한 편두통에 시달리고 있었다.

하지만 별 뜻 없이 말을 툭 내뱉은 것만으로 부정적 연상 작용이 촉
발되었다. 인사과 부장은 이제 콜린스 씨를 근무 시간 도중 과음이나
하는 직원으로 낙인찍었다. 단어 하나가 오해를 빚어 잘못된 이미지
까지 촉발한 것이다. 정확하지도 않은 짐작 때문에 한 사람이 술고래
가 되어버렸다.

다른 예시를 들어보자. 비서가 타이핑한 문서가 평소 같지 않게 형
편없어 법무관의 심기가 불편해졌다. 심각한 실수가 점점 잦아져 이
제 더 이상 두고 볼 수 없는 지경이 되었다.

그가 비서에게 말한다. "샌드라, 요즘 들어 타이핑이 너무 성의 없
군요. 비용 청구서 발행할 때는 정확성이 생명이에요. 만약 우리 쪽
실수로 비용이 초과되면 고객에게 더 청구할 수도 없어요."

샌드라는 '성의 없다'는 말을 듣는 순간 혈압이 치솟고 방어 본능이
일어났다. 모욕감에 씁쓸한 기분이었다.

'이 인간은 시에서 파견 나온 두 직원이 계속 나한테 타이핑을 시키고 있다는 걸 모르나? 나도 지금 질식사할 지경이라고! 대체 나더러 어떻게 하라고? 그동안 의리 때문에 묵묵히 다 받아준 내가 바보지. 앞으로 청구서들을 어디 한번 직접 관리해보라지!'

만약 법무관이 다음과 같이 말했다면 샌드라가 그만둘 일도 없었을 것이다.

"샌드라의 수준급 타이핑 실력이 요새 제대로 발휘되지 못하는 것 같군요. 무슨 문제라도 있나요?"

이렇게 말하면 비서에게 해명할 기회를 줄 수 있을뿐더러, 비서도 자신의 입장을 자연스레 설명하고 싶어질 것이다.

"그렇게 느끼셨다면 죄송합니다, 법무관님. 사실 제가 지금 여력이 없어요. 법무관님도 느끼셨을지 모르지만 시청에서 파견 나오신 직원 두 분이 제게 장문의 계약서를 매일 여섯 건씩 타이핑해달라고 하시거든요."

"아, 미처 몰랐네요. 그런데 발송되는 청구서에 오류라도 생기면 지급이 늦어지고 말아요. 또 우리 쪽 실수로 비용이 모자라기라도 하면 고객사 부담으로 청구하기 어려울 수 있고요. 이유는 잘 알겠습니다. 시청 직원 분들의 타이핑은 다른 사람이 하도록 제가 알아볼게요."

이처럼 법무관은 친절한 말투로 칭찬과 비판을 할 수 있었고, 샌드라는 이전의 '수준급' 타이핑을 다시 선보일 수 있도록 노력하게 되었다. 당연히 법무관은 다른 비서를 채용할 필요가 없어졌다.

학창 시절, 목공 선생님은 우리가 버려진 나뭇조각을 한 번만 재서 톱질해버리면 항상 "두 번 재고 단번에 잘라!"라고 말씀하셨다. 마찬가지로 피할 수 있는 실수라면 한 번 더 고민해 피하는 게 좋다.

어떻게 말해야 할지 고민하고 있는가? 목공 선생님의 이 같은 말씀이 도움이 될 수 있다. 무엇보다 처음부터 방향 설정을 제대로 하고 입을 떼려는 순간 한 번 더 생각하면 말실수로 인한 험악한 상황을 피하고 만회하기 위해 노력할 필요가 없다.

두 번 재고 단번에 잘라라! 물론, 사람은 단순한 통나무가 아니니 다루기가 버거울 수밖에 없다. 하지만 그렇게 함으로써 끔찍한 오해와 난처한 상황을 피할 수 있다.

섣부른 짐작은 독이 된다

○

말이 우리의 마음과 감정에 어떤 영향을 미치는지 연구하는 일은 매력적이다. 우리는 읽기, 쓰기, 듣기, 말하기를 통해 사람들과 끊임없이 소통하고 있기 때문이다.

특정 단어나 표현이 상대방에게 어떻게 받아들여질지 생각해보는 건 충분히 가치 있는 일이다.

단어 오용으로 전쟁, 이혼, 싸움, 분쟁, 사업 파탄이 야기되는 경우가 많다. 우리는 사람들의 말이나 행동을 바탕으로 짐작하고, 그 타당성은 검증하지도 않은 채 먼저 반응부터 한다.

> **호텔 매니저:** (리셉션 데스크 직원에게) 세상에! 지금 고객들을 전혀 신경 쓰지 않는군요! 리셉션 데스크에 사람이 충분한데 말이

에요. 아까 지역 매니저랑 지나갈 때 체크인 고객 다섯 분과 체크 아웃하려는 미국인 부부가 기다리고 계셨는데 아주 불쾌해 보였어요. 이래선 안 됩니다. 내년에 바로 옆 구역에 5성급 호텔이 개관하면 고객들을 몽땅 빼앗기겠어요. 여기는 시트콤에 등장하는 파리 날리는 호텔이 아니라고요. 왜 대기 중인 고객들을 관리하지 않죠? 이따위로는 우리 호텔이 살아남을 수 없어요.

이렇게 비난하는 투로는 리셉션 직원들의 말을 끌어내기는커녕 아예 말문을 닫도록 만들 수밖에 없다. 게다가 그들 입장에서는 방어 본능과 불만만 가중될 것이다. 사실 알고 보면 컴퓨터 예약 시스템에 오류가 생겨 일시 정체가 생겼을 수도 있다. 그런데 호텔 매니저는 이유는 묻지도 않고 호통부터 쳤다. 조만간 고객들을 '몽땅 빼앗길 것'이라는 근심에 사로잡혀서다. 하지만 이제 매니저는 고객들보다 직원들을 먼저 빼앗길 판국이다.

다음 예시처럼 언어 사용에 유의해 좀 더 효과적으로 접근해보자.

> 호텔 매니저: 짧게 한마디만 할게요. 20분 전에도 대기 줄이 이렇게 길었는데 무슨 문제라도 있나요?
>
> 리셉션 직원: 네, 매니저님. 아까 약 5분 정도 컴퓨터가 다운되는 바람에 그동안 일일이 문서로 작업할 수밖에 없었습니다. 대기 중인 고객님들께는 사과드리고 양해를 구했습니다. 마크 씨가 추후에 소정의 룸서비스를 제공할 수 있도록 조치해두었습니다.
>
> 호텔 매니저: 아, 그랬군요. 지금은 컴퓨터가 제대로 작동하나요?

리셉션 직원: 네, 별 이상은 없어 보이는데 점검을 위해 IT 부서에 신고했고, 2시에 오기로 했습니다. 또 이런 상황이 생기면 안 되니까요. 새로 생길 경쟁 호텔에 고객들을 빼앗길 수는 없잖아요? 아시겠지만 미국인 고객님들 중에는 가차 없이 '짐 싸서 떠날' 분들도 적지 않을 겁니다.

호텔 매니저: 아… 그렇죠. 잘했어요, 폴리 씨.

우리는 누구나 타인을 설득해야 하는 상황을 맞닥뜨릴 수 있으며, 이때 가장 기본적인 도구는 언어다. 하지만 모든 위대한 장인이 그렇듯 눈앞의 과업을 해결하려면 도구함에서 적합한 도구를 꺼낼 수 있어야 한다. 하지만 사람들은 대개 귀찮다는 이유로 굳이 도구를 선별하지 않는다. 효과적으로 말할 방법을 고민하지도 않고 이렇게 생각나는 대로 내뱉는다.

"당신 말에는 결코 동의할 수 없습니다."

"당신 작업이 마음에 들지 않네요."

"향후 8주가 지나야 배송될 듯해 걱정입니다."

"이런 말씀을 드리게 돼 유감이지만….'

"현재 얼마를 지급하고 계신지 반드시 알려주셔야 합니다."

"나쁜 소식이 있어요. 기사님과 이야기했는데 나오실 수 있는 가장 빠른 시각이….'

사람들은 상황이 실제보다 나쁘다는 식으로 타인을 세뇌시키려 한다. 대체 왜 그럴까? 그럴 필요가 전혀 없는데도 스스로 부정적 감정을 유발해 모든 걸 어렵게 만든다. 하지만 위의 문장들을 좀 더 효과적으로 구성할 수 있는 방법이 있다.

"제 생각을 한번 들어보시겠어요?"

"당신이 담당한 부서에서 항의가 더 많이 발생하는 이유가 있을까요?"

"8주 이내에 배송해드리겠습니다."

"꼭 드려야 하는 말씀은…."

"얼마인지 알면 도움이 될 겁니다."

"기사님이 바쁘시기는 하지만 워낙 상황이 중차대하니 연락하시겠답니다."

단어 조합 게임을 해본 적 있다면 무의식 속에 잠겨 있던 이미지가 어떤 식으로 촉발되는지 잘 알 것이다. 이는 거의 자동적으로 일어난다. 특정 단어가 마음속에서 특정 느낌이나 이미지를 불러일으키는 것이다.

그러므로 당신이 전달하고자 하는 메시지가 반드시 적절한 단어로, 또 적절한 타이밍에 전달될 수 있도록 주의를 기울이자. 특정 단어가 지금은 적절하더라도 다른 때는 아닐 수 있음을 명심해야 한다. 그러면 당신이 원하는 결과를 손에 넣을 수 있다.

결국 중요한 건 속임수가 아닌 인식이다. 주어진 임무에 걸맞은 도구를 사용하고 심리언어학적 함축을 이해함으로써 때에 맞는 말을 고민해야 한다.

열린 질문의 중요성

○

타인으로부터 원하는 정보를 얻으려면 질문하는 방법도 중요하다. 질문은 원만한 의사소통에 필요한 중요한 기술이다. 여기에는 '열린 질문'과 '닫힌 질문'이 있다.

열린 질문에서는 응답자가 좀 더 상세하고 길게 답할 수 있도록 유도하는 단어들이 사용된다. 예를 들어, 내가 "호러 영화 좋아하세요?"(닫힌 질문)라고 물으면 당신의 대답은 짧고 단순할 것이다. 반면 "어떤 장르의 영화를 좋아하세요?"(열린 질문)라고 물으면 좀 더 길고 풍부한 답이 나올 것이다.

열린 질문은 자신을 드러내게 만들기 때문에 상대방의 '마음을 들여다보도록' 유도한다. 따라서 열린 질문을 잘 활용하면 상대방의 숨겨진, 그래서 진실한 동기나 욕구를 발견할 수 있다.

반면 닫힌 질문은 네/아니오 같은 단답형 대답을 요구한다. 그래서 대화가 순식간에 끝나기도 한다. 예를 들어보자.

> "개인 비서 일은 마음에 드세요? (닫힌 질문)
>
> "어쩌다 이쪽 계통에서 일하게 되셨나요? (열린 질문)
>
> "잘 살고 있지?"(닫힌 질문)
>
> "요새 무슨 일 있어?"(열린 질문)

언제, 어디서, 누가, 무엇을, 어떻게 같은 의문사들도 문제 해결에 아주 좋은 도구다. 사람들의 내면 깊은 곳에 자리한 느낌을 드러내도록 해주기 때문이다. (이렇게 전통적 의문사들을 사용하면 관심이 지나치다고 여겨질까 봐 우려도 될 것이다. 하지만 제대로 전달하기만 하면 걱정할 필요는 없다.)

> "이번엔 결정권이 누구한테 있는지 여쭤봐도 될까요?"
> "다시는 이런 일이 없을 거라고 안심하시도록 저희가 무엇을 할까요?"
> "자료를 찾아보기에 제일 좋은 시간은 언제일까?"
> "2년 후에는 네가 어디에 있을 것 같아?"
> "저희 제안에 대해 어떻게 생각하시나요?"

열린 질문과 마찬가지로 이런 질문 역시 타인의 마음을 들여다보는데 효율적이다. 하지만 이 질문이 전달되는 방식, 그리고 이미 구축된 관계에 따라 결과는 달라질 것이다. 만약 상대방과 어느 정도 공감대가 형성되어 있다면 더욱 성공적일 것이다.

"왜?"라고 물을 때는 신중해야 한다
○

앞서 언급한 의문사 목록에서 '왜'가 제외된 이유를 묻는 이들이 있다. 이는 우리의 행동에 대해 합리적 설명을 요구하기 때문이다. 보통 우리는 무슨 일을 하고, 왜 했는지 그 이유를 모르는 경우가 많다. 그래서 그에 대한 질문을 받으면 방어 태세를 갖추게 된다. '왜'라는 의문사는 우리가 가능한 대안을 찾는 대신 스스로를 정당화할 명분을 찾게 만든다.

'왜'라는 질문은 적대적이고, 비난과 평가가 전제되어 있으며, 감정적인 것으로 오해될 소지가 많다.

> "왜 그걸 샀어?"
>
> "왜 내가 그것에 관심 있을 거라고 생각하지?"
>
> "왜 그냥 전화해서 물어보지 않았어?"

대신 이렇게 질문하면 어떨까?

> "이렇게 하는 게 낫지 않았을까?"
>
> "난 그것에 별 관심 없어."
>
> "거기까지 걸어가지 않고 그냥 전화할 수도 있었을 텐데…."

'왜'라는 의문사는 비난으로 들리기도 한다.

> "왜 그 길로 갔어? 더 빠른 길을 두고…."
>
> "왜 좀 더 조심하지 않았어?"
>
> "왜 이 부서에서 당신의 책상이 제일 지저분한 거죠?"

설득의 디테일

•

> 비판과 충고를 받는 사람들은
> 자신의 행동에 대한 이유를 분석하지 못한다.

대신 이렇게 질문하면 어떤가?

"다른 길로 갔으면 좋았을 텐데…."

"좀 더 조심하도록 노력해봐."

"방문객이 많이 지나다니니 책상을 깨끗이 정리해주세요."

위의 세 문장을 이렇게 살짝만 바꿔도 한결 부드럽게 들리지 않는가? 이렇게 하면 누군가의 마음을 상하게 하지 않고도 해결책을 찾을 수 있다.

'당신'이라는 단어를 부정적 말투로 사용하지 않는다
○

연구 결과에 따르면 '당신'이라는 단어가 상당히 부정적인 소통을 야기할 수 있다. 특히 비난하는 말투로 사용되면 대화의 흐름이 완전히 뒤바뀌어 적대적 반응까지 일으키게 된다.

"최종 결정은 항상 당신이 해야 직성이 풀리죠?"

"넌 늘 전화한다고 해놓고 한 번도 안 하더라."

"넌 나가서 일자리 좀 구해."

"당신은 중요한 회의를 앞두고 있을 때마다 날 실망시키는군요."

이와 같은 말들은 반드시 잘 다듬어 상대방이 전혀 달리 받아들일 수 있게 해야 한다. 파괴적인 느낌 대신 건설적인 인상을 주는 것이 좋다. 열린 방식으로 소통하면 논의가 좀 더 활발히 진행될 수 있다.

"보통 최종 결정은 당신의 지시대로 이루어지는 것 같네요."
"항상 이번엔 네가 전화하겠지 하고 기다리는데 안 하더라고."
"지금이 네가 취업하기에 적기인 것 같은데."
"중요한 회의를 앞두고 있을 땐 당신의 도움이 필요해요."

열린 소통이 설득력을 강화한다

○

지금까지 살펴본 것처럼 어떻게 소통하느냐에 따라 상대방이 우리를 어떻게 생각하는지, 그리고 우리의 사고방식에 동의할 수 있는지 여부가 결정된다.

열린 방식이 아닌 닫힌 방식의 화법을 구사하는 사람들 사이에는 여러 의사소통 문제가 발생한다. 이게 무슨 뜻일까?

"나는 세라와 같이 살 수 있을지 모르겠어. 네가 세라를 좋아하는 건 알지만, 그 애는 이미 대출도 한도 초과되었고 회사에서도 밥 먹듯이 지각하잖아. 그런데도 과연 자기 책임을 다할 수 있을까? 너는 세라 같은 타입을 안쓰러워하지만, 그 애는 노력을 너무 안 해."

이처럼 닫혀 있는 발언은 합리적 대화의 가능성을 차단한다. 이미 모든 걸 단정 짓고 있어 논의 자체가 불가능하기 때문이다. 많은 이들이 이런 식으로 소통하지만 대화 분위기만 험악해질 뿐이다.

열린 소통이라면 다음과 같이 말할 것이다. "나는 세라랑 같이 사는 게 좀 걱정돼. 네가 세라를 좋아하는 건 알지만, 그 애는 은행 대출도 너무 많고 회사에서도 툭 하면 지각하잖아. 네 생각은 어때? 세라가 청소를 제대로 할 수 있을까?"

이렇게 열린 방식의 소통은 논의로 이어질 수 있다. 발언이 완전히 경직되어 있지 않아 어느 정도 유연하게 대처할 수 있는 여지가 있기 때문이다. 이렇게 말하면 상대방의 긍정적 반응을 이끌어내고 심지어는 동의도 얻을 수 있다. 사람들은 열린 방식으로 소통하는 이들을 선호한다. 대화가 공격적으로 이어질 확률이 낮으므로 낙담하거나 방어적인 태도를 보일 여지가 적기 때문이다. 열린 소통은 건강한 관계를 형성하고 다른 사람들이 당신의 관점에 동의하도록 이끈다.

직장 안팎에서 일상적으로 발견할 수 있는 닫힌 소통에는 세 가지 유형이 있는데, 이런 식의 소통은 결코 유익하지 않다. 이 세 가지 유형을 살펴보고 이를 열린 방식으로 전환하는 법을 알아보자.

단정형

사람들이 다음과 같이 말하는 걸 종종 들은 적이 있을 것이다. 예를 들어보자.

"그는 만나본 사람 중 최악의 상사야."

"그 집 카푸치노는 우리나라에서 단연 최고지."

"늦게까지 남아 있어야 그 사람들 눈에 들 수 있어."

"그들은 사상 최악의 럭비 팀이야."

우리는 이처럼 단정적인 발언을 일상적으로 내뱉는다. 얼핏 듣기에는 괜찮아 보이지만 닫힌 발언의 특성상 하나의 의견이 엄연한 사실로 받아들여질 수 있다. 발언 자체는 문제없다. 다만 일개 의견이 마치 진실인 것처럼 여겨지는 것이 문제다. 이렇게 되면 사람들이 아예 신경을 끊고 논의를 회피하게 된다. 심지어 발언 내용이 진짜 중요한 문제이기라도 하면 관계까지 망가질 수 있다.

단정적 발언을 배제하는 열린 소통을 하려면 나의 의견임을 밝히는 언어를 사용해야 한다. 당신도 말을 시작하거나 말을 하고 있는 중에 '나는'이라는 말을 꼭 집어넣도록 하자. '나'를 의미하는 다른 표현을 써도 좋다.

먼저 위의 사례에서 주어를 바꿔보자.

"내가 만나본 사람 중 그가 최악의 상사인 것 같아!"

"나는 그 집 카푸치노가 우리나라에서 단연 최고라고 생각해."

"내 생각에는 늦게까지 남아 있어야 그 사람들 눈에 들 수 있어."

"내가 보기에는 그들이 사상 최악의 럭비팀 같아."

이제 눈과 귀를 열고 당신 스스로 얼마나 자주 단정적 발언을 하는지 살핀 다음 '나는'을 넣어 열린 소통을 시작하자. '나'를 사용해 말하면 자신감 있게 들릴 뿐더러 사람들도 당신의 말에 좀 더 마음을 열게 된다.

'나'를 사용할 수 있는 발언들은 다음과 같다.

◇ 내가 말하고 싶은 건

◇ 내 생각에는

◇ 내가 생각해보니

◇ 내 느낌에는

◇ 내가 바라는 건

◇ 내가 좋아하는 건

◇ 내가 아는 한

◇ 내 의견은

◇ 내가 보기에는

허풍형

이번에도 우리에게 친숙한 화법이다. 모두, 항상, 절대, 유일하게, 누구든, 몽땅 같은 단어들이 익숙하지 않은가?

세라: 네가 이제껏 진짜 사랑은 두 번밖에 못 해봤다는 사실을 모두가 다 알더라?

리처드: 모두? 모두가 누구야? 그 얘기 어디서 들었어?

새라: 잡지에서 봤어.

리처드: 무슨 잡지? 월간 『당신을 위한 편리한 이론』 말이야?!

이 대화는 완전히 왜곡된 발언들로 채워져 긴밀한 소통을 차단하고 갈등만 일으킨다. 이를테면 이런 말들이다.

> "당신은 나랑 외식을 전혀 안 하잖아."
> "그는 매번 회의에 늦어."
> "난 그 선생님한테 배우는 게 하나도 없어."
> "넌 제일 맛있는 카나페를 싹쓸이해."
> "우리가 업계 최고라는 건 모두가 알지."
> "당신은 급히 타이핑을 요청할 때만 예의를 갖추더군요."
> "모든 건축업자는 사기꾼이야."
> "너는 내가 여기서 보내는 모든 날을 지옥으로 만들고 있어."

사람들은 자주 이런 식으로 말한다. 대개 정확성보다는 강조하는 어감을 부여하고자 할 때가 많다. 하지만 누군가를 이런 식으로 대했다가는 관계에 금이 갈 수 있다. 어떤 이유에서든 사람의 마음을 얻고자 노력 중이라면 이런 식으로는 결코 조화롭게 공존할 수 없다.

게다가 이런 발언들은 대부분 부정확하다. 한 사람이 회의에 몇 번 정도는 늦을 수 있지만 매번은 아닐 것이다. 배우자와 한동안 외식을 하지 못했을 수는 있어도 단 한 번도 하지 못했다고 말하는 건 좀 가혹하다. 당신이야 본인 회사 제품이 업계 최고라고 생각할 수도 있지만 모두가 그렇다고 말하는 건 어불성설이다. 모든 건축업자를 사기꾼으로 매도하는 것도 지나치다.

물론, 이런 말들이 사실과 정확히 맞아떨어질 때도 있을 것이다. (여섯 번의 회의에 매번 늦은 사람이 있을 수도 있으니 말이다). 하지만 위와 같은 발언은 어떤 주장을 펼칠 때 사용되기 때문에 정반대의 효과를 가져올 수도 있다. 물론, 일상생활에서는 이런 말이 그리 문제가 되지 않는다. "그 배우가 나온 최신작 봤어? 정말 여자들을 사로잡을 만한 모든 걸 갖췄어." 하지만 메시지의 감정적 특성으로 말미암아 향후 의도치 않은 문제가 생길 수도 있다.

이렇게 과장된 발언들을 수정하는 가장 좋은 방법은 적절한 부분에 '나'라는 단어를 집어넣고 과장된 표현 대신 완만한 표현으로 이야기하는 것이다. 이를테면 거의, 자주, 드물게, 대개, 보통, 일반적으로 같은 단어들을 사용할 수 있다.

그럼 이제 수정한 발언들을 살펴보자.

"당신 요새 나랑 외식을 자주 안 하는 거 같아."

"그는 회의에 자주 늦더라."

"난 그 선생님한테 배우는 게 거의 없어."

"제일 맛있는 카나페는 대부분 네가 먹어 치우는구나."

"내 생각에 우리는 업계 최고야."

"당신은 가끔 급히 타이핑할 일이 생기면 저에게 예의를 갖추는 것 같아요."

"건축업자들은 대부분 믿을 수 없어."

"당신은 내가 여기서 보내는 대부분의 날들을 불행하다고 느끼게 해."

6장 언어
•
183

이처럼 극적 요소를 줄이고 대화의 여지를 남김으로써 심지어 화해 분위기까지 조성할 수 있다. 앞에서 말했던 것처럼 두 번 재고 단번에 잘라야 한다.

강요형

강요란 명령적 특성을 지녀 이따금 위험할 수도 있다. 앞서 알아본 것처럼 이런 태도는 상대방으로부터 방어적이고 적대적인 반응을 불러일으킨다.

"할머니께 꼭 전화드려."
"그 사람은 소통하는 방법을 좀 배워야 해."
"늦게 들어올 거면 전화해."
"그들은 앞으로 좀 더 신중을 기해야 돼."
"무도회에 가야 해요, 신데렐라."

이렇게 강요하는 발언들 역시 단정적 어조로 전달되는 경우가 많아 이중으로 부담을 주고 결과적으로 닫힌 소통이 될 수 있다. 그럼 이제 위의 발언들을 좀 더 유연하게 받아들일 수 있도록 적절히 바꿔보자.

"할머니께 전화드리면 좋겠구나."
"그 사람이 소통 방법을 배우면 더 많은 걸 누릴 수 있을 거야."
"늦게 들어오게 되면 전화해줄 거지?"
"그들이 앞으로 좀 더 신중을 기하면 여러모로 좋을 거야."

"무도회에 가는 게 좋을 것 같아요, 신데렐라."

중요한 건 어떻게 말하느냐다

○

광고업체 임원 X씨는 라스베이거스에서 엿새 동안 열리는 회의에 참석하고 싶어 했다. 하지만 참가비와 교통비를 합치면 비용이 꽤 부담스러웠다. 그의 상사 Y씨는 회사 자금을 쓰는 걸 별로 좋아하지 않는 편이다.

Y씨는 비용 처리를 승인해줄 경우 즉각적인 성과를 가져오기를 바란다. 게다가 직원들이 해외 출장을 떠나면 온종일 일에 열중해야 한다고 생각한다.

X씨는 회의가 열리는 7월이 회사는 물론 본인에게도 꽤 여유롭다는 것을 알기에 적기라고 생각한다. 그리고 다른 광고업체의 같은 직급들도 회의에 참석한다는 사실을 Y씨에게 알리면 비용 때문에 반대하는 일은 없을 듯했다.

하지만 그의 계획이 완전히 물거품될 수 있는 한 가지 요소가 존재했으니 바로 라스베이거스였다. 진지한 회의가 아니라 도박, 최소한의 옷만 걸친 쇼걸들, 시저스 팰리스 등 부적절한 이미지가 상사의 머릿속을 가득 채울 게 분명했기 때문이다. 하지만 라스베이거스가 회의 개최지로 선정된 건 순전히 우연이다. 따라서 X씨는 신중하게 말하기 위해 업무에 전혀 지장이 없는 날짜, 그리고 구체적 장소 대신 나라명(미국)만 언급하기로 결심하고 Y씨의 사무실로 향했다. 다음은

X씨와 상사 Y씨가 나눈 대화 내용이다.

Y씨: 들어와, 여기 앉게.

X씨: 감사합니다. 요점부터 말씀드리겠습니다. 우리 회사가 꽤 한가한 시기인 7월에 미국에서 ADM 회의가 열립니다. 누군가 대표로 참석하면 좋을 것 같아요. 향후 거래를 틀 수 있는 여러 기업이 참석하는 만큼 계약 기회도 열려 있습니다. 많은 업체가 직원 한 명 이상은 보낸다고 하네요."

Y씨: 흠… 비용이 어떻게 되지?

X씨: 네, 참가비와 교통비를 합치면… 3,000~3,500달러 정도 예상합니다.

Y씨: 꽤 비싸군. 한 명 이상 보내는 업체들이 많다고? 우리가 영업비를 이미 초과해 사용한 건 알고 있겠지?

X씨: 네, 알고 있습니다. 하지만 올해 회의는 참가할 가치가 충분합니다. 이틀간 열리는 세미나도….

Y씨: 나도 무슨 얘기인지는 알겠어. 맨해튼 이스트사이드에 있는 모회사의 숙소를 이용하는 건 어떤가? 그렇게 하면 숙박비를 아낄 수 있겠어.

X씨: 하지만 거기는 뉴욕인데요.

Y씨: 회의가 뉴욕에서 열린다고 하지 않았나? 자네가 그렇게 말했잖아.

X씨: 아닙니다.

Y씨의 머릿속에서 일찌감치 벌어지고 있는 연상 작용이 흥미롭다. X씨는 '미국'이라고만 말했지만 상사는 대안을 찾기 위해 계산기부터 두드리고 있었던 것이다. 그는 회의 장소를 마음대로 뉴욕이라고 단정 짓고 심지어 X씨가 그렇게 말하지 않았느냐고 몰아붙인다.

Y씨: 그래서 회의 장소가 어디라고?

X씨: 어디였더라…. 아, 네바다입니다.

Y씨: 네바다라… 아 그래, 네바다로군. (잠시 정적) 네바다면 서부 아닌가? 그쪽에 공항이 있던가?

X씨: 네, 있습니다. 국내선은 저렴하기도 하고요.

Y씨: 그렇군. 아, 난 5분 후 회의가 있어. 참석은 승인하지만 최소 비용으로 지출하게.

X씨: 네, 감사합니다.

6장 언어
•

모두가 행복한 결말을 맞이했다.

그럼 여기서 X씨가 사용한 전략을 살펴보자.

X씨는 라스베이거스라는 지명 때문에 상사의 머릿속에서 특정한 연상 작용이 일어날 것이라고 예상했다.

그래서 그냥 '미국'이라고만 말하기로 했다.

상사가 '뉴욕'이라고 알아들어서 깜짝 놀랐다.

그는 이제 회의가 열리는 지역을 말해야만 한다. 그래서 '네바다'라고 말했다. 사실이다. 라스베이거스는 네바다주에 위치해 있으니까.

전혀 문제 될 게 없다. 더 캐묻지 않은 건 상사의 책임이다. 여기서 핵심은 X씨가 만약 라스베이거스라는 말을 했다면 비행기를 예약할 수 없었을 거라는 점이다.

X씨는 상사의 입장에서 그가 자신의 계획을 어떻게 받아들일지 상상해보았다. 덕분에 걸림돌을 가뿐히 제거하고 국내선 항공권은 비싸지 않다는 첨언까지 할 수 있었다. 사실관계에서 그리 중요한 사항은 아니지만 상사에게는 최후의 한 방이었다.

기본으로 돌아가자. 심리학자들 때문에 '심리언어학'이라는 꼬리표가 붙기는 했으나 우리는 지금 일상적으로 알고 있어야 하는 것들을 이야기하는 중이다. 언어가 어떻게 우리의 반응을 결정짓는지, 그리고 원하는 결과를 손에 넣으려면 어떻게 언어를 선별하고 전략적으로 사용해야 하는지 말이다. 위 사례에서는 X씨가 상사의 결정을 유도했다고 해도 과언이 아니다.

앞서 말했듯이 우리는 종종 누군가의 설득으로 특정 행동을 취하고 싶어 한다. 그렇게 행동할 만한 타당한 이유를 찾고 있을 때 누군가

내게 확신을 주길 바라는 것이다. 이때는 능숙한 언변으로 대세를 결정지을 수 있다.

대화하는 남녀

○

> **애스터 부인**: 제가 만약 윈스턴 부인이라면 당신의 차에 독약을 타겠어요.
>
> **윈스턴 처칠**: 내가 만약 당신의 남편이라면 그 차를 마실 것이오.

남자와 여자는 서로 다른 별에서 왔다는 이야기를 들어봤을 것이다. 남자와 여자는 서로 다른 방식으로 생각한다. 따라서 이성(異性)의 소통 방식이 전혀 다르다는 사실을 남녀가 서로 이해할 수 있다면 세상은 훨씬 살기 좋은 곳이 될 것이다. 부부, 부모, 친구, 직장 동료로 만나는 남녀가 덜 부딪히고 더 조화롭게 어울릴 수 있을 테니 말이다.

내가 주관하는 워크숍이나 세미나에서 '남녀 간의 대화'라는 주제가 등장하면 수많은 에피소드와 당시 겪었던 좌절감 등이 폭풍우처럼 쏟아져 나온다. 남녀 불문하고 억울한 감정을 토로한다. 이성의 약점과 그에 따른 우려 등을 당사자들 앞에서 논의할 수 있다는 것만으로 '치유' 효과가 있기도 하지만, 더 중요한 건 그만큼 문제가 크다는 사실이다.

또한 이성에게 이야기할 때 우리 중 대다수가 아직 자기 인식이 부족하다는 점을 알 수 있다. 그 결과 오해가 생기고, 깨어 있는 시간의 대부분을 보내는 집과 직장 등에서 생활하기가 힘들어진다.

그렇다면 사람들이 이성과 관련해 가장 많이 갖고 있는 '불만'은 무엇일까?

여성:
◇ 남자들은 우리를 같은 남자처럼 대할 때가 많다.
◇ 남의 말을 잘 듣지 않는다.

남성:
◇ 여자들은 혼자 오해하고 화부터 낼 때가 많다.
◇ 말이 너무 많다.

다시 말해 일부 남성들은 남의 말을 잘 듣지 않고 이야기할 때도 이성을 배려하지 않는다. 반면 일부 여성은 말을 너무 많이 할 뿐 아니라 혼자 오해하고 심지어 폭발하기도 한다.

물론, 인간관계의 다른 요소들처럼 이것도 그저 잘못된 인식에 불과할 수 있다. 하지만 모든 것이 그렇듯 중요한 건 실제가 아니라 어떻게 인식하느냐의 문제다.

남자와 여자가 각자의 스타일을 조절하지 않은 채 대화하면 '메시지'에 오해가 생길 수 있다는 사실을 감안할 때, 공사를 막론한 모든 인간관계에 갈등이 생기는 건 매우 당연하지 않은가?

연구 결과에 따르면 대체로 여성의 언어능력이 남성보다 뛰어나다. 여성이 남성보다 언어 정보를 더 잘 듣고 처리하며 어휘도 다양하게 구사한다. 대부분의 연구 결과, 남성과 여성에게 언어 관련 업무를 똑같이 배정할 경우 여성이 남성을 앞서는 것으로 나타났다. 일부 남성이 여성은 말이 너무 많다고 하는 주장에도 일리가 있다. 이들 연구 결과에 따르면 여성의 언변이 더 출중한 것으로 나타났기 때문이다.

과거에는 남녀의 차이를 인정하는 걸 회피하는 경향이 있었다. 다행히 1990년대 이래 두뇌의 화학작용에 관한 연구가 활발해졌고, 이성 간에는 확실히 소통의 차이가 존재한다는 사실에 대체로 동의하게 되었다. 누구는 옳고 누구는 그르다거나 누가 더 우월하다는 문제가 아니라 그저 다를 뿐이라는 것이다. 남성과 여성은 서로 다른 필터를 끼운 채 세상을 바라본다. 다시 한번 강조하지만 누구는 옳고 누구는 틀린 게 아니라 서로가 다를 뿐이다.

고정관념을 버리자. 서로가 다름을 인정하고 오해가 생길 수 있다는 사실을 받아들임으로써 대화 방식을 분석하고 조절하면 불필요한 갈등을 방지해 관계를 발전시킬 수 있다.

문제는 아무리 이성이라도 똑같이 사고하고 비슷하게 행동해야 한다고 주장하는 것이다. 하지만 굳이 두뇌의 화학작용까지 고려하지 않더라도 남성과 여성이 어떻게 말하는지 분석해보면 다음의 사실들이 분명히 입증된다.

◇ 남성과 여성은 서로 다른 방식으로 사고한다.
◇ 남성과 여성은 서로 다른 방식으로 대화한다.
◇ 남성과 여성은 서로 다른 방식으로 중요성을 부여한다.

여성은 친밀한 대화를 나누는 반면 남성은 보고식 대화를 한다고 한다. 다시 말해, 남성들은 보통 화려한 언변으로 지식과 기술을 과시하려는 목적으로 이야기한다. 하지만 여성들은 비슷한 이야기를 주고받음으로써 공감대를 형성하기 위해 소통한다. 따라서 여성들의 소통에서 가장 중요한 건 공감과 지지다.

결론적으로 남성들은 자기과시를 위해 언어를 사용하지만 여성들은 친밀감을 표현하기 위해 언어를 사용한다는 것이다.

다음 두 가지 사례를 통해 이 차이를 알아보자.

앨리스: 나 앨리스야. 목소리가 별로 안 좋네?

수: 앨리스, 안 그래도 이번 주에 전화하려고 했어. 목소리가 안 좋다고? 응, 그럴 거야. 차를 정비소에 맡겨두고 마트랑 은행에

설득의 디테일
•

다녀왔거든. 두 시간 전엔 병원까지 갔고.

앨리스: 병원에 갔다고? 무슨 일 있어?

수: 아, 그냥 먹던 약이 떨어져서 처방전 받으러 갔어. 그 마녀 같은 새 접수원이 내가 토드 박사님께 예약하지 않았다고 거짓말을 하는 거 있지? 자기가 깜빡해놓고….

앨리스: 그 접수원, 그 사람 맞지? 이혼했다는…?

수: 응, 맞아. 부동산 중개업자랑 스캔들 났었잖아. 매물로 나온 집에 둘이 있다 딱 걸렸다고….

앨리스: 그러게. 다른 중개업자가 고객한테 그 집을 보여주러 갔다가 다 봤다며. 얼굴이 시뻘개지더래. 별꼴이야!

수: 못 볼 꼴 다 보여줬을 텐데 얼굴은 또 어떻게 들고 있었나 몰라. 그런데 사람들 참 잘 잊어버려. 요새는 또 다른 일이 화제더라니까. 넌 상상도 못할걸? 아, 잠깐, 여태 네 안부도 못 물었네!

앨리스: 응, 난 잘 지내. 내가 전화한 건…. 잠깐, 이러지 말고 우리 만나자. 이따 오후에 시내에서 커피 한잔할 시간 있어?

이번에는 두 사람의 남편들이 전화 통화하는 상황이다.

존: 아, 사이먼. 잘 지내?

사이먼: 응, 그럭저럭. 자네는?

존: 뭐, 잘 지내지. 좀 피곤하기는 하지만. 회사에 신입사원들이 와서 이런저런 훈련시키느라 퇴근이 늦거든.

사이먼: 아, 그렇구나. 나도 요즘 비슷해. 부서들끼리 협업해서 시

너지를 좀 내보려고 하거든.

존: 그렇군. 타일 때문에 물어볼 게 좀 있어서 전화했어. 빌이랑 얘기했는데 타일을 붙일 때 10퍼센트, 그러니까 5밀리미터 정도의 격차는 허용했다더라고.

사이먼: 그 정도는 괜찮아. 금액 나오면 전화 줘. 돈 보낼게. 그래, 나중에 또 얘기하자고. 앨리스는 잘 지내지?

존: 응, 괜찮아. 고마워. 힘내, 끊을게.

이처럼 여자들이 관계를 위한 대화에 몰두한다면 남자들은 보고를 위한 대화를 한다. (물론 모든 인생살이가 그렇듯 언제나 예외는 존재한다.) 이 사실을 알고만 있어도 남성과 여성이 서로의 소통 방식을 이해하는 데 큰 도움이 될 것이다.

게다가 이 두 가지 소통 방식에는 각각 장점이 있다. 여성들이 좀 더 직설적으로 말하는 '경제적' 대화를 택하는 게 나을 때도 있지만 남성도 여성의 '광범위한' 대화 스타일을 차용하는 게 나을 때도 있다. 여성들은 때때로 더 구체적인 사항들을 요구하기도 한다. 그래서 남성들과 이야기할 때처럼 단어 하나, 짧은 구문 하나로 답해서는 결코 만족시킬 수 없다. 마찬가지로 남성들 역시 상황에 따라 말을 짧게 끝맺기를 원한다.

남녀의 소통 방식 차이를 인식하는 것은 조화로운 공존을 향한 첫걸음이다. 이러한 노력만으로도 우리의 주위 환경은 분명 개선될 것이다. 직장에서 우리는 모두 인위적 '역할'을 떠맡고 있으며, 통제 및 위계 환경에서는 언제나 오해와 갈등이 생기기 마련이다. 특히 이성 간에는 더하다.

남녀의 차이를 인식한 이후에는 각 대화 방식의 다양한 특성을 종합해 효율적으로 소통함으로써 업무와 일상생활에서 우호적인 관계를 만들어가야 한다.

남성과 여성은 서로 다른 '필터'를 통해 세상을 바라보는 만큼 단어 하나, 구문 하나, 메시지 전달 방식을 놓고도 오해와 갈등이 생길 소지가 다분하다. '감성 지능'의 중요성이 부상하는 오늘날, 우리는 서로에 대해 충분히 배우고, 각자의 소통 방식을 이해하며, 필요에 따라 서로 맞춰줄 수 있다.

소통하려면 언어를 사용해야 한다. 따라서 최선의 표현을 선택해야 한다.

●▶ 심리언어학은 언어 행동이 인간의 마음과 감정에 미치는 영향을 연구하는 심리학의 한 분야다.

●▶ 인간은 감지하고 해석한 뒤 느낀다. 그래서 우리는 해석을 바꾸는 방법으로 느낌을 통제할 수 있다. 즉, 다른 단어를 사용함으로써 다른 해석을 유도하고, 그 결과 다른 느낌을 유발하는 것이다.

●▶ 우리는 모두 일상생활에서 다른 사람을 설득해야 하는데, 이를 위한 기본 도구는 언어다. 각 경우에 걸맞은 단어를 선택하는 건 우리 몫이지만 게을러서 이를 건너뛰기도 한다.

●▶ '당신'과 '왜'라는 단어는 신중하게 사용하자. 자칫하다가는 소통과 설득에 처참히 실패할 수 있다. 이 두 단어는 방어 태세 및 적대감을 불러일으키기 때문이다.

●▶ 닫힌 대화는 피하고 열린 대화를 시도하자.

●▶ "안타깝지만", "이런 말을 하게 되어 유감이지만", "불행히도", "실망시키고 싶지 않지만", "동의할 수 없는 건" 같은 표현으로 상황을 어렵게 만들지 말자. 치유 효과가 있는 언어를 사용해 부정적 기운을 제거하

고 낙관적 태도를 보여주자.

◆▶ 우리는 언어를 이용해 소통한다. 그렇다면 최고의 표현을 선택해야
하지 않겠는가?

7장

전화

가장 효과적인 전화 통화의 기술

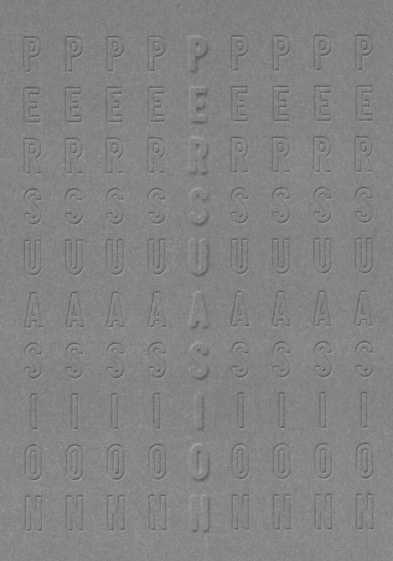

이제는 언제 어디서나 휴대폰으로 통화할 수 있게 됐지만 정작 우리 대부분은 전화를 제대로 활용하지 못하고 있다. 게다가 쉽고 접근이 용이한 이메일을 많이 이용하면서 전화를 사용하는 빈도도 줄어들고 있다. 하지만 전화 한 통의 힘을 절대 과소평가해서는 안 된다. 그게 바로 당신의 목표를 향해 나아가는 첫걸음이다.

모든 것은 전화 한 통으로 시작되었다
○

인생에서 굵직한 일의 대부분은 전화 한 통으로 시작된다고 해도 과언이 아니다.

작곡가 새미 칸(Sammy Cahn)이 그 많은 걸작을 어떻게 탄생시켰는지 질문받았을 때의 일화는 유명하다. "작사와 작곡 중 보통 어떤 작업부터 하시나요?" 질문에 칸이 대답했다. "전화 통화부터 합니다!"

전화 통화는 인상을 전달하기 때문에 통화할 때는 항상 '유쾌한 태도'를 보여줘야 한다. 친구, 가족, 지인 중 누구와 통화하느냐에 따라 태도가 다르기 마련이다. 업무상 통화할 때도 자연스레 다른 모습이 나온다. 업무를 효과적으로 처리하기 위해서는 종종 훌륭한 전화 통화 기술이 요구된다.

최근 전화 대신 이메일 사용량이 크게 증가했다. 이메일은 실제 만남이나 전화 통화 이후 관련 사안을 진행하는 등 지속적으로 소통해야 하는 경우 적절한 수단이다. 또한 공적이거나 단기적 사안들을 처리하는 데도 유용하다. 전화와는 쓰임새 자체가 다른 것이다. 하지만 요즘에는 사람의 온기가 필요한 일들에서도 전화 대신 이메일을 사용하는 경우가 점점 더 늘고 있다.

> '보내기' 버튼을 누르기 전에 다시 한번 생각해보자. 상대방을 직접 만나서, 또는 전화 통화로 전달해야 하는 메시지들이 분명 존재한다.
> 잘못 작성된 이메일 때문에 중대한 제안, 사업 관계,
> 심지어 오랜 우정까지 파탄 나는 경우도 있다.
> 때로 전화기를 집어 드는 행위는 가치가 있다.

만약 당신의 관점이나 사고방식에 타인의 동의를 구하고 싶다면 이메일로는 '웃음'을 비롯해 어떤 '감정'도 전달할 수 없다는 사실을 기억해야 한다. 게다가 전화와 달리 일방통행밖에 할 수가 없다. 상대방의 실제 반응을 전혀 알아볼 수 없기 때문이다.

설득의 디테일

●

그렇다면 이메일은 언제 사용하고 전화는 언제 사용하는 게 좋을까? 정답은 간단하다. 상대방 입장에서 생각해보는 것이다. 당신뿐 아니라 상대방의 편의까지 고려해야 한다. 설득이나 관계 개선을 위한 대화가 필요하다면 결코 이메일 뒤에 숨어서는 안 된다.

언제 어디서나 휴대폰으로 누군가에게 전화를 걸 수 있게 되면서 모두가 열광적으로 전화를 사용하게 되었다.

웨스트민스터 대주교는 2009년 연설에서 끊임없이 진화하는 소통 방식을 이야기하며 문자메시지와 이메일 사용이 급증하고 대면 소통이 줄어듦에 따라 인간관계가 점차 약화되고 있다고 우려했다. 그는 사람들이 대면 소통 능력을 잃어버리고 있다며 현대를 '비인간화' 사회로 규정했다. 그뿐만 아니라 "'우리'는 사회적 기술, 상호작용 기술, 상대방의 기분이나 몸짓언어를 읽는 기술, 자기주장을 펼칠 수 있을 때까지 인내하는 능력을 잃어버리고 있다"고 덧붙였다.

휴대폰으로 누군가에게 전화를 걸 때는 감각을 열어둘 필요가 있다. 그들은 언제 어디서나 항상 휴대폰을 소지하고 있다. 이게 무슨 의미인가? 통화에 영향을 미칠 수 있는 상황적 요인을 좀 더 잘 파악해야 한다는 것이다.

다음의 여러 상황에서 상대방을 집중하게 만들어 당신의 주장을 제대로 전달하는 게 과연 가능할까? 상대방이 도로에서 빨간불을 받고 서 있거나 한창 점심 식사 중일 때, 또는 만원 열차 안에서 이동 중일 때는 어떤가? 이런 상황적 요인들이 전화 통화 결과에 영향을 미칠 수 있다. 따라서 상대방의 현재 상황을 가늠한 뒤 나중에 다시 전화할지 여부를 결정해야 한다. 물론 통화의 목적에 따라 달라질 수 있지만 인지와 직관이 중요하다.

비즈니스 세계에서는 지혜롭게 대처한 전화 한 통으로 미팅의 성공 확률을 높일 수 있을 뿐 아니라 심지어 장거리 출장까지 대신할 수 있다. 예를 들어, 고객이 당신의 전화 태도에 편안함과 확신을 얻었다면 대면 미팅을 요구할 필요도 없이 계약을 진행할 테고 그 결과 당신은 시간을 아낄 수 있다.

법무관이나 지역 위원회 기획관, 다른 지점에서 근무하는 동료, 예비 고객, 기존 고객 등 누군가와의 미팅이 끝난 뒤 속으로 '전화로도 충분히 할 수 있었던 이야기잖아?' 하고 생각해본 적 있는가? 서너 시간, 심지어 하루 이틀씩 걸려 이동하고 또 숙박까지 해야 했던 상황이 사실 전화 한 통으로 다 해결될 일이었다. 하지만 이런 일은 전 세계에서 매일같이 반복된다. 보통 전화로는 설득력을 제대로 발휘하지 못하기 때문이다.

핵심 인력, 구조 조정, 유가, 기후변화에 따른 환경 보호 등으로 계속 늘어나는 비용과 시간 제약으로 현대인들에게 전화는 수많은 일을 처리해주는 핵심 도구가 되었다. 전화의 잠재력을 최대한 활용할 수만 있다면 이에 따른 보상은 실로 엄청날 것이다.

물론 전화가 좋은 점만 있는 것은 아니다. 특히 자동화 시스템에 의존하는 오늘날에는 부재중인 상대방을 대신해 자동 응답 시스템(ARS)의 기계음이 전화를 받는다.

> "현재 모든 상담원이 통화 중입니다. 계속 기다리시려면 1번을 누르세요."
> "지금까지 안내한 내용을 다시 들으시려면 우물 정자를 눌러주세요."

이것이 자동 응답 시스템의 저주가 아니면 무엇인가! 하지만 전화는 우리 삶에서 아주 중요한 부분을 차지하므로 상대방과 연결만 되면 최대한 효율적으로 통화함으로써 원하는 바를 손에 넣어야 한다.

> "매년 연말에 나는 그해에 통화한 시간을 모두 합친 뒤 내 나이에서 그만큼을 제한다. 그 시간은 내가 진짜 살아 있지 않았다고 여기기 때문이다. 그런데 해가 갈수록 전화기를 붙들고 있는 시간이 자꾸만 길어진다. 이러다가는 꽤 젊은 나이에 죽을 것 같다."
> – 코미디언 리타 러드너

훌륭한 전화 매너를 갖추려면

○

가끔 전화로는 소통이 절대 불가능한 이들이 있다. 이들은 전화기를 귀에 갖다 대는 순간 완전히 다른 사람으로 돌변한다. 긴장감에 잔뜩 경직되어 무뚝뚝하다 못해 무례하기까지 한, 누가 봐도 '상대하기 버거운' 사람이 되는 것이다.

당신의 고객이나 동료 중에도 이런 전화 매너를 가진 사람이 있다면 일이 훨씬 힘들어질 수밖에 없다.

> 전화 통화는 상대방을 볼 수 없어
> 몸짓언어를 해독할 수 없기에 문제가 된다.

전화 통화를 할 때는 메시지를 좀 더 잘 전달하기 위해 얼굴 표정이나 몸짓언어를 활용할 수도 없다. 따라서 목소리만으로 대면할 때보다 훨씬 더 많은 의미를 전달할 수 있어야 한다.

어떻게 해야 할까? 단어와 어조를 선택해야 한다. 다시 말해, 전화로 소통할 때 중요한 것은 준언어다(4장을 참고하라). 당신의 어조는 최고의 자산이며 상대방에게 당신의 말이 어떻게 들리느냐에 따라 반응과 결과가 달라질 수 있다.

앞서 소개했던 55/38/7의 법칙을 기억하는가? 전화는 발화된 언어에 대한 '해석'(55퍼센트)을 도울 수 있는 시각 정보를 전혀 제공하지 않는다. 이렇게 시각적 매체가 부족한 경우 일부 사람들은 일방적으로 주제를 바꿔가며 대화를 독점해 발언권을 '순순히 내놓지 않는 경향'이 생기기도 한다. 하지만 내가 말한 만큼 상대방에게도 말할 시간을 제공해야 한다.

사람들은 누군가에게 말을 할 때 종종 무의식적으로 표정이나 제스처가 동반되어 언어에 추가적 의미를 부여하게 된다는 사실을 자주 잊는다.

"너는 모르는 게 없잖아, 안 그래?"

"제가 여기에 서명할 수는 없을 것 같습니다."

"광고 캠페인의 결과는 어떤가요?"

"끔찍해!"

위의 말들을 윙크나 미소, 또는 농담이라는 신호 없이 전화 통화나 문자 메시지로 듣기만 하면 꽤 여러 가지 의미로 해석될 수 있다. 반면 누구나 모욕으로 받아들일 수 있는 말도 재치 있는 표정을 지으며 전달하면 가벼운 농담으로 탈바꿈된다. 따라서 전화 통화만으로 농담인지 진담인지 구분하려면 내내 화자의 억양에 집중해야 한다.

말을 보조하는 몸

전화에서 중요한 것은 소리다. 메시지를 결정짓는 요소 중 시각적 요소를 제외한 나머지 '비율'이 바로 소리를 구성하는 두 요소다. 즉, 당신이 어떤 소리를 듣는가가 38퍼센트, 무엇을 말하는가(단어)가 7퍼센트다. 전화로는 (두 사람 모두에게) 시각적 피드백이 부족하므로 모호한 단어는 지양하고, 말투와 속도에 심혈을 기울여야 한다.

목소리만으로 어떤 느낌을 전달하고자 할 때도 몸을 활용할 수 있다는 사실을 기억하자.

그렇다면 몸을 어떻게 활용해야 할까? 다음 예시를 보자.

◇ 만약 통화가 불편해질 때 내용과 달리 말투가 변해가는 걸 느낀다면 의자에 등을 기대고 앉아 어깨에 힘을 빼고 억지로라도 미소를 지어본다. 큰 변화를 느낄 것이다.

◇ 편안한 목소리로 대화하고 싶은가? 책상에 몸을 기댄 채(식탁이나 다른 가구여도 상관없다) 아나운서들이 뉴스 시작 전에 하는 준비 행동을 그대로 따라해보자. 그동안 감정 상태가 어떻게 변화했는지 스스로 느낄 수 있을 것이다.

◇ 전화 통화 시에는 호흡에도 신경 써야 한다. 마침 아이가 소파에 잼을 문질러 혼쭐을 냈거나 회사에서 다른 직원과 막 언성을 높인 참이라면 아마 숨이 가쁘고 흥분될 것이다. 이럴 때는 전화를 받거나 걸기에 적당하지 않다. 전화 상대가 어떤 인상을 받겠는가?

◇ 가족이나 친구, 직장 동료에게 전화 걸어 불만을 토로해야 하는 상황에 놓여봤는가? 물론 그랬을 것이다. 어쩌면 매일 그랬을 수도 있다. 다시 한번 말하지만 몸을 십분 활용하자.

이런 불편한 통화는 일어서서 하면 좋다. 일어서서 통화할 때 당신의 말이 어떻게 다르게 들리는지 느껴보자. 우선 호흡이 수월할 것이다. 더욱 자신감 있고 확신에 찬 목소리로 높은 자존감을 전달할 수 있을 것이다. 지금껏 나는 통화할 때 일어나 있는 것과 앉아 있는 것에 별 차이가 없었다는 사람을 단 한 명도 보지 못했다.

몸짓언어를 전혀 사용하지 않고 말하는 것이 부자연스럽게 느껴진다면 노련한 소통 전문가가 전화로 대화하는 모습을 관찰해보자. 그들은 자연스럽게 행동한다. 마치 마주 앉은 사람에게 이야기하듯 표정도 다양하고 손발을 움직이기도 한다.

이 같은 몸짓언어는 메시지에 느낌을 더해 전화기 너머에 있는 상대방에게까지 어감을 전달한다. 대화 내용에 따라 몸짓을 하다 보면 상대방과 실제로 마주하는 듯한 느낌에 더 효과적으로 말할 수 있다. 아무리 플라스틱 기기에 대고 말하는 것이라 해도 다채로운 표정을 짓다 보면 목소리 패턴도 자연스러워지기 마련이다. 한번 시험해보자. 만면에 미소를 띤 채 통화 상대에게 화를 내보는 것이다. 효과가 있지 않은가?

라디오 출연자를 훈련할 때도 이와 동일한 원리가 적용된다. 전문 트레이너들은 출연자들에게 열정과 같은 긍정적 기운을 전달하려면 목소리에 항상 '웃음'이 묻어나야 한다고 강조한다. 그래야 보이지 않는 화자의 목소리에 색깔과 특징이 입혀져 메시지가 더 잘 전달된다는 것이다. 어떤 기관에서는 '목소리에 미소를 입히세요'라고 적힌 스티커를 전화기마다 부착해놓기도 한다. 전화 통화 기술에 그만큼 신경 써야 한다는 걸 잘 보여주는 사례라 하겠다.

사람들은 보통 자신이 바보 같아 보일까 두려워 전화 통화 도중 잘 웃지 않는다. 그래서 단조로운 목소리 뒤로 숨고 만다. 사람들은 다른 모든 표현 수단을 동원해 어조를 높이고 메시지도 한결 수월하게 전달할 수 있다는 사실을 잘 모른다. 결국, 전화 통화에서 가장 중요한 것은 목소리다.

올바른 접근 방법
○

우리는 종종 일면식도 없는 낯선 사람과 통화해야 하는 경우를 맞닥뜨린다. 그들에게 뭔가를 부탁해야 하는 상황도 부지기수다. 따라서 그들의 마음을 살 수 있어야 한다.

◇ "할 일이 태산이신 거 알죠. 잘 아는데, 그래도 전기가 들어오지 않으면 저희 네 살배기 딸이 너무 무서워해요. 이 아이는 심지어 귀신이 있다고 믿는다고요!"

◇ "오늘 아침엔 꼭 하이드 씨와 이야기해야 합니다. 혹시 회의 중 쉬는 시간에라도 제게 연락해달라고 말씀해주시겠어요?"

◇ "이제 막 휴가에서 돌아오셨으니 무척 바쁘시다는 것 저도 잘 압니다. 하지만 금요일 아침에 딱 20분만 할애해주세요. 그 이상의 보상을 얻으실 겁니다."

여기서 중요한 건 무엇을 어떻게 말하느냐다. 부탁에 대한 반응은 요청자의 태도에 따라 달라진다. 다음과 같이 접근하면 어떤 결과를 가져올지 알아보자.

병원에 전화해 가정 방문을 요청하는 상황이다.

1. "안녕하세요, 제 아들이 몸살 기운이 있어요. 주말 내내 목 상태도 좋지 않았고요. 오늘 아침에 의사 선생님이 좀 와주셨으면 하는데 오후 1시~2시 사이도 좋고요. 그 후엔 쇼핑을 가야 해서요."
2. "월요일 아침이라 의사 선생님께서 유독 바쁘시겠지요. 그래도 최대한 빨리 저희 집으로 와주셨으면 해요."

보험 청구 사례도 한번 살펴보자.

1. "당장 폭우 피해를 보상해주세요. 신청서 보낸 지 2주나 됐다고요. 당신네 회사의 대처가 참 실망스럽네요."
2. "접수한 지 벌써 2주가 지났어요. 그사이 은행 휴일이 있기도 했고, 폭우 피해 보상 신청도 밀려 있다는 건 잘 압니다. 그런데 저도 생활이 힘들어서요. 빨리 좀 처리해주시겠어요?"

위의 두 독촉 전화 중 어느 쪽이 먼저 처리될지 자명하지 않은가?

사실상 우리는 매일같이 누군가에게 뭔가를 부탁해야 하는 상황에 맞닥뜨린다. 그리고 그들의 협조를 이끌어낼 수 있도록 설득해야 한다. 원하는 반응을 얻으려면 전화 통화의 태도가 매우 중요하다.

업무상 통화

○

비즈니스 세계에서는 전화 통화로 다음과 같은 업무들을 처리해야
한다.

◇ 특정 기관에 대한 정보를 수집한다.

◇ 당신이 상대해야 할 사람의 이름을 알아낸다.

◇ 그 사람과 대화한다.

◇ 미팅을 잡는다. (또는 업무를 마무리한다.)

위와 같은 일련의 과정은 처음부터 끝까지 세심하게 처리해야 한
다. 당신은 먼저 누군가에게 정보를 요청한다. 그리고 당신의 제안을
담당하게 될 사람에게 메시지를 전달해달라고 부탁한다.

당신이 전화로 처음 소통하게 될 사람은 결정권자의 비서인 경우
가 많다. '검열관'으로서 상당한 권력을 발휘하는 비서는 무의식적으
로 당신에 대한 첫인상을 결정한다. 만약 당신의 목소리에서 환한 미
소와 기쁨이 느껴지는 한편 비굴하게 들리지는 않는다면 일단 첫 번
째 관문을 통과할 수 있다. (이때 당신은 억지웃음을 짓지 않았다. 만약 그
사람의 사무실에 직접 방문해 비서를 만났더라도 분명 유쾌하게 웃었을 것이
다. 그저 어쩌다 전화 통화부터 하게 됐을 뿐이다. 뭐가 다르겠는가?)

문제는 이 비서에게 전화하는 사람 중 상당수가 자신의 제안에 관
심을 갖게 해보려고 온갖 수를 쓴다는 점이다. 그리고 그들 중 상당수
가 별 볼 일 없다. 접근 방식부터가 프로답지 못하니 말이다. 그 결과

갈수록 더 견고한 장벽을 쳐서 결정권자와 직접 소통하기가 힘들어진다. 미국의 풍자 작가이자 비평가인 도로시 파커는 전화벨이 울릴 때마다 이렇게 말했다. "이 잡것은 또 뭐야?"

직장인들은 늘 스트레스에 찌들어 있고 끊임없이 시간에 쫓긴다. 내부 회의, 메모 및 이메일 체크, 인력 문제 해결, 업무 관련 잡지 검토, 출장, 방문객 응대 등 하루 24시간도 턱없이 모자라다. 시간이 금인 것이다. 그러므로 원하는 사람과 가까스로 연결되면 귀 기울일 만한 이야기부터 풀어놔야만 한다.

전화를 통한 접근법을 단계별로 살펴보자. 당신의 목표는 이 기관이 당신의 제안에 흥미를 느낄 것인지 가늠해보고, 관련 업무 담당자가 누구인지 알아본 뒤, 가능하다면 그 사람과 통화하는 것이다. 단계는 다음과 같다.

1. 해당 기관의 안내원에게 문의한다.

2. 관련 업무 담당자나 결정권자의 비서 혹은 관련 부서 직원과의 연결을 요청해 통화한다.

위의 두 단계가 성공적으로 진행된다면 다음 단계를 실행하자.

3. 결정권자와 직접 통화한다.
4. 고대하던 다음 단계로 넘어간다. 즉, 결정권자와 미팅 날짜를 잡는다.

이 같은 시나리오는 대부분의 기업들이 첫 거래를 틀 때 일반적으로 따르는 패턴이기도 하다. 각 단계를 통과해야 목표 지점에 무사히 도착할 수 있다. 만약 이 중에서 어느 단계든 제대로 대처하지 못하면 모든 것이 수포가 되고 만다.

일반적으로 좋은 첫인상을 남길 기회는 두 번 주어지지 않는다! 이 원칙은 대면 상황뿐만 아니라 전화 통화 시에 더 확실히 적용된다. 당신의 노력은 3단계가 아닌 1단계부터 시작된다. 이 장애물을 통과하면 실전이 시작된다. 자, 이제 실전 단계들을 구체적으로 살펴보자.

첫 번째 접촉

"여행 매니저는 젠킨스 씨예요." 안내원이 당신에게 말한다.

이제 담당자가 누구인지 알아냈지만, 당신 앞에는 아직 그의 비서가 가로막고 있다.

당신: 젠킨스 씨와 통화할 수 있을까요?

안내원: 우선 비서 분을 연결해드릴게요.

당신: 아, 비서 분 성함을 알 수 있을까요?

안내원: 네, 실비아 씨예요.

당신: 혹시 성도 아시나요?

안내원: 네, 트렌치, 실비아 트렌치예요.

(이제 비서와 전화 연결이 되었다.)

비서: 젠킨스 씨 사무실입니다. 말씀하세요.

당신: 실비아 트렌치 씨 되세요?

비서: 네, 맞습니다.

누군가의 이름을 기억하는 예의를 갖추면 보상이 돌아온다. 당신이 상대방의 존재감을 드러내주었기 때문이다. 비서들은 대부분 스스로를 상사의 개인 조수 정도로 인식한다. 비서라는 직함 자체가 그런 의미를 지니고 있기도 하다. 하지만 안내원은 (만약 계약직이거나 신입이라면 더더욱) 이 칭호의 의미까지는 생각하지 않는다. 부디 다른 사람들처럼 비서를 비서라고 부르는 실수를 저지르지 않길 바란다. 당신이 그들을 개인 조수 정도로 여긴다는 내색을 조금이라도 내비치면 그들의 호의는 기대할 수 없을 것이다.

누군가의 비서를 대할 때는 반드시 이름을 부르며 인간 대 인간으로 접근하자. 그것만으로 그들의 관심은 물론 호의까지 얻을 수 있다. 당신은 위계질서만 존재하는 사무실이라는 정글에서 모두가 항상 찾아 헤매는 정체성을 확인해주었다.

자, 이제 좀 더 까다로운 절차로 넘어갈 차례다. 그들의 정체성을 확인했으니 이제 당신의 정체성을 각인시켜야 한다.

바로 이 단계에서 일이 잘 풀릴지 아니면 무산될지가 결정된다. 문제는 바쁜 상사에게 연결할 전화를 검열하는 비서들 중 이따금 방어 본능을 과도하게 발휘하는 이들이 있다는 사실이다. 그들의 과잉 방어로 심지어 상사가 충분히 관심을 가질 만한 사안들이 차단되기도 한다. 그러므로 반드시 결정권자와 직접 통화할 수 있도록 해야 한다.

여기에는 전제 조건이 있다. 바로 정중한 태도다. 이는 다른 무엇으로도 대체할 수 없다. 우리는 친근하면서도 깍듯한 사람을 좋아하지만 최소한의 예의만 제대로 갖춰도 절반은 성공이다. 귀찮아서 굳이 그런 것까지 신경 쓰지 않는 사람들이 태반이기 때문이다. 그다음 과제는 당신을 중요한 사람으로 인식하게 하는 것이다. (물론, 당신은 중요한 사람이지만 여기서 핵심은 상대방에게도 그렇게 들려야 한다는 점이다.) 비서라는 검열관에게는 그것만이 중요하다. 전화 통화로는 얼굴을 대면할 수 없는 만큼 무엇을 어떻게 말하는가에 따라 당신의 인상이 달려 있다.

위의 사례를 이어가보자. 당신은 혹시 젠킨스 씨와 통화가 가능할지 물었다.

> 비서: 어디에서 전화를 주셨는지 알 수 있을까요?
>
> 당신: 네, 물론이죠. 저는 MBI 인터내셔널의 ○○○라고 합니다. 콘퍼런스 패키지 문제로 젠킨스 씨와 통화해야 해서요.
>
> 비서: 이전에도 통화하신 적이 있나요, ○○○ 씨?

당신: 아뇨, 아직 못 했습니다만.

비서: 지금 가능하신지 확인해볼게요.

(잠시 후)

비서: 지금은 다른 일정이 있으십니다. 메모를 남기시겠어요?

당신: 아, 이게 그럴 수 있는 문제가 아니어서요. 그분과 직접 논의해야 해요, 트렌치 씨. 오래 걸려도 좋으니 제가 기다릴게요. 5분 정도만 통화하면 됩니다.

비서: 그럼 잠시만 기다리세요, ○○○ 씨.

(잠시 후)

젠킨스: 젠킨스입니다.

당신은 비로소 비서의 검열을 뚫는 데 성공했다. 하지만 결정권자도 까다롭게 구는 걸 즐길 수 있다는 사실을 잊지 말자. 전화 통화를 거부함으로써 권력을 만끽하고 만족스러워하는 사람들도 분명히 존재한다.

비서들의 관점에서 생각해보자. 그들은 자신의 상사에게 일을 제대로 처리하지 못하는 사람으로 평가받길 원치 않는다. 실제로 이런 원칙에 지나치게 집착하는 이들도 있지만, 전화 건 사람의 태도에 따라 얼마든지 좋은 인상을 주고 또 원하는 걸 기분 좋게 손에 쥘 수 있다.

결정권자는 자신의 귀한 시간을 내달라고 요구하는 침입자가 어떤 사람인지 용건은 무엇인지 비서에게 물어볼 것이다. 이제 통화 성사 여부가 순전히 비서의 설득에 달린 것이다.

통화의 포문 열기

마침내 목표했던 사람과 연결됐다면 비록 전화상일지라도 당신은 그들에게 예기치 않은 손님일 뿐이다. 당신은 이 사실을 염두에 두고 대화를 시작해야 한다.

아마 그는 뭔가를 하던 중 당신을 맞이했을 것이다. 따라서 현재 그가 어떤 상태일지 당신은 알지 못한다. 위기감을 느끼는 중일 수도 있고, 오늘 아침 해외 출장에서 돌아온 참일 수도 있다. 어딘가 아팠다가 낫는 중일 수도 있고, 강풍으로 집 지붕이 날아가버린 상황일 수도 있고, 한창 미팅 중일 수도 있다. 하지만 그게 무엇이든 당신에게는 말하지 않을 게 분명하다. 그러니 이제 모든 게 당신에게 달렸다. 지금이야말로 ESP(공감+진심→설득)를 활용할 때다. 당신의 공감 능력을 발휘해 상대방의 마음을 들여다보자!

"시간 내주셔서 감사합니다, 젠킨스 씨. 짧게 말씀드릴게요."

이렇게 말하는 것만으로 당신은 두 가지 지점에서 신뢰를 얻었다. 첫째, 그들이 바쁘다는 사실을 인지했다는 것, 둘째, 당신이 말하는 동안 그들이 집중할 수 있는 여건을 조성했다는 것이다. 짧게 말하겠다고 약속했기 때문이다. 그 한마디가 그들에겐 아름다운 음악 소리처럼 들렸을지도 모른다.

그 사람의 입장에서 한번 생각해보자. 아는 누군가가 전화를 걸어왔는데 당신은 할 일이 태산이다. 만약 그 사람이 장황하게 말하는 스타일이라면 당신은 이런 생각부터 들 것이다. '아, 피곤하겠군.' 결국 시큰둥하게 통화를 시작한 당신은 상대방이 말하는 내내 마지막 멘트를 기다리느라 주의가 산만해진다. 그러니 내용을 제대로 파악할 리

만무하다.

사람들은 곤란한 전화일지라도 마지못해 받는 경우가 허다하다. 거절하기 곤란하거나 이미 여러 차례 거절했던 터라 이제는 완전히 정리할 심산일 수도 있다. 처음부터 아니다 싶었는데 이제 마지막 결전의 순간이 닥친 것이다.

그런데 상대방이 "짧게 할게요"라고 말하는 순간 방어 태세가 무너질 확률이 높다. 그 말 한마디 덕분에 관심을 갖고 귀 기울이게 되는 것이다. 편안한 마음으로 내용에 집중할 수 있다.

사람들 중에는 용건부터 이야기하는 걸 선호하는 유형이 분명 존재한다. 통화 주제에 온통 관심이 쏠려 있는데 혼자 계속 서론만 이야기하고 있어봐야 득이 될 게 없다. (이러한 유형에 관해서는 9장에서 살펴보겠다.)

느긋하고 단조로운 어조로 전화 통화를 길게 이어가는 사람들도 많다. 화두를 던져놓고 늘 다른 길로 새는 바람에 매듭을 짓지 못하기도 한다. 그들의 대화나 독백은 이런 식으로 흘러간다. "어쩌면 이렇게… 그러니까 만약 계약을 최소한으로… 아니면 제가 할 수 있는 걸 볼 수도 있을 듯하고요…" 도무지 끝날 줄을 모른다. 시작도 끝도 없으니 결실도 있을 수 없다.

물론, 이렇게 깎아먹은 점수를 직접 만나는 자리에서 단박에 회복할 수도 있다. 하지만 전화상으로는 오로지 메시지 전달에 사활을 걸어야 한다.

스스로 자신에게 물어보자. "전화기 너머에서는 과연 무슨 일이 일어나고 있을까?"

미팅 잡기

다음 두 가지 상황 중 어떤 경우가 더 나은지 생각해보자.

첫 번째 상황

직원: 네, 광고 솔루션입니다. 무엇을 도와드릴까요?

당신: 안녕하세요, 혹시 현재 콘퍼런스 담당하시는 분이 누구인지 알 수 있을까요?

직원: 글쎄요, 전 임시직이어서요. 한번 알아볼 테니 잠시만 기다려주세요. 어디보자⋯. 아, 잠시 다른 전화 좀 받고요. 자, 콘퍼⋯ 잠시만요. 죄송해요. 좀 기다리시겠어요?

당신: 네.

3분간 대기 음악과 함께 "당신의 전화는 소중합니다"라는 멘트가 흐른다.

직원: 고객 센터에 문의해봤는데 경우에 따라 다르다고 하네요.

당신: 어떻게 다른가요?

직원: 아, 저도 잘은 모르겠어요.

당신: 그냥 직접 연결해주세요.

직원: 잠시만요.

2분 후.

직원: 다시 물어보니 스티드 씨 같다고 하네요. 비서 분께 연결해 드릴게요. 그런데 자리에 계신지는 모르겠어요. (버튼 누르는 소리)

스티드: 네, 스티드입니다. (다급하고 짜증스러운 목소리) ☹

당신: 아, 스티드 씨. 바로 연결됐네요. 저는 탑노치 호텔의 ○○○입니다. 저희가 훌륭한 회의 시설을 갖춘 5성급 호텔을 개관하게 돼서요. 귀사와 같이 영화 상영이나 유명 인사 만찬을 주관하는 여러 기업이 러브콜을 주고 계세요. 직접 만나 뵙고 설명드리고 싶은데 화요일 오전 9시 15분이나 목요일 오후 2시 30분 중 언제가 좋으실까요? ☹

스티드: 아, 둘 다 안 됩니다.

당신: 네? 무슨 뜻이신지….

스티드: △△ 씨, 그래서 정확히 무슨 말씀을 하고 싶으신 거죠?

당신: 말씀드렸지 않습니까, 새 호텔이요.

스티드: 소속이 어디시라고요, △△ 씨?

당신: 탑노치 호텔입니다. 사실 제 이름은 ○○○이고요.

스티드: 그렇군요. 죄송합니다. 어… ○○○ 씨. 제가 지금 미팅 중인데 비서가 아직 안 왔어요. 번호를 남겨주시죠.

당신: 제 번호는… 어… 그러니까…. ☹

스티드: 15분 후 다시 전화드릴게요. 그럼 끊겠습니다, △△ 씨.

두 시간이 지났지만 감감무소식이다.

두 번째 상황

직원: 네, 광고 솔루션입니다. 무엇을 도와드릴까요?

당신: 네, 요새 콘퍼런스를 담당하시는 분이 누구신지 알 수 있을까요?

직원: 확인해보겠습니다. 잠시 기다려주시겠어요?

당신: 물론이죠, 감사합니다.

직원: (잠시 후) 고객 센터에 문의하니 콘퍼런스 주제에 따라 다르다고 하네요.

당신: 그렇군요, 알겠습니다. 혹시 고객 센터에 직접 연결해주실 수 있나요? 그게 더 편할 것 같아서요.

직원: 네, 성함이 어떻게 되시죠?

당신: ○○○입니다.

직원: 연결해드릴게요, ○○○ 씨.

고객 센터: 고객 센터의 엠마 필입니다. ○○○ 씨인가요?

당신: 네, 안녕하세요? 콘퍼런스 기획 담당자를 알고 싶어서요.

고객 센터: 그렇군요. 스티드 씨가 담당하고 있어요. 제가 도와드릴 일이 있을까요?

당신: 음, 가능하다면 스티드 씨와 저희의 새 호텔에 관해 잠시 이야기를 나누고 싶은데요. 사실 저는 본사인 몬테카를로에 근무하고 있어서 얼마 뒤 또 떠나야 하거든요. ☺

고객 센터: 비서 분께 연결해드릴까요?

당신: 그게 좋겠네요. 감사합니다, 필 씨.

고객 센터: 자리에 계신지 한번 확인해볼게요. (버튼 누르는 소리)

○○○ 씨, 비서 분이 전화를 안 받으시네요. 스티드 씨께 바로 연결해드릴게요.

스티드: 네, 스티드입니다.

당신: 스티드 씨, 고객 센터의 필 씨가 전화를 이쪽으로 연결해주셨네요. 저희 회사는 탑노치라는 호텔입니다. (잠시 말을 멈추고) 제 이름은 ○○○입니다. (한 번 더 멈추고) 잠시 통화할 수 있을까요? ☺

스티드: 네, 사실 지금 손님이 와 계시거든요. 그래도 말씀해보시죠. 용건이 뭔가요?

당신: 아, 제가 곤란한 시간에 전화를 드렸군요. 나중에 여유로우실 때 다시 전화드릴까요? 그게 나을 것 같습니다. ☺

스티드: 좋습니다. 11시 30분즈음에 끝날 거예요.

당신: 알겠습니다. 그때 다시 전화드리죠.

스티드: 실례지만 성함이 어떻게 된다고 하셨죠?

당신: 회사는 탑노치 호텔이고, 저는 ○○○입니다.

스티드: 그렇군요. 나중에 다시 통화하시죠, ○○○ 씨.

당신: 네, 감사합니다.

11시 35분.

당신: 스티드 씨, 한 시간 전 통화했던 ○○○입니다.

스티드: 네, ○○○ 씨. 탑노치 호텔 맞죠? 무슨 일로 전화를 주셨을까요? ☺

당신: 음, 저희가 칸에 5성급 호텔을 새로 개관했습니다. 귀사에서 충분히 활용하실 만한 시설이라 생각합니다.

스티드: 그렇죠. 저희는 모든 종류의 호텔을 이용하니까요. 고객은 물론이고 저희 직원들을 위해서도요. 일례로 현재 스위스 생모리츠에서 프로젝트를 진행하면서 안락하고 품격 있는 호텔을 이용하고 있습니다. 아주 안정적이고 평판도 좋아요. 시설도 훌륭하고요. 고급 실내 수영장을 갖춘 스파가 있어 일부 직원들이 주말 내내 그 호텔에 묵은 걸로 압니다. 일하면서 여가까지 즐기는 거죠. 안 그래요, ○○○ 씨?"

당신: 당연한 말씀입니다.

스티드: 언제 미팅을 하고 싶다고 하셨죠? 이번 주는 그 프로젝트 때문에 아주 바빠서요.

당신: 네, 사실 시간이 며칠밖에 남지 않아서 혹시 화요일 오전 9시 15분은 어떠세요? 그때가 안 되면 목요일 오후도 좋고요.

스티드: 목요일이 낫겠네요. 2시 30분 괜찮으세요?

당신: 네, 2시 30분에서 45분 사이에 가도록 하겠습니다. 혹시 주차할 곳을 찾기 어려울까 봐요.

스티드: 좋습니다. 저희 건물 뒤편 주차장을 이용하시면 됩니다. 제 이름을 대시고요.

당신: 감사합니다. 그럼 그때 뵙겠습니다.

스티드: 네 들어가세요, ○○○ 씨.

설득의 디테일

수화기 너머에서는

아마 당신도 이러한 상황이 낯설지는 않을 것이다. TV에서 아주 오래전에 봤던 영화를 방영한다. 추억이 물밀 듯 밀려들면서 영화에 완전히 빠져든다.

이때 전화벨이 울리고 당신은 리모컨으로 TV 볼륨을 낮춘다. 대체 누가 방해하는 거냐고 투덜대면서 수화기를 집어든다.

> 존: 여보세요.
>
> 톰: 아, 존? 나 톰이야.
>
> 존: 아, 톰. 그래.
>
> 톰: 목소리가 평소랑 다르네? 아무튼 들어봐. 지난달에 베니스에 있는 그 호텔에 대해 얘기했던 거 기억나? 아, 잠깐만 존. 서맨사, 저리 가. 아빠 통화 중이잖아. 가서 엄마가 장난감 치우는 것 좀 도와드려. 아니, 안 돼…. 미안해 존. 이제 괜찮아. 어디까지 말했더라? 어쨌든 두 사람은 어때? 잘 지내지?
>
> 존: 어, 어…. 그냥 그렇지 뭐. (상당히 퉁명스럽다.)
>
> 톰: 그 호텔 이름 기억나, 존?
>
> 존: 무슨 호텔? (무음 모드인 TV를 쳐다본다.)
>
> 톰: 베니스에 있는 호텔 말이야. 운하 옆에 있었던.

비슷한 내용의 대화가 이어진다.

공사를 막론하고 이런 상황은 매일같이 발생한다. 통화가 끝난 후 톰의 아내가 톰에게 이렇게 묻는다면 과연 뭐라고 대답할까?

"그래서 존은 어떻게 지낸대? 그 호텔 이름은 기억난대?"

톰: 음…. 그게 말야. 존이 좀 이상하네.

아내: 이상하다고? 어떻게?

톰: 좀 퉁명스러워. 원래 늘 유쾌한 성격인데 말야.

아내: 조안나랑 헤어진 거 아니고?

톰: 그건 아냐.

아내: 아니면 우리가 화나게 한 일이 있나? 존한테 돈 빌린 거 없
지? 아니면 뭔가 빌려 쓰고 안 돌려준 거 아니야? 우리가 준 생일
선물이 마음에 안 들었을 수도 있고. 내가 보기엔 괜찮았지만.

톰: 아니, 내 생각엔 그런 건 아닌 것 같아. 어쨌든 확실히 이상하
기는 했어. 내 말에 계속 시큰둥하더라고. 상관없다는 듯 말이야.

아내: 사람들이랑 같이 있었나 보지. 그건 물어봤어?

톰: 아니, 물어볼걸. 그래, 그럴 수도 있겠다. 전화를 끊는데 '퍼시
갤로어' 어쩌고 하더라고.

이 얼마나 웃지 못할 상황인가! 두 사람 다 전화 통화 때문에 기분
만 언짢아졌다. 톰은 존 때문에 영화 〈골드핑거〉의 주요 장면을 놓쳐
서 속상하고, 톰은 존 때문에 신경 쓰이게 된 것이다. 나중에 영화가
끝나면 존은 전화 통화 내용을 곱씹으며 아마 이렇게 생각할 것이다.
'음, 내가 톰한테 너무 퉁명스러웠나? 설마 기분이 상하진 않았겠지?'
　문제는 아주 간단하다. 직장이나 집에서 누군가에게 전화를 걸 때,
상대방이 정원을 가꾸든, 보고서를 쓰든, 인터넷 서핑을 하든, 식사 중

이든, 싸우는 중이든, 회의 중이든, 위기에 맞닥뜨렸든, TV를 보든 그들에게는 무조건 방해가 되는 법이다. 하지만 유독 심하게 방해되는 경우가 있다.

만약 통화가 연결됐을 때 톰이 다소 성급하게 인사부터 하는 대신 마음을 기울여 존의 입장을 헤아려봤다면, 곧 공감 능력을 발휘했다면 어땠을까?

"존, 나 톰이야. 뭐 하고 있었어? 잠시 통화 가능해?"

"어, 괜찮아. TV에서 <골드핑거>가 나와서 보고 있었어. 이 영화 봤던 게 벌써 몇 년 전인가 몰라."

"난 안 봤는데. 영 관심이 안 가더라고. 마티니를 흔들지 않고 저어서 마시는 게 말이 돼? 그럼 내가 10시에 다시 전화할게. 급한 일은 아니야. 이따 얘기하자고."

"아니…"

"괜찮아. 10시에 다시 통화해. 일단 끊어."

톰의 대처가 이전과는 완전히 딴판이다. 무엇보다 톰의 세심한 배려에 존은 내심 고마웠을 것이다. 이 정도 호의를 당연하게 여길 사람은 없다. 그러니 존은 10시 무렵 톰보다 먼저 전화할 게 분명하다. 게다가 톰의 말을 귀 기울여 들을 것이다.

사람들은 마음이 다른 데 있을 때 상대방의 말에 집중하지 못한다. 또다시 집중력이 분산되는 것이다. 하지만 이런 일이 자주 일어나선 안 된다. 전화로 전달하는 메시지는 상대방이 온전히 집중할 때만 효과적으로 전달된다.

> 상대방의 전화로 방해받거나 곤란한 상황에 처해도
> 사람들은 대부분 그런 사실을 내색하지 않는다.

상대방의 어조에서 처한 상황을 파악하는 것은 당신 몫이다. 전화에서 가장 중요한 건 목소리라는 사실을 기억하고, 이에 어떻게 대처할지 결정하자. 당신이 먼저 주도권을 잡는 게 유리하다.

타이밍

○

만약 타이밍을 잘못 잡아 상대방을 곤란하게 만들었다가는 그와의 관계는 물론 제품 판매, 임금 인상, 배관 고장 신고, 무역 박람회 방문, 휴가 요청에 이르기까지 여러 가지가 끝장날 수 있다. 그리고 대부분 기회는 두 번 다시 오지 않는다. 앞서 살펴본 한 가지 사실이 기억나는가. 사람들은 일단 요청을 거절하고 나면 번복하는 경우가 거의 없다. 그랬다가는 자신이 우유부단한 데다 실수까지 하는 사람으로 비쳐지기 때문이다. 만약 자신이 틀렸으며 성급한 결정을 내렸다는 사실을 깨닫더라도 그대로 밀고 나갈 수밖에 없을 것이다.

그렇다면 성급히 결정을 내려야 했던 이유는 무엇인가? 그들이 바빠 당신과 그만 헤어지고 싶었기 때문이다. 만약 당신이 상대방의 바쁜 상황을 알아차리고 나중에 전화할 것을 제안했다면 상황은 다르게 전개됐을 것이다. 현실을 직시하자. 시간은 촉박하고 마음은 다른 데 있는 상대방의 입장에서 보면 일단 거절하는 게 가장 합리적이다.

그래서 무엇보다 타이밍이 중요하다. 만약 상대방의 목소리가 부자연스럽고 통화하기에 적합한 상황이 아니어서 어떤 말을 해도 소용이 없겠다는 판단이 들면 나중으로 미루는 게 낫다. 상대방이 그렇게 제안할 때도 있겠지만 웬만하면 당신이 먼저 말을 꺼내는 게 좋다. 잃을 게 더 많은 쪽은 당신이기 때문이다.

이 명제는 상당히 중요하므로 한 번 더 강조하겠다. 전화 통화할 때 이야기를 이어가도 되는 때와 안 되는 때를 정확히 분별할 수만 있어도 결과는 천지차이다. 언제나 주어진 상황부터 살펴보자. 그에 따라 승패가 달라진다.

상대방이 누군가와 함께 있을 때

○

사무실로 전화를 걸면 상대방이 다른 사람과 함께 있는 경우가 많다. 그럴 때 상대방은 보통 양해를 구하고 나중에 통화하자고 말한다.

"지금 미팅 중이라 제가 나중에 전화해도 될까요?"
"지금 손님이 와 계시니 나중에 다시 전화해주시겠어요?"

첫 번째 예시처럼 상대방이 다시 전화하겠다고 하면 그냥 당신이 하겠다고 말하는 게 낫다. 상대방이 잊어버릴 확률이 높기 때문이다. 당신은 과연 전화가 언제 올지 궁금해하며 기다리지 않아도 된다. 만약 상대방이 기억한다고 해도 당신과의 통화는 그리 중요한 일이 아니다. 처리해야 할 업무들의 우선순위에서도 당신과의 통화는 분명 뒷전일 것이다.

그래도 상대방이 다른 사람과 같이 있다고 알려준다면 운이 좋은 것이다. 그 사실을 언급하지 않는 경우도 허다하기 때문이다. 모든 문제는 거기서 시작된다.

문제는 사람들이 누군가가 함께 있을 때면 평소와 다른 태도로 이야기한다는 점이다. 그 이유는 다음과 같다.

◇ 예민해서
◇ 함께 있는 사람에게 좋은 인상을 남기고 싶어서
◇ 함께 있는 사람을 기다리게 만드는 게 신경 쓰여서
◇ 함께 있는 사람에게 통화 내용을 알리기 싫어서

당신의 집이나 사무실에서 혼자 있을 때 통화해보자. 이렇게 익숙하고 편안한 공간에서 통화하면 훨씬 유창하게 말할 수 있을 것이다. 본인이 무슨 이야기를 하는지 스스로 검열할 필요도 없다. 곁에서 당신의 말을 듣고 있는 사람은 아무도 없다. 두 사람만의 은밀한 대화인 셈이다.

이러한 상황과 당신에게 손님이 있는 상황을 비교해보자. 후자의 환경이라면 당신은 좀 더 사무적으로 말하게 될 것이다. 심지어 평소처럼 친근하지도 유쾌하지도 않을 수 있다. 신중하게 단어를 고르느라 부자연스럽고 버벅댈 수밖에 없다. 옆에 있는 사람이 당신의 대화를 엿듣고 있다는 사실을 의식하기 때문이다.

만약 누군가의 관심을 얻기 위해 처음으로 전화를 걸었는데 그에게 손님이 와 있는 상황이라면 곤란해질 수 있다. 상대방은 상사든 누구든 같이 있는 사람에게 늘 깊은 인상을 남기고 싶어 한다. 그래서 자신을 과시하기 위해 당신을 막 대할 수도 있다. 그 자리에 있던 사람들은 이 같은 허세를 지켜보며 다음의 메시지를 전달받는다. '내 소중한 시간을 낭비했다가는 이런 대접을 받을 테니 똑똑히 봐둬.'

당신에게는 아무 문제가 없다. 전화 매너는 훌륭하고 제안 사항도 솔깃하다. 그럼에도 상대방은 일부러 당신의 전화를 거부할 것이다. 지켜보는 사람들에게 영리하고 막강한 사람으로 비춰지길 바라기 때문이다.

그들이 누군가와 함께 있을 때 전화가 오면 대화를 잠시 중단시킬 수밖에 없다. 물론 비서, 거래처 직원, 담당자, 광고 에이전시 관계자, 회계사 등 대화 상대에 따라 중요도가 달라진다. 상대방이 나중에 전화해달라고 요청하면 다행이지만 그러지 않는 사람도 많다. 그래야

함께 있는 사람들이나 당신을 불편하게 만들 수 있기 때문이다.

상대방이 전화는 받았는데 통 집중하지 못한다면 함께 있는 사람들이 그를 기다리고 있기 때문일지도 모른다. 그 사람들의 시간도 소중하지 않겠는가. 상대방이 당신의 전화를 끊는 손쉬운 방법은 제안 내용과 관계없이 거절하는 것이다.

이미 논의한 내용을 구체화하고자 전화하는 경우도 있다. 그런데 상대방은 자신이 도르도뉴에 위치한 작은 집 매입을 고려하고 있다거나, 자쿠지를 사려는 참이라거나, 프로젝트를 위한 컨설턴트 채용을 고민 중이라는 사실을 그 자리에 있는 다른 사람에게 알리고 싶지 않다. 이러한 이유로 당신과의 대화는 지나치게 형식적이거나 무미건조하게 진행될 수밖에 없고, 당신은 그가 더 이상 흥미가 없다고 생각하게 된다.

만약 전화한 상대방이 누군가와 함께 있다면 그들의 말투를 읽어내기 위해 노력해야 한다는 사실을 명심하자. 이를 통해 당신의 제안이나 요구 사항을 빠르게 브리핑해도 될지, 아니면 좀 더 적절한 때를 기다려야 할지 알 수 있다.

누군가와 첫 통화를 하게 되었을 때, 혹시 지금 통화가 괜찮은지 확인해봐야 한다. 다행히 타이밍이 좋아 '필터'를 통과한 경우에도 이 같은 제스처가 당신에 대한 호감도를 높여줄 수 있다.

> 지금이 어떤 요구나 제안을 하기에 괜찮은 타이밍인지,
> 아니면 차라리 나중을 기약하는 게 더 좋은지 가늠해보라.

전화를 끊으면서 이렇게 생각했던 적이 얼마나 많은가? '이상하군. 지난주 미팅 때는 분명 관심을 보였는데. 무슨 일이 있었나? 그때와 반응이 완전히 다르잖아. 너무 날카로운데?'(상대방 역시 당신을 두고 이렇게 생각한 적이 얼마나 많겠는가?)

상대방의 말투가 달라지고 이전만큼 호의적이지 않은 이유는 지금 그가 누군가와 함께 있기 때문이다. 당신은 이러한 상황을 빠르게 감지해야 한다. 만약 첫 통화 시에 전혀 개의치 않고 용건부터 말했다간 단박에 거절당할 뿐만 아니라 다음 기회까지 얻지 못할 것이다.

조금이라도 의구심이 든다면 혹시 지금 통화하기 곤란한지 확인해 보자. 그게 바로 상대방의 입장을 헤아리는 태도이며, ESP의 힘을 발휘하는 순간이다.

타인을 설득해야 하는 상황에서 가장 중요한 것은 타이밍이다. 우리는 누군가 완전히 똑같은 방식으로 접근해 오더라도 본능적으로 때에 따라 전혀 다른 반응을 보이기 마련이다. 어떨 땐 기분이, 어떨 땐 환경이 그와 같은 반응을 결정한다. 이는 아무리 강조해도 지나치지 않다. 타이밍이 안 좋을 때 중요한 이야기를 꺼냈다가는 영영 묻히고 마는 수가 있다. 적당한 시기가 올 때까지 기다리는 게 목표 달성의 지름길이다.

아마 가정에서 당신은 타이밍을 기막히게 잡아낼 것이다. 그래서 뭔가 중요한 이야기를 꺼내야 하면 분위기가 충분히 무르익을 때까지 잘 기다린다.

"여보, 좀 앉아 봐. 샤르도네 와인 한잔 줄까? 자, 마셔 봐. 오늘 미팅은 어땠어? 잘 됐구나. 너무 다행이다. 다음 달부터 월급은 오를 것 같아? 정말 반가운 소식이네. 한 잔 더? 여기. 당신 9월에는 쉬겠다고 이야기했었지? 마침 에밀리가 『데일리 메일』에 실린 지중해 크루즈 여행 패키지를 보여주더라고."

반면, 직장에서는 전망 좋았던 사업이 한순간에 물거품이 되는 경우가 허다하다. 전화 건 사람이 본론으로 들어가기 전 직감적으로 상황 파악부터 해야 한다는 사실을 이해하지 못했기 때문이다. 당신이라면 고객이 2주간의 휴가를 마치고 돌아온 다음 날 아침 9시 15분부터 전화를 걸어 떠나기 전날 저녁에 논의했던 사안을 이야기하겠는가? 다니고 있는 회사가 다른 회사에 인수 합병될 예정이라는 씁쓸한 소식이 전해지던 날 아침에 상사인 상무한테 전화해 회사 차를 새로 뽑았다고 떠벌릴 것인가?

사람들은 보통 기분이 좋고 홀가분할 때, 문제가 잘 풀릴 때 긍정적으로 반응하는 경향이 있다. 누군가에게 무언가를 요구하려면 영리하게 때를 기다려야 한다. 다시 말해, 상대방이 가장 집중력이 높을 때 전화하라는 뜻이다. 이 같은 통찰력은 사적 영역에서는 선택 사항일 수 있지만 비즈니스 세계에서는 필수 요소다. 언제나 명심하자. 그 효과를 우리는 알고 있다.

전화로 자기 소개하기

○

다시 젠킨스 씨와의 전화 통화로 돌아가보자.

마침내 젠킨스 씨와 연결이 됐다. 이제 한 번에 하나씩 차근차근 풀어가보겠다. 논의 도중 상대방의 이름을 한 번씩 불러주면 좀 더 친밀감을 조성할 수 있다. 당신은 그가 당신과 회사 이름, 적어도 둘 중 한 가지만이라도 기억해주길 바란다. 이에 비해 고객사 입장에서는 전화한 사람의 이름보다 회사 이름을 더 중요시한다는 연구 결과가 있다. 그래서인지 통화가 끝날 때쯤에야 상대방의 이름을 묻는 경우도 허다하다. (만약 그들이 공감 능력을 발휘할 수 있다면 처음부터 당신의 이름을 알아내 통화하는 내내 친근하게 대할 것이다.)

문제는 원하던 사람과 연결되면 대부분은 자신의 이름과 회사 이름을 한 문장으로 불쑥 말해버린다는 점이다. "안녕하세요, MBI 인터내셔널사의 저스틴 케이스라고 합니다. 괜찮으시다면 만나서 논의드리고 싶은데…" 어떨 때는 마치 부끄러워서 얼른 끝내려는 듯 속사포처럼 말하기도 한다. 사소한 건 대충 지나가도 된다는 듯이 말이다. 그런데 당신의 이름이나 회사 이름 중 사소한 것이 있는가? 절대 그렇지 않다.

한번 생각해보자. 우리는 '필요한 것'보다 '원하는 것'을 손에 넣는 데 수입의 대부분을 지출하는 시대를 살아가고 있다. 그래서 벽걸이 프로젝터, 적외선 손전등, 새로 나온 시리얼, 스포츠 이벤트 후원 등 차후 '원하는 것'으로 분류될 수 있는 상품과 서비스에 대한 정보가 필요하다.

상품이나 서비스를 소개하기 위해 예비 고객에게 전화할 때는 결코 위축된 모습을 보여서는 안 된다. 그들의 관심을 얻어내기만 하면 장시간 통화는 물론이고 미팅도 잡을 것이다. 결국 흥미로운 아이디어만 있다면 누구도 이를 놓치려 하지 않을 것이다.

따라서 전화로 자신을 소개할 때 상대방이 한번에 받아들일 수 있는 정보가 얼마만큼인지 가늠해보자. 아마 당신은 본인이 누구인지 확실히 각인시키고 싶을 것이다. 그렇다면 천천히 말하자. "좋은 아침입니다, 젠킨스 씨." 한 박자 쉬고. "여기는 MBI 인터내셔널사입니다." 또 한 박자 쉼으로써 상대방이 상황에 적응하고 정보를 기억할 수 있는 여유 시간을 만들어주어야 한다. 그럼 상대방은 자신의 두뇌 회로 속에서 혹시 아는 회사인지 신속히 더듬어본다. 이제 회사 이름이 접수되었으니 당신의 이름을 말할 차례다. "저는 ○○○입니다."

생각해보자. 당신은 누군가에게 당신의 회사명을 기억 속에서 끄집어내거나 새롭게 등록할 수 있는 여유를 주는 것이다. 그런 뒤에 당신의 이름도 잘 듣고 기억할 수 있는 시간을 선사한다. 그 결과 상대방은 단순히 낯선 목소리를 향해 이야기하고 있다고 느끼지 않는다. 이것만으로도 훨씬 유리해졌다. 왜일까?

◇ 목소리는 거절하기 쉽다.
◇ 사람을 거절하기는 어렵다.

당신에게 전화를 걸어 대뜸 자신의 이름과 소속 회사를 밝혔던 누군가를 떠올려보자. 만약 그때 미처 집중하지 못했다면 당신은 두 가지 정보 모두 못 들었을 것이다. 그 결과 그 사람과는 어떤 관계성도 느끼지 못할 뿐만 아니라, 분주한 가운데 내내 이 생각만 곱씹게 된다. '어떻게 해야 전화를 끊을 수 있지?'

요약해보자. 당신은 짧게 말하겠다고 했고 젠킨스 씨는 머릿속에 입력했다. 당신은 소속 회사명을 밝혔고 그는 이 또한 머릿속에 입력했다. 그런 뒤에 당신의 이름을 말했는데, 그가 기억하길 바라지만 그렇지 않더라도 나중에 이렇게 물을 것이다. "죄송하지만 그때 성함을 잘 못 들었어요."

당신이 또박또박, 여유 있게 말한다면 상대방은 마치 중요한 세부사항을 받아 적고 있는 듯한 느낌을 받을 것이다.

미팅 잡기

○

이제 당신이 누구인지 분명히 각인되었다. 이번에는 당신이 제공하는 서비스에 관심을 유도하고 가능하다면 미팅까지 잡을 차례다. 하지만 상대방으로부터 미팅 동의를 얻으려면 몇 가지 핵심 포인트를 확실하게 짚고 넘어가야 한다.

◇ 그들은 당신에게, 곧 당신이 대변하는 기업에 호감을 갖게 되었다.

◇ 당신이 제공하는 상품이나 서비스는 전망이 밝다. 따라서 미팅은 결코 시간 낭비가 아니다. 사실 그 시간에 보고서를 작성하거나 주요 회의에 참석하거나 골프를 치러 갈 수도 있겠지만 그 정도는 감수할 가치가 있다.

◇ 만약 양측이 합일점을 찾지 못하면 미팅은 언제든 취소할 수 있다. 이는 상당히 중요한 포인트로 아무리 강조해도 지나치지 않다. 전화상에서 느껴지는 고압적 태도 때문에 미팅이 취소되는 경우가 허다하다. 상대방이 이런 생각을 하도록 유도하기 때문이다. '통화할 때도 이렇게 제멋대로인데 우리 사무실(혹은 집)에 오면 어떻겠어?' 그러면 아무리 흥미로운 아이템을 갖고 있어도 시작조차 할 수 없다.

거절하는 일, 특히 직접 만나 거절하는 일을 좋아하는 사람은 아무도 없다. 차라리 애초에 전화로 거절하는 게 낫다. "관련 자료 좀 보내주세요"라고 방어벽을 친 뒤 그대로 끝낼 수도 있으니 말이다. 만약 또 전화가 오면 비서가 받아서 담당자가 문서를 살펴봤지만 지금은 관심이 없다는 식으로 둘러댈 수 있다.

상대방이 직접 만나 미팅할 때 얼마든지 거절해도 괜찮다고 느낄 수 있어야 하는데, 전화로 어떤 인상을 주느냐에 따라 그들의 미팅 동의 여부가 결정된다. 만약 당신이 먼저 미팅을 편안하게 여기는 태도를 보여준다면 성사 확률도 높아질 것이다.

하지만 대다수가 이러한 심리적 배경을 모르는 까닭에 가장 중요한 첫 미팅을 잡는 데 실패한다. 당신의 서비스에 대한 자신감은 전혀 문제가 되지 않는다. 오히려 이는 필수 조건이다. 그러나 자신감과 자만은 엄연히 다르다.

그들은 열의를 자신감으로 혼동하기도 한다. 열의에 찬 태도도 전혀 문제 될 게 없다. 하지만 어떤 경우에는 도를 넘는다. 그리하여 위선적인 대화 탓에 상대방은 결국 미팅을 거절하게 된다. 그들의 속마음은 이렇다. '이 서비스에 대해 한번 알아봐도 좋겠어. 안 그래도 요새 거래처가 실망스러워서 바꾸려던 참이니까. 그런데 이 사람 좀 거슬리는군. 일단 만나고 나면 계약할 때까지 쫓아다닐 것 같은데.' 상대방을 이렇게 만든 건 전화 건 사람의 책임이다. 자신을 제대로 어필하지 못한 것이다. 그들은 전화 받는 사람의 입장이 되어봤을까? 아니다. 결국 상대방은 부정적인 이유로 미팅을 거절한다. 안타깝다.

모자란 게 낫다

○

젠킨스 씨는 용건을 말하기에 앞서 짧게 끝내겠다는 제안에 한결 마음을 놓았을 것이다. 미팅을 잡을 때도 동일한 전략을 사용하면 어떨까?

> **당신**: "젠킨스 씨, 귀사의 50주년 기념 축하 행사를 준비하고 계시죠?"
>
> **젠킨스**: "네, 맞습니다."
>
> **당신**: 제 기억에 우리 한 1년 전쯤 어떤 세미나장에서 만났던 것 같아요.
>
> **젠킨스**: MBI 말씀하시는 건가요?
>
> **당신**: 네.
>
> **젠킨스**: 그렇다면 비엔나에서 열린 콘퍼런스였겠네요.
>
> **당신**: 네, 그런 것 같습니다. 젠킨스 씨 성함이 익숙하다 했는데, 정말 세상 좁네요!
>
> **젠킨스**: 그렇죠? 그때 우리가 같은 호텔에 묵었던 것 같아요. 시내 구도심에 있던 호텔이었죠. 건물도 근사하고 오페라극장 바로 뒤에 있었어요. 호텔 자체도 훌륭했고요. 함께 갔던 제 아내가 정말 좋아했어요. 일일 시내 투어도 좋았고, 콘퍼런스도 들을 만했죠!
>
> **당신**: 다행이네요. 저도 그 세미나가 아주 좋았습니다. 사실 용건을 말씀드리자면, 미팅을 청하고 싶습니다. 시간은 30분 내외로

길지 않을 겁니다. 2주 이내로 뵐 수 있으면 더 좋겠네요.

젠킨스: 네, 이번 주는 어렵고 다음 주 일정을 살펴볼게요. 화요일 오후와 목요일 오전 빼고 괜찮은 시간 있으신가요?

당신: 그럼 월요일 오후 3시 어떠세요?

젠킨스: 좋습니다. 일정을 적어둘게요. MBI… 아, 성함이…?

당신: ○○○입니다.

젠킨스: 네, ○○○ 씨. 그때 뵙죠. 통화 즐거웠습니다. 전화해주셔서 감사해요."

당신: 감사합니다. 미팅 확정 문자 드릴게요. 그럼 9일 오후 3시에 뵙겠습니다. 들어가세요.

상당히 호의적이다. 다들 이런 식으로 통화할 수 있다면 얼마나 좋을까! 하지만 중요한 건 사람의 마음이 움직이는 원리만 이해하면 어떤 통화든 원만하게 이끌 수 있다는 사실이다.

분석해보자. '짧은 미팅, 30분 내외.' 이 같은 말들이 젠킨스의 귀에 부담 없이 들려왔을 뿐만 아니라 두 가지 메시지를 전달해주었다.

◇ 당신의 속마음: '내 시간 역시 소중해, 나는 성공했으니까. 내가 성공한 건 유능하기 때문이야.'

◇ 당신은 아주 순조롭게 퇴장할 것이다. 어떻게든 미팅을 종료하고자 그가 몸짓언어를 보낼 필요도 없다.

이 두 가지 요인 덕분에 미팅이 성사될 가능성이 더 높아졌다.

"2주 이내에 뵐 수 있으면 더 좋겠네요." 이와 같이 미팅 시기를 여유 있게 잡은 것에 주목하자. 당신은 결정권을 대부분 젠킨스 씨에게 넘겼다. "더 좋겠네요"라는 말은 강요하지 않으면서 당신의 선호 사항을 알릴 수 있는 아주 세련된 화법이다.

위에서 소개한 통화 요령을 그대로 따른다면 당신은 가장 중요한 첫 미팅을 성사시키기 위해 가능한 한 모든 일을 했다고 할 수 있다. 그리고 약속했던 날이 되면 실제 미팅은 30분 이상 진행될 것이다. 그것도 상대측의 요구에 의해서 말이다. 그들은 마음을 활짝 연 나머지 시시콜콜한 질문들까지 쏟아낼 것이다. 그런 뒤 계약을 체결하기로 하고 헤어질 때는 심지어 당신의 시간을 너무 많이 빼앗았다며 사과까지 할지 모른다!

전화 공감력의 올바른 사용법
○

여기서 우리는 당신이 미팅을 잡기 위해 소통의 기술을 발휘하는 (혹은 발휘하지 않는) 과정을 따라가볼 것이다. 이러한 시나리오는 비슷한 환경에서 비슷한 목적으로 이루어지는 모든 상호작용에 적용할 수 있다. 이 기술은 얼마든지 터득할 수 있으며 상대방이 누구든 성공을 이끌어내는 데 효율적이다. 먼저 '잘못된' 기술을 사용하지 않는 법을 살펴본 뒤 성공으로 가는 '올바른' 기술을 알아보겠다.

첫 번째 상황

직원: 클레이튼 씨 사무실입니다.

당신: 안녕하세요, 클레이튼 씨와 통화할 수 있을까요?

직원: 누구신가요?

당신: 저는 탑노치 호텔의 ○○○라고 합니다.

직원: 무슨 용건인지 말씀해주시겠어요?

당신: 논의드리고 싶은 일이 있어서요.

직원: 혹시 클레이튼 씨와 통화하신 적이 있으신가요, ○○○ 씨?

당신: 아뇨, 없습니다.

직원: 잠시만 기다리세요. (잠시 후) 클레이튼 씨께 말씀드렸습니다. 구체적 용건을 제게 알려주실 수 있나요?

당신: 네, 그러죠. 저희 회사의 새로운 5성급 호텔에 대해 직접 만나 뵙고 말씀드리고 싶습니다.

직원: 잠시만요. (잠시 후) 클레이튼 씨가 지금 회의 중이어서 직접 통화하기 어려우시답니다. 메모를 남겨주시면 확인해보고 관심 있을 경우 연락하신다고 합니다.

당신: 아뇨, 이해를 못 하시네요. 저는 며칠 있으면 다른 곳으로 떠납니다. 클레이튼 씨와 지금 바로 통화해야 해요. 미루고 말고 할 여유가 없다고요.

직원: 죄송하지만 지금은 바쁘셔서 곤란해요.

당신: 저도 바쁘다고요! ☹

두 번째 상황

당신: 클레이튼 씨의 비서 분 성함을 알 수 있을까요?

직원: 네, 캐런 카펜터 씨입니다.

당신: 그분께 연결 부탁드릴게요.

직원: 네, 알겠습니다.

비서: 클레이튼 씨 사무실입니다.

당신: 네, 안녕하세요. 캐런 카펜터 씨와 통화하고 싶은데요.

비서: 네, 접니다.

당신: 카펜터 씨, 안녕하세요. 부탁 하나 드려도 될까요? 저는 ○○○라고 합니다. (한 박자 쉬고) 저희 회사는 탑노치 호텔이고요. 혹시 클레이튼 씨 시간이 괜찮으시면 지금 잠시 통화할 수 있을 까요?

비서: 아, 지금은 바쁘신 걸로 아는데 한번 확인해볼게요. 무슨 용 건이신지 클레이튼 씨는 알고 계실까요?

당신: 아마 저희 회사는 아실 겁니다. 저희 회사가 5성급 호텔을 새로 개관하는데, 내용을 들으시면 귀가 솔깃해지실 거라고 전해 주시겠어요? 만약 지금 바쁘시면 언제 통화 가능할지 확인해주 시길 부탁드립니다.

비서: 잠시만요, ○○○ 씨. 좀 기다려주시겠어요?

당신: 그럼요. 얼마든지 기다리겠습니다, 카펜터 씨.

비서: ○○○ 씨, 클레이튼 씨께서 30분 후면 끝난다고 하시네요. 번호 남겨주시면 전화하신다고 합니다.

당신: 아닙니다. 45분 후에 제가 다시 전화드리죠. ☺

비서: 좋습니다.

당신: 감사합니다. 들어가세요.

45분 후.

비서: 클레이튼 씨 사무실입니다.

당신: 카펜터 씨 계신가요?

비서: 전데요. ○○○ 씨?

당신: 네, 또 접니다.

비서: 연결해드릴게요. (버튼 누르는 소리)

클레이튼: 리처드 클레이튼입니다.

●▶ 인생의 많은 일들이 전화 한 통으로 시작된다. 따라서 통화 기술의 중요성은 아무리 강조해도 지나치지 않다.

●▶ 사람들은 통화할 때면 전혀 다른 사람이 된다. 이들은 부자연스럽고, 예민하고, 통 이해할 수 없고, 퉁명스러울 수 있다.

●▶ 표정이나 몸짓언어를 사용할 수 없는 전화 통화의 경우, 단어나 말투가 메시지에 감정을 실어준다.

●▶ 수화기 너머에서 무슨 일이 일어나고 있을지 항상 유의하자. 누군가에게 전화할 때는 그들을 방해할 수밖에 없다.

●▶ 전화 통화에서 가장 중요한 건 타이밍이다. 상대방이 바쁘거나 누군가와 함께 있을 때는 통화를 중단하거나 짧게 끝낼 수밖에 없고, 그 결과 당신의 제안 사항은 그대로 묻혀버릴 수 있다.

●▶ 전화한 사람은 이야기를 언제 이어가고 또 이어가지 말아야 할지 정확히 판단해야 한다. 그에 따라 결과가 좌우되기 때문이다.

협상

모두가 승자가 되는 협상의 기술

1950년대에 여행객 세 명이 라스베이거스의 한 호텔에 들어갔다. 그들은 세계 포커 토너먼트에 참석하기 위해 이 '네온사인 도시'를 방문했다.

◇ 그들은 벨보이와 협상해 1박당 15달러를 지불하기로 했다.

◇ 그들이 벨보이에게 각각 15달러씩 부담해 요금은 총 45달러가 되었다.

◇ 얼마 후 야간 담당 직원이 와서 현재 포커 토너먼트 기념 할인 행사를 진행 중이기 때문에 1박당 요금이 10달러라는 사실을 벨보이에게 알려주었다.

◇ 그러니 요금을 30달러만 받고 차액은 고객들에게 돌려주라고 이야기했다.

엘리베이터로 올라가던 중 벨보이는 이 고객들이 할인 요금에 대해 모르고 있었으니 얼마를 돌려받든 행복할 거라고 생각했다. 그래서 고객들에게 각각 3달러씩 총 9달러를 돌려주고 남은 6달러는 팁으로 자신이 챙겼다.

여기서 퀴즈 하나를 내보겠다. 결과적으로 세 여행객은 각각 12달러, 총 36달러를 요금으로 지불했고 벨보이는 6달러를 가졌다. 전부 합치면 42달러가 된다. 그렇다면 과연 나머지 3달러는 어디로 갔을까? (정답은 301쪽 참조.)

일상적으로 우리는 협상에 많은 시간을 할애한다. 비록 그 사실을 인식하지 못하지만 말이다. 대부분 협상이 비공식적으로 진행돼 방금 한 것이 협상이라는 사실조차 모르고 있다. 그리고 매일같이 협상을 해도 우리가 능숙하다고 할 수도 없다.

보통은 노동조합과 고용주들, 인수 절차를 진행 중인 CEO들, 분쟁 중인 두 나라의 화합을 중재하는 UN 관계자들이나 협상을 하는 거라고 생각하기 쉽다. 하지만 이런 것들만 협상이라고 하지 않는다. 사람들을 대할 때 우리는 누구나 협상가가 된다. 임금 인상을 협상하고, 어떤 영화를 볼지, 어느 식당에서 식사할지, 누가 잔디를 깎을지 협상으로 결정한다. 또 협상을 통해 집을 팔고, 차를 사고, 불량품 냉장고에 대한 보상을 결정하고, 매번 다른 금액을 제시하는 건축업자들과도 설전을 벌인다. 이런 말이 있다. 삶에서 뭔가를 획득하는 것은 그만한 자격이 있기 때문이 아니라 협상을 했기 때문이다.

뛰어난 협상 기술은 누가 뭐래도 훌륭한 자산이다. 협상이 '타인을

A지점에서 B지점으로 옮기는' 설득의 마지막 여정이기 때문이다. 최종 동의를 이끌어내려면 우리가 앞서 논의한 경청, 집중, 몸짓, 기억, 언어 등의 기술을 모두 발휘해야 한다.

우리는 공사를 막론하고 협상장에서 마주하는 이들과 관계를 지속해야 할 때가 많기 때문에 최종적으로 상호 간에 유익한 결론에 도달해야 한다. 다시 말해, 양측 모두 이기는 상황, 서로 신뢰와 정직을 바탕으로 모두가 만족하는 거래를 성사해야 하는 것이다. 그렇다고 해서 다음과 같은 협상을 말하는 것은 아니다.

◇ 당신의 목표를 희생시킨다.
◇ 상대방이 원하는 바를 달성했는지에만 신경 쓴다.

그건 그들의 몫이다. 당신의 임무는 자신의 이익을 충족시키는 것뿐이다. 상대방의 책임 역시 자신의 이익을 충족시키는 데만 있다. 이로써 최종 목표는 한 단어로 요약된다. 바로 합의다.

물론 현실에서는 거래처 직원부터 상사, 이웃, 친구, 친척, 매장 관리인에 이르기까지 상대방이 누가 됐든 '모두가 승자'라는 이 원칙에 어두운 경우가 많다는 뜻이다. 그런 경우 전략을 살짝 비틀어줄 필요가 있다. 공감대를 형성하는 질문과 경청 기술을 활용해 양자가 이익을 챙길 수 있도록 나아가야 하는 것이다. 이를 요약하면, 협상에는 분명히 두 가지 상반되는 요소가 있다.

◇ 나만의 이익을 극대화하고 싶어 하는 경쟁적 요소

◇ 합의에 이르고 싶어 하는 협력적 요소

이처럼 협상에는 상반된 두 가지 목표가 공존한다. 따라서 공식적 혹은 비공식적으로 협상에 얼마나 참여했는지와는 별개로 대다수가 협상을 어려워하는 게 당연하다.

논리 혹은 감정?

○

이 책 도입부에서 더욱 설득력을 갖추는 '길'에 대해 언급했듯이 설득은 대부분 의식의 영역 바깥에서 일어난다. 여기에 이르기 위해서는 의식과 잠재의식이라는 두 경로를 거친다. 공적이든 사적이든 일상적인 모든 상호작용에 적용된다. 직장 안이나 직장 밖에서 인간의 행동 패턴은 예측 가능할 때가 많다. 따라서 다른 사람의 '입장에서 생각해볼 때' 만족스러운 결과를 얻을 수 있다. 또한 당신이 협상할 상대의 '유형'을 반드시 파악해야 한다. (10장에서 이 주제에 관해 좀 더 다루겠다.) 크게 두 가지 유형의 관점에서 생각해볼 수 있다.

논리와 사실을 중요시하는 단도직입적 유형인가? 그렇다면 상대방은 어떠한가?

◇ 서둘러 '본론'으로 들어가고 싶어 한다.
◇ 사실과 아이디어를 '포장'하는 걸 싫어하며 제안이 타당하다는 느낌이 들면 결정을 내린다.

상대방의 취향에 따라 엄연한 사실과 분석을 바탕으로 문제부터 해결하지 않고, 협상 단계에서 계속 시간만 끈다면 그들은 매우 언짢아하며 당신이 지금까지 진행해온 일들을 모두 무효화할 수 있다.

따라서 당신의 제안에 상대방의 동의를 구하는 1단계를 통과한 뒤 협상이라는 까다로운 절차가 기다리는 2단계에 들어섰다면 상대방의 행동과 대화 스타일을 잘 살펴서 당신의 정보를 어떻게 제시하면 좋을지 파악하자.

그들이 논리적인 면에 만족하고 나면 이번에는 잠재의식에서 비롯된 감정적 요소가 끼어든다. 그들은 협상을 위해 '양보'할 만큼 당신을 신뢰하거나 좋아하는가?

반면, 두 번째 유형은 객관적이고 확실한 사실이나 정보보다 직감에 더 의존하며, 처음에는 감정에 따라 결정한다. 즉, 눈앞의 상황과 상대방을 어떻게 인식하는지가 중요한 것이다. 앞에서도 말했듯이 대다수의 사람들에게 감정이 우위를 차지한다는 사실이 학술 연구는 물론 실생활에서도 속속 밝혀지고 있다. 이들은 특정한 '느낌'을 생성한 뒤 다음과 같이 행동한다.

◇ 취향에 따른 자신의 결정을 정당화하고 '강화'하기 위해 논리와 정보를 살펴본다.
◇ 만약 논리와 감정이 '꼭 들어맞는다면' 다음 단계로 넘어간다.

신경과학자들은 인간의 두뇌는 결정을 내려야 할 상황을 맞닥뜨리면 감성이 지성을 다스리도록 설계되어 있다는 점을 증명했다.

사적 영역에서 당신은 스스로 무엇을 어떻게 결정하는지 손쉽게 분석할 수 있을 것이다. 그리고 어떤 결정을 하든 감정적 요소가 상당히 작용한다는 사실을 얼마든지 인정할 수 있다.

반면, 일과 관련된 결정은 반드시 합리적으로 진행해야 한다는 전제 조건이 있다. 찬성과 반대, 위험 요소와 기회 요소, 비용과 이윤을 꼼꼼히 따져보고 선택해야 하지만 실상은 그렇지 못하다. 모든 결정에는 감정적 요소가 크게 작용하는 것이다.

따라서 논리적 유형의 사람이든 감정적 유형의 사람이든 정작 협상을 진행할 때는 논리와 감정 두 요소를 모두 활용해야 한다. 그리고 일단 논리적 접근이 필요한지 아닌지 상대방의 입장에 서서 파악하고 대처하자. 결국엔 '협상 없이 협상하는' 당신을 발견하게 될 것이다.

협상의 심리학

○

예전에는 협상에 관한 이론 및 논의가 대부분 자신의 입장을 확인하고, 뒷받침할 근거를 들고, 조금씩 양보해 마침내 합의에 도달하는 과정을 중심으로 이루어졌다. 여기서 핵심은 상대방의 희생을 담보로 자신의 이익을 극대화하는 것이 최종 목표였다는 사실이다. 이 같은 협상은 양측이 각각의 '입장'을 내세우는 데 실패하면 망신이라 여겨서 한쪽 혹은 양쪽 모두 팽팽하게 맞서는 단점이 있었다. 물론, 이런 식의 협상은 지금도 여전하며, 심지어 일상에서도 흔히 발견된다. 내가 뉴욕에 방문했을 때의 일이다. 영국에서 휴가를 온 아버지와 아들,

그리고 공예품과 중고 서적을 판매하는 노점 상인이 야외 공예품 시장에서 흥미로운 대화를 나누고 있었다.

아들: 아빠! 저기 미국판 『해리 포터』 초판본 중고책이 있어요.

아빠: 얼마인가요?

노점상: 네, 초판본이라 250달러입니다.

아빠: 책이 너무 비싸지 않나요? 별로 깨끗하지도 않고 구겨진 데다 표지 상태도 별로잖아요. 다니다 보면 중고책은 얼마든지 있을 텐데.

노점상: 손님, 다 감안해서 부른 값이에요. 8번가를 따라가보시면 아실 겁니다.

아빠: 100달러 드리죠.

노점상: 말도 안 돼요. 말씀드렸지만 8번가를 따라가보시면….

아빠: 좋습니다. 그럼 110달러. 상태도 별로인데…. 정 싫으시면 말고요.

노점상: 230달러까지 해드릴게요. 그 이하는 안 됩니다.

아빠: 115달러. 진짜 마지막입니다.

노점상: 안 되겠네요, 손님.

아빠와 아들은 단념하고 자리를 뜬다. 그들은 근처에서 다른 노점들을 둘러보고는 다시 그 노점상에게 돌아온다.

아빠: 좋아요, 125달러 드리죠.

8장 협상
•

노점상: 손님, 210달러까지 빼드릴게요. 이제 정리할 거거든요.

아빠: 좋습니다. (아들은 두 어른이 돈을 주고받기도 전에 노점에서 책을 덥석 집어 든다.)

이 아버지는 호그와트 마법 학교에는 가보지도 못한 게 분명하다. 노점상을 상대로 별 마법을 부리지 못했기 때문이다. 하지만 이는 '입장 협상'의 아주 전형적인 사례다. 아버지는 특정 입장을 취하고 포기했다가 또 다른 입장을 취하고 또 포기한 뒤 끝내 양보했다. 그래서 결국엔 처음 제시했던 금액의 두 배가 넘는 돈을 내고 말았다. 입장 협상의 심리학은 다음과 같이 작용한다.

1. 다소 극단적일 수 있는 제안을 한다.
2. 협상이 계속 진행되도록 아주 조금씩 양보한다.
3. 상대방도 동일하게 움직인다.
4. 시간이 흘러도 좀처럼 합의점을 찾지 못해 양측 모두 진이 빠진다.
5. 당신은 최초 입장을 정당화하는 주장을 계속 펼쳐왔기 때문에 갈수록 말을 바꿀 수도 없다.
6. 양측 간에 의지의 싸움이 일어난다.
7. 최초의 입장을 고수할수록 당신은 더 완강해진다. 이제는 자존심의 문제가 되었기 때문이다.
8. 이제 당신에게는 입장이 훨씬 중요하며, 책 구입이나 판매를 통해 돈을 남기는 것 따위는 부차적 문제가 되어버렸다.

9. 다음으로 어떤 입장을 취하든 현재 고수하고 있는 입장에서 벗어나선 안 된다.

10. 이러한 협상은 결국 합의에 도달하지 못하거나 최상의 합의가 아닌 채로 만족해야 하는 경우가 많다.

위 사례에서 아버지와 아들은 결국 『해리 포터』를 손에 넣었지만 본래 입장을 상당 부분 수정한 데다 막판에는 자존심 따위는 안중에 없이 목표한 바를 얻으려 했다. 물론, 일회성 관계에서는 그럴 수도 있다. 이는 한쪽은 이기고 한쪽은 지는 협상의 고전적 예시로, 당신에게 중요한 건 이익을 극대화하는 것뿐이다. 하지만 관계가 좀 더 장기적으로 유지되고 격식도 차려야 하는 비즈니스 관계에서 이런 식으로 접근했다가는 상당히 문제가 될 수 있다. 만약 당신이 어떤 입장을 고수한다면 특정 해결책을 고집할 것이다. 당신이 보기에는 그게 유일한 방법이기 때문이다. 하지만 해결책이 한 가지뿐인 경우는 극히 드물다.

이제 위의 사례를 좀 더 바람직한 시나리오로 재구성해보자. 아버지는 이윤을 극대화하기 위해 값을 비싸게 부를 수밖에 없는 노점상의 마음에 충분히 공감하는 한편 자신의 입장도 설명한다. 덧붙여 그보다 저렴하게 판매할 마음이 기꺼이 들 만한 단서도 제시한다. 이를테면 이런 식이다.

아버지: 사장님, 8번가에 왜 가보라고 하시는지 잘 압니다. 그런데 이 『해리 포터』 책은 솔직히 상태가 별로 안 좋잖아요. 안에도

좀 보세요. 이 페이지들은 찢어졌고 여기에는 펜 자국들도 남아 있네요.

노점상: 그래서 중고책방이 아니라 여기서 판매하는 거잖아요.

아버지: 네, 잘 알죠. 저도 책값을 더 많이 드리면 좋겠습니다만, 그러기엔 이 페이지들의 상태가 너무 심해요.

노점상: 알겠어요. 그럼 얼마면 됩니까? 현실적인 가격을 제안해 보세요. 방금 말한 115달러는 턱도 없으니. 나도 이 책에 낸 돈이 있어요.

아버지: 네, 이 책의 전반적인 상태와 방금 보여드린 페이지들을 고려하면 150달러가 적당한 듯싶네요.

노점상: 이 페이지들에 대해서는 손님 말씀이 맞아요. 솔직히 난

설득의 디테일
•

책 안까지 꼼꼼히 살피지는 못한 터라. 그런데 그걸 감안하더라도 170달러는 주셔야겠소.

아버지: 네, 그렇게 하시죠.

이렇게 순조롭게 협상하려면 입장은 단순히 시작점에 불과해야 한다. 목표 또한 각각의 입장만 고수하는 게 아닌, 양쪽 모두 만족할 수 있는 합의안에 도달하는 방향으로 잡아야 한다. 이는 어디서든 자신의 입장보다 필요와 이해관계를 우선시할 때 더 쉽게 실행할 수 있다.

필요와 이해관계 협상하기
○

우리는 입장 협상이 일부 단순한 상황에서는 효과적일 수 있지만 상대방의 양보 여부에 따라 다른 양상으로 전개되는 것을 살펴보았다. 물론, 항상 순순히 양보하지는 않기 때문에 교착상태에 빠질 수도 있고, 서로 더 내놓으라고 강요하는 상황이 올 수도 있다.

그래서 협상 중에는 각각의 필요와 이해관계에 집중하는 것이 훨씬 효율적이다. 상대방이 주장하는 입장의 이유를 분석해보면 이익을 충족시키기 위해서라는 사실이 명확해진다.

당신이 협상 자리에서 만날 사람들은 각기 다른 욕구를 지니고 있다. 당신은 첫 번째로 그들이 감정의 동물인 인간이라는 사실을 고려해야 하며 고객, 상사, 동료, 친구 등 나와 어떤 관계인지를 그다음으로 고려해야 한다. 따라서 어떤 협상에서든 사소한 문제로 의견 충돌

이 일어나 관계가 깨지지 않도록 보호하는 것이 중요하다. 합의에 이르지 못하는 이들은 서로 기분이 상하고 상대방의 입장을 오해하며 자존심에 상처 입고 책임을 전가한다. 항상 맞은편에 앉은 사람의 자존감을 존중해주어야 한다.

입장 협상 상황에서는 상대방이 문제의 일부가 되기 때문에 상황이 복잡해진다. 따라서 어떤 갈등을 해결하거나 협상을 진행할 때 사람 문제는 일체 개입시키지 않는 것이 필수다. 당신도 상대방이 방어적 태도를 보이는 것은 결코 원치 않을 것이다. 항상 문제에 대한 해결책을 찾는 데 집중하자. 문제는 당신이 상대하는 사람이 아니다. 상대에게는 충분한 공감을 표시하고, 존중하고, 무엇보다 동의하든 동의하지 않든 상대의 말을 경청해야 한다.

입장에서 한 발짝 물러서면 이해관계가 보인다. 결국, 당신이 특정한 입장을 취하게 된 것도 다 이익을 추구하기 위해서가 아닌가. 그리고 이해관계의 관점에서 생각하기 시작하면 양측의 공동 이해관계에 대해서도 자연스레 고려하게 되며, 이로써 상호 간에 동의가 이루어질 확률도 훨씬 높아진다. 상반되는 입장이 아닌 공동의 이익을 출발점으로 삼으면 함께 움직이기가 훨씬 수월하기 때문이다.

또 한 가지 짚고 넘어가야 할 사실은 서로 다른 입장을 취하더라도 결국 같은 이익을 추구하는 경우도 많다는 것이다. 게다가 이렇게 접근하면 입장 협상의 가장 큰 특징인 권력과 자존심 싸움을 건너뛸 수 있다.

다음 주제로 넘어가기 전에 분명히 밝혀야 할 사실이 있다. 당신이 차를 매도할 때 모름지기 비싼 값에 팔고 싶을 것이다. 이는 쓰던 노트북이나 빅토리아풍 앤티크 주전자, 또는 집을 팔 때도 마찬가지다. 우리는 상대방과 나의 이익을 동시에 충족시키는 것과 나의 바람을 충족시키는 것을 혼동해서는 안 된다. 위에서 언급한 것과 같은 거래를 할 때는 돈을 더 받고 싶은 게 당연하다. 하지만 거래가 이루어졌다는 것은 양측이 동의했다는 뜻이며, 이는 당신의 이익 또한 충족됐다는 의미다.

문제 말고 해결책을 내놓으세요

○

X: 그래서 그게 왜 문제가 되는지 말씀해보세요. 이 정도면 고객들과 함께 미팅에서 논의했던 예산을 초과하지도 않잖아요.

Y: 창간 100주년 기념호를 발행하자는 아이디어 자체는 좋습니다. 하지만 지금은 진행할 수 없을 것 같아요. 고객사의 상황이 달라졌거든요. 지금은 그 잡지에 중요한 기사를 실을 수도 없어서 다들 기념호답게 만들지 못할 거라고 생각해요. 최종 미팅에서 우리가 원칙적으로 진행에 동의했던 건 잘 압니다. 여기서 지금까지 공을 많이 들였다는 것도 알고요.

X: 상황이 어떻게 달라졌는지 말씀해주시겠어요?

Y: 그러죠. 이건 기밀인데, 그쪽 CEO가 바뀔 예정입니다. 헤드헌터들이 지금 최종 후보자들을 추리고 있어요. 결국 누가 낙점될지도 대충 예상하고 있고요. 여기서 중요한 건 그 신임 CEO의 메시지를 100주년 기념호에 넣자는 거예요. 그런데 두 달만으로는

준비가 안 되거든요. 그래도 기념호를 발행하자는 건 훌륭한 아이디어였어요.

X: 새 CEO는 언제 부임하나요?

Y: 아마 기념호 출간 예정일 2주 전일 거예요.

X: 그럼 이렇게 하시죠. 기념호는 계획대로 진행할 수 있어요. 새 CEO가 부임하자마자 메시지를 받아주시면 추가로 제작해 기념호에 실을게요.

Y: 정말 1~2주 안에 그걸 다 할 수 있다고요?

X: 네, 그럼요. 다만 메시지를 인쇄 진행 전에 꼭 받아주세요. 발행과 동시에 실을 테니.

Y: 비용 차이는 어떡하고요?

X: 그건 그 회사의 기념일이잖아요. 인쇄 제작 비용만 부담해주시면 추가 제작에 소요되는 종이 값은 저희가 대겠다고 고객사에 전해주세요. 기념일 선물이라고요!

Y: 훌륭한 계획이군요. 모든 게 해결됐어요! 이따 오후에 서류 작업만 마무리하면 다음 주에는 사설에 대해 논의할 수 있을 거예요. 지금 해결해야 하는 또 다른 문제는 없죠? 제가 옆집 고양이 때문에 골치 아픈 문제가 있는데요. 그 고양이가 계속⋯.

이 사례에서는 해결책을 찾는 데 초점을 맞춰 상대방에게 거부 반응부터 보이는 대신 도움을 구하는 방식으로 창의적인 아이디어를 제안해 무산 위기에 놓였던 프로젝트를 부활시켰다. X는 CEO의 메시지가 실린 기념호를 발행하려는 Y의 근본 목적에 집중함으로써 해결책을 찾아냈고 나아가 호의까지 베풀었다. 적은 비용으로 고객사에 큰 이득으로 여겨지는 결과를 선사한 것이다.

따라서 어떤 협상에서든 당신의 이해관계를 먼저 충족시키고 난 뒤에 상대방의 이해관계를 채워주는 게 중요하다는 사실을 알 수 있다. 그런데 대체 어떻게 해야 할까? 위 사례에서 보듯 이를 위해서는 질문을 던질 필요가 있다. X가 현재는 왜 진행이 어려운지 묻자 Y는 정확한 이유를 말했다. 물론, 그 순간 그는 해결책이 있을지조차 알지 못했다. 이렇게 공감하며 듣고 질문함으로써 상대방의 근본적 이익이 뭔지 알아낼 수 있는 경우가 많다. X는 질문을 통해 고객으로부터 값진 정보를 알아낼 수 있었고, 공감 능력을 발휘할 수 있었으며, 무엇보다 중요한 해결책에 도달할 수 있었다. 여기서 별로 언급하고 싶진 않지만 여전히 중요한 주문 하나가 생각난다. "문제 말고 해결책을 가져오세요." 공사를 막론하고 급박하게 돌아가는 요즘 세상에서 이것이야말로 우리 모두가 원하는 것 아닐까?

협상의 다른 기술들

○

우리는 모두 사회적 동물로서 서로 의지하며 살아가지만, 우리가 교류하는 사람들과는 서로 다른 이익을 추구할 때가 많다. 따라서 우리가 참여할 수밖에 없는 협상은 대부분 다음과 같은 전제에서 시작된다.

◇ 우리의 이익은 상대방의 이익과 양립할 수 없다.

◇ 상대방은 우리의 이익 달성을 방해한다.

그 결과 갈등이 발생한다. 앞서 협상 시 양측 모두 이기는 전략을 알아봤지만, 모든 협상이 이렇게 상호 간 이익과 만족으로 귀결되지는 않는다.

사회심리학자들은 광범위한 연구를 통해 일상생활이나 업무 환경에서 발생하는 다양한 갈등에 우리도 다양하게 대응한다는 사실을 밝혀냈다. 사람들은 다음의 다섯 가지 방식 중 한 가지를 차용해 협상을 펼친다. 이 중 어떤 방식이 실제로 사용되는지는 상황과 상대방에 따라 결정된다.

1. **경쟁**: 자신을 위해서는 가능한 한 최대의 이익을 끌어내려 하는 한편 상대방의 이익은 무시해버리는 방식이다. 이러한 협상 방식은 다음과 같은 상황에 필요하다.

   - 상대방이 공격적이고 비합리적일 때
   - 당신의 입장에 확신이 있고 당신이 옳다는 걸 증명할 수 있을 때

2. **수용**: 다 포기하고 상대방이 모든 이익을 취하게 하는 방식이다. 이러한 협상 방식은 다음과 같은 상황에 필요하다.

   - 미래를 대비해 상대방에게 당신(또는 당신의 조직)에 대해 좋은 인상을 심어주고 싶을 때

- 당신의 이익을 좇아봐야 성공할 확률이 없을 때

- 진행 과정에서 당신이 실수했다는 사실을 깨달았을 때

3. **협상**: 양측이 협력하는 방식. 예를 들면 모든 것을 반으로 나누는 것이다. 이러한 협상 방식은 다음과 같은 상황에 필요하다.

- 관계를 구축하거나 유지하고자 할 때

- 다른 '방식'으로는 합의할 수 없을 때

- 시간이 없어 어떻게든 해결책을 찾아야 할 때

- 두 주요 협상가 사이의 권력 다툼을 끝내고 싶을 때

4. **회피**: 모든 종류의 갈등에서 벗어나고 싶은 욕구만 남아 있을 때. 당신의 이익을 추구하지도, 상대방의 이익을 알아내고자 노력하지도 않는다. 이러한 협상 방식은 다음과 같은 상황에 필요하다.

- 어떤 방식으로든 상황에 영향을 미칠 희망이 없을 때

- 타이밍이 안 좋을 때

- 감정이 격해질 대로 격해져 협상을 계속해봐야 상황이 악화될 것이 분명할 때

- 인적·경제적 비용에 비해 전혀 이득이 없을 때

5. **공동 작업**: 양측 모두의 이익을 극대화하는 데 초점이 맞춰져 있을 때. 이러한 협상 방식은 다음과 같은 상황에 필요하다.

- 거래 특성상 '두 명의 승자가 존재하는' 해결책을 찾는 게 양

측의 이익에 부합할 때

- 상호 간 이익 달성이 필요한 장기적 관계일 때

연구 결과에 따르면 최후에는 두 가지 시나리오로 분류된다. 첫 번째는 나의 행복이 목적인 상황이고, 두 번째는 상대방의 행복이 목적인 상황이다. 예를 들어 수용은 상대방의 행복이 먼저이고 나의 행복은 그다음인 데 반해, 경쟁은 나 자신이 중요할 뿐 상대방은 신경 쓰지 않는다. 또한 협상은 양측을 모두 중요시한다.

어떤 전략이 사용되어야 하는지는 철저하게 상황에 따라 결정된다. 하지만 문제 해결 및 협상을 위해 우리는 공동의 이익을 극대화하는 방식을 가장 흔히 사용한다. 지속적인 관계 내에서 이루어지는 협상은 일회성으로 만나는 사람들과의 협상과는 분명히 다르다. 결국, 개인적 친분이 있는 사람이나 업무상 동료 사이에서는 서로의 이익까지도 배려한다는 불문율이 있는 것이다.

협상 팁

○

훌륭한 협상의 핵심은 당신이 원하는 바를 분명히 밝히는 것이다. 우리는 모두 특정한 욕구, 필요와 목표를 가질 권리가 있다. 마찬가지로 당신이 원하는 것이 상대방의 이익을 극대화하는 데 방해된다면 상대방에게는 이를 차단할 권리가 있다. 하지만 어떤 경우에든 당신의 욕구를 전달해야 한다.

다음 단계는 상대방의 욕구를 진심을 다해 듣는 일이다. 그러면 갈등은 해결이 필요한 상호 간의 문제로 규정된다. 각자의 욕구를 밝힌 협상 당사자들은 이제 각자의 기분을 공유해야 한다. 이 단계야말로 사람들이 가장 어려워하는 부분이다. 당신은 분노하거나 충격받거나 두려울 수 있다. 하지만 당신의 감정을 공유하는 게 중요하다. 이를테면 공격적 태도를 보이지 않고도 분노를 표시할 수 있는 것이다. 그러면 상대방은 자신의 행동이 당신에게 어떤 영향을 미치는지 더 분명히 알 수 있다.

이렇게 실제 감정이 공유되지 않으면 결코 해결될 수 없는 갈등이 수없이 많다. 솔직한 감정을 밝히기가 조심스러워 분노를 억누른 채 상대방과 합의하면 마음속 적대감이 해소되지 않아 향후 진행에 차질이 빚어진다.

따라서 문제 해결을 향한 당신의 욕구와 감정을 분명히 밝히고 나면, 당신이 원하는 바를 달성할 수 있음을 입증해야 한다.

누군가와 얽혀 있는 상황에서 상대방이 우리와 다른 노선이나 입장을 취하면 그들의 목표 역시 우리와는 상반될 거라고 단정 짓는 경향이 있다. 하지만 언제나 그런 것은 아니다. 물론, 목표가 상이할 때도 있지만 상호 간에 득이 되는 목표를 공유할 때도 많다. 그렇다면 목표가 동일할 때는 언제인가? 우선 당신에게 부합하는 이익과 그렇지 못한 이익을 살펴보자. 부합하는 이익을 손에 넣으려면 그렇지 못한 이익을 희생해야 할 때가 많다. 또 가능한 한 여러 합의안 중 몇 가지를 선택해야 한다. 이러한 경우 양측 모두에게 공정하고 호의적인 관계를 장기적으로 구축할 수 있는 합의안이 가장 이상적이다.

환경

○

협상 전략을 결정할 때 종종 '언제'와 '어디서'의 문제를 간과하지만 이는 여전히 중요하다. 과연 상사의 위협이 느껴지는 사무실, 취재사 측 회의실, 방송사 보도국의 이사 회의실, 담당 변호사의 지저분한 사무실, 부동산 중개업자의 어수선한 사무실 중 어디서 진행할 것인가? 온전히 자신에게 집중할 수 있고, 서로의 말을 잘 들을 수 있어야 하며, 상대적으로 방해 요소가 적은 곳이어야 한다.

우리는 3장에서 주변 환경이나 내 머릿속이 시끄러우면 집중하기가 얼마나 어려운지 살펴보았다. 상대방이 내 말에 집중하지 않는다면 긍정적 결과가 나올 확률은 그만큼 줄어든다. 이러한 경우 3장에서 소개한 '주의력 곡선'이 어떤 모양이 될지 떠올려보자. 실망스러운 합의안만 도출하거나 아예 합의에 이르지 못했다면 열악한 협상 장소 등 상황적 요인이 원인일 수 있다.

여러 명이 참가하는 공식 회의의 경우, 대부분 장소를 제공하는 주최 측이 회의를 진행한다. 물론, 이는 그들에게 유리하게 작용한다.

> "현재 저희의 상황을 분명히 말씀드리고 싶습니다. 저희는 귀하께서 제시한 내용을 받아들일 수 없어요."

하지만 당황할 것 없다. 침착하게 상황을 정리하면 얼마든지 다시 주도권을 잡을 수 있다.

"2주 지난 상황에서 정리해주시니 감사합니다. 하지만 그 문제를 논의하기 전에 저는…"

만약 회의 참가자를 결정하는 데 어느 정도 영향력을 행사할 수 있다면 그렇게 하자. 본래 협상 진행을 방해하는 경향이 있는 사람이 상대측에(그리고 심지어 당신 측에도) 존재할 수 있다. 당신의 목표는 만족스러운 합의안을 도출하는 것인데 지나치게 신중하거나 악의적인 사람이 협상 자리에 있으면 어떤 논의든 물거품이 될 수밖에 없다. 사람들이 이렇게 말하는 걸 종종 들었을 것이다. "도나, 다음 주 스케줄 어때요? 수요일 아침에 거래처에서 그 사람이 온다고 해서 좀 도와줬으면 하는데." 이런 식으로 본래 두 명이 진행할 예정이었던 협상이 순식간에 여섯 명으로 불어날 수 있다.

물론, 상대측 참가자를 통제할 수는 없지만 당신이 누구와 함께할지는 결정할 수 있다. 따라서 협상 진행에 도움이 되기는커녕 골칫거리만 될 사람은 반드시 피해야 한다. 그렇다면 그들은 어떤 피해를 가져올까? 여러 가지 형태가 있다. 상대방이 말하는 도중에 끼어들기, 상대방의 의도 의심하기, 잘못된 정보 퍼뜨리기 등 나열하자면 끝이 없다. 반면, 기술적 문제에 답할 수 있는 '전문가'와 동석하는 것도 좋다. 하지만 그 '전문가'가 협상 자체만을 위해 답하는 일은 없도록 해야 한다. 협상장에 침묵이 흐를 때면 괜히 '기여하고' 싶은 마음에 과도하게 발언하는 사람들 때문에 협상 분위기가 험악해지는 경우도 적지 않다. 때로는 가만히 있는 게 득이 되는 법이다.

자리 배치

○

심리학적 관점에서 자리 배치는 상당히 중요하다. 기회가 닿는다면 협상장 자리를 직접 배치해보자. 사람들은 음식점에서는 어디에 앉을지 상당히 신중하게 선택하면서, 미팅 등 압박감이 있는 상황에서는 설사 기회가 있더라도 그냥 모든 걸 운에 맡긴다.

그렇다면 심리학 연구의 결과는 어떨까? 협상장의 적대적 분위기를 효과적으로 누그러뜨리는 게 라운드형 자리 배치라는 사실을 우리는 잘 알고 있다. 이는 상대방을 정면으로 마주보고 앉는 기다란 직사각형 테이블에서 보통 형성되는 '그들' 대 '우리'의 대치 구조를 상쇄해준다. 혹시 이러한 테이블을 만나더라도 상대방의 정면 맞은편에 앉지만 않으면 그나마 분위기를 유연하게 만들 수 있다.

마찬가지로 당신 측이 여러 명일 때 각 테이블의 제일 끝자리나 그 근방에 앉으면 적대적 감정을 배제시킬 수 있다. 만약 협상이 상대방의 회사에서 진행된다면 주최 측 인사들보다 먼저 협상장으로 안내되는 경우가 많다. 그럴 때 반드시 당신 뜻대로 자리를 배치해야 한다. 그러면 상대측이 도착했을 때 당신 측이 먼저 앉은 위치를 기준으로 각자의 자리를 찾아갈 것이다.

상사의 사무실에서 상사를 기다리는 중이라면 평소 논의할 때처럼 정면으로 마주보는 위치, 그래서 다소 경직되게 느껴지는 위치는 피하는 게 좋다. 오늘 당신은 추가 휴일과 유연 근무 시간을 협상하기 위해 방문한 만큼 상호 간에 이익이 될 만한 합의안을 도출해야 한다. 적어도 몇 분 동안은 권력 균형이 당신에게로 기우는 것이다. 만약 상사 사무실에 안락의자나 소파가 있다면 반드시 활용하도록 하자.

협상 개요

○

문제는 사람은 누구나 자신이 승자가 되기를 원한다는 것이다. 어느 누가 패자가 되고 싶겠는가? 지는 건 재미없다. 하지만 '승리'의 정의는 사람에 따라 다르기 마련이다. 바로 당신의 마음속에 그 답이 있기 때문이다. 이기기 위한 협상 게임은 다른 모든 게임과는 달리 우리가 두 명의 승자를 원한다는 데서 차이가 있다.

원칙적으로 동의가 이뤄져야 협상 과정이 시작된다. 당신은 당신의 입장, 상품, 서비스에 대한 주장을 펼쳤다. 이에 확신을 얻은 상대방은 협상을 한 단계 진전시켜 받아들일 준비가 돼 있다. 몇 가지 아쉬운 점만 빼고 말이다.

어떤 점에 대한 아쉬움인가? 당신이 보기에는 지극히 사소한 염려일 수 있다. 하지만 상대방 입장에서는 엄연히 중요한 문제다. 그리고 상대방이 중요하다면 중요한 것이다.

전문가들의 협상 현장을 지켜보는 건 즐겁다. 단순히 상품과 서비스뿐 아니라 사회적 이슈에 관한 협상도 마찬가지다. 일례로 정부 장관들은 매일같이 협상을 벌인다. 상대측과 서로 양보함으로써 양측 모두 무엇이라도 얻어내는 협상 절차가 정확히 동일하게 진행된다.

하지만 협상 원칙이 성립하는 근거를 이해하지 못하는 사람이 많다. 원칙적으로 동의가 이루어진 후 협상이 진행된다는 사실을 잊기 때문이다. 예를 들어, 특정 업무에 완벽하게 걸맞은 업체를 찾아 설득에 나서더라도 몇 가지 난점에 대해 합의하지 못하면 결국 계약은 실패하게 된다. 또한 당신의 제품이나 서비스를 판매하기로 합의하더라도 이후 효율적으로 협상하지 못하면 얼마든지 무산될 수 있다. 여기서 우리는 성공하는 전문가가 되려면 모든 절차에 통달해야 한다는 사실을 알 수 있다.

대다수 사람들이 협상에 서툴다는 사실은 두말할 필요도 없다. 하지만 협상 뒤에 숨은 심리학을 이해하면 보다 나은 결과를 손에 넣을 수 있다. 시나리오를 구체적으로 살펴보자.

◇ 당신은 상대방이 자신에게 더 유리한 결론을 원한다는 사실을 알고 있다.
◇ 마찬가지로 상대방 역시 당신이 손해 보고 싶어 하지 않는다는 사실을 알고 있다.

누가 양보할 것인가? 더 좋은 조건을 원한다고 해서 어느 누구도 비난할 순 없다.

'요구하지 않으면 아무것도 얻지 못한다'는 말보다 더 큰 진실은 없다. 하지만 누군가 요구한다고 해서 반드시 들어줘야 하는 것은 아니다. 요구 사항이 충분히 합리적이고 전반적 상황을 악화시키지 않고 과도한 비용이 들지 않고 감정 상하는 일이 없다면 들어주어도 좋지만, 양측 모두가 불만족스러운 요구라면 오히려 응하지 않는 게 낫다. 협상은 두 명의 승자가 존재해야 하는 게임이다.

만약 협상 테이블에 앉은 당사자들 중 어느 한쪽이라도 즐겁지 않다면 그 상황도 불만족스러울 수밖에 없다. 사적 친분이든 일로 만난 사이든 어떤 관계에서나 둘 중 한 명만 이긴다면 그 관계는 깨지고 만다. 목표는 양측 모두의 욕구를 충족시켜 둘 다 이기는 상황을 확보하는 것이다.

업무 시에는 다음 사항들을 고려하자.

◇ 불만을 품은 고객은 두 번 다시 당신과 거래하지 않고 당신의 제품이나 서비스의 하자를 찾아내며 어쩌면 지불도 늦게 할 수 있다.

◇ 마찬가지로 불만을 품은 판매자도 거래하는 동안이나 거래가 끝난 후 좋은 서비스를 제공할 확률이 낮다. 고객이 판매자의 양보를 바라면서 정작 본인은 전혀 양보하지 않았으니 흡족한 결과를 얻을 수 없다.

양보하기

○

협상은 기본적으로 양보를 주고받는 행위이기 때문에 우리는 보통 우호적 협상안을 추구한다고 볼 수 있다. 오늘날 상거래를 하려면 대부분 어느 정도의 협상을 거쳐야 하며, 상대방의 제안을 단번에 수락하는 경우는 극히 드물다.

사실 소비자로서 중요시하는 요소가 저렴한 가격, 배송, 지급 조건

뿐이라고 볼 수는 없다. 우리는 영업당하는 것을 좋아하지 않는다. 그보다 구입하는 것(따라서 주도권을 잡는 것)을 훨씬 선호한다. 그러므로 상대방의 양보를 얻어내는 데 성공한다면 우리는 스스로 영업당했다기보다 구입했다고 느낄 것이다. 이럴 때는 사실상 역할이 바뀌었다고도 볼 수 있다. 상품 혹은 서비스 판매자에게 우리 입장을 '팔았기' 때문이다. (따라서 소비자인 우리는 이겼다고, 나아가 역할을 바꾸는 데 성공했다고 느낄 것이다!)

필요할 때 꺼내 쓸 수 있는 비밀 전략을 갖추자. 통 큰 양보를 융통성 있게 활용하는 것도 방법이다. 단, 모든 카드를 한번에 다 써서는 안 된다. 토끼를 꺼낸 뒤에도 모자 안에는 뭔가가 남아 있어야 한다.

게임 계획

○

상대방의 문제는 이렇다. "전 당신의 마지노선이 어디까지인지 모르겠습니다. 기꺼이 쓸 수 있는 예산이 얼마인지, 최종적으로 어디까지 받아들일 수 있는지 전혀 감이 안 와요. 그러니 당신이 먼저 말씀하세요."

당신의 문제는 이렇다. "저는 가격이나 배송 지급 문제로 당신을 얼마나 압박할 수 있을지 모르겠습니다. 그래서 우리는 누군가 결코 양보하지 못한다고 고집할 때까지 줄다리기를 계속해야 할 거예요. 만약 그게 저라면 당신이 양보해야 합니다."

당신은 언제나 가느다란 선을 밟고 서 있다. 만약 처음부터 지나친 요구를 한다면 상대방을 아예 돌아서게 만들어 협상장까지는 가지도 못할 것이다. 하지만 그럴 때도 상황을 다스릴 줄 알아야 한다. 이때 (당신의 '패키지'에는 이미 가능한 양보가 다 반영돼 있기 때문에) 조금의 양보도 없는 마지노선을 즉각 제시하면 상대방은 이겨야 한다는 욕구는커녕 자신이 게임 중이었다는 사실조차 까맣게 잊을 것이다.

상대방의 적개심을 불러일으키고 싶지 않은 당신은 이런 전략이 심리적으로 힘들 수 있다. 하지만 이렇게 상황을 전개하다 보면 결국 상대방은 당신의 조건을 수락할 마음의 준비를 갖춘다. 그들은 이러한 양보를 원했던 것이다.

전문가들이 협상하는 모습을 지켜보면 상대측 요구에 대한 반응을 신체로 어떻게 표현하는지 알 수 있다. 그들은 고개를 흔들거나 웃기도 하고, 재킷에 묻지도 않은 깃털을 털어 내는 시늉도 하며, 때때로 믿을 수 없다는 듯 헛웃음을 터뜨리기도 한다. 안 된다는 말을 내뱉지 않고도 상대측 요구가 지나치다는 사실을 일깨워주려는 것이다. 이처럼 몸짓언어를 이용하면 덜 공격적으로 다가갈 수 있다.

상대방은 자신의 요구가 정당한지, 또는 자신의 근거가 틀렸다는 신호를 받고 있는지 전혀 알지 못한다. 그들은 진심으로 양보를 기대하지는 않겠지만 얼마나 더하면 양보를 이끌어낼 수 있는지 정도는 알아야 한다.

이때 상대방의 입장에서 생각하는 게 중요하다. 상대방의 자존심이 요구하는 바를 충족시켜주어야 하기 때문이다. 상대방의 가장 큰 욕구와 두려움을 파악할 수 있다면 어떤 미끼를 사용할지는 물론, 그물을 얼마나 멀리 던질지도 결정할 수 있다. 일례로 배송 사고로 고객이 불만을 제기하는 것이 가장 큰 걱정거리라고 해보자. 이럴 때 당신은 항공 배송을 제안할 수 있다. 그러면 배송 기간이 무려 8일이나 절약되는 데다 고객은 당신 덕분에 한시름 덜 수 있다! 당신의 사소한 양보가 고객에게는 큰 기쁨을 선사한다. 거래는 이렇게 체결된다.

보통 당신은 상대방으로부터 되도록 최대한 양보해달라는 요구를 받을 것이다. 상대방은 당신의 망설임과 몸짓언어 신호 등을 통해 양보를 얼마만큼 이끌어낼 수 있는지 가늠한다. 만약 그들이 계속 더 많이 요구한다면 당신은 누군가와 논의해야 한다. 여기에는 장단점이 존재한다.

장점은 잠시 빠져나와 한숨 돌리며 궁지에 몰린 이 상황을 되돌릴 방법이 없는지 점검할 수 있다는 점이다. 그리고 더 많은 양보를 제안해도 되는지 다른 관계자들과 논의할 수 있다.

반면, 지금까지 당신은 자신의 제안이 받아들여질 수 있도록 온갖 작업을 했고 그만큼 상대측 관심도 고조되고 있었다(주의력 곡선을 기억하는가?). 그런데 갑자기 당신이 자리를 뜨면서 분위기가 전환될 수 있다. 가령 상대방의 기억력이 그다지 좋지 않다고 해보자. 그들은 첫 미팅에서 자신을 그렇게 만족시켰던 모든 제안을 다 잊어버렸을 테고, 이는 자연스러운 일이다. 그 이후로 상당히 많은 일이 일어났다. 지붕은 주저앉았고, 그들과 상사 간에 다툼이 있었으며, 회사에서는 큰 계약을 성사시키지 못했다. 그 때문인지 건강도 나빠졌다.

이제 한창 고조되었던 흥분이 가라앉고 있다. 당연한 일이다. 아마 당신은 종전의 모든 작업을 반복해야 할 것이다. 하지만 그걸 또 지켜보고 있기엔 상대측이 너무 바쁘다. 어쩌면 다른 누군가가 그들에게 당신과 비슷한 제안을 했었고 그 자리에서 곧장 동의를 얻었을지도 모르는 일이다. 타이밍은 이토록 중요하다.

결론 짓기

○

만약 몇 가지 사실을 점검하고자 잠시 자리를 비운 사이 모조리 미궁에 빠지고 동력이 사라지는 걸 막고 싶다면 협상을 마무리지어야 한다. 이제 숨겨둔 카드를 선보일 때다.

"좋습니다. 그럼 3주 이내에 축하 콘서트 CD 패키지에 귀사의 로고를 인쇄하죠. 추가 비용은 전혀 없습니다. 그렇게 거래할까요?"

"아주 좋습니다!"

당신은 마치 재판 막바지에 최종 변론하는 변호사처럼 굴어야 한다. 여기서 핵심은 당신이 실제로 제공하는 사항을 재차 강조하는 것이다.

협상이 진행되는 동안 사람들은 상대방과의 주도권 다툼에 너무 집착하는 나머지 애초에 자신들이 무엇을 요구했는지조차 잊어버리고 만다.

정리해보자. 당신은 상대방에게 양보한 사항을 재차 강조함으로써 그들이 얼마나 유리한 거래를 획득했는지 심리적 확신을 선사한다. 그들의 완벽한 승리다!

협상 실행

○

아마 〈슬라이딩 도어즈〉라는 영화를 본 적 있을 것이다. 갑작스런 운명의 장난으로 전혀 다르게 전개되는 두 가지 상황을 나란히 보여주는 영화다. 한 가지는 주인공이 자신의 아파트로 돌아간 경우, 또 한 가지는 지하철 문이 닫히는 바람에 주인공이 정류장에서 내리지 못해 아파트로 돌아가지 못하는 경우다. 이 설정은 인생 그 자체와 비슷하다. 당신이 만약 X를 했다면 이런 일이 일어났을 테고, Y를 했다면 전혀 다른 결과를 맞이했을 것이다.

그럼 여기서 당신이 세 차례 미팅에 참석한다고 생각해보자. 그리고 (지금까지 읽은 내용에 근거해) '미소 띤' 얼굴 ☺과 '그렇지 못한' 얼굴 ☹이 되는 이유를 이해할 수 있는지도 알아보자.

첫 번째 미팅

상황 1

당신: 안녕하세요? 11시 45분에 번스 씨를 뵙기로 약속했습니다.

안내원: 성함이 어떻게 되시죠?

당신: ○○○입니다. 탑노치 호텔에서 왔어요.

안내원: 앉으시겠어요?

얼마 후 당신은 사무실로 안내받는다.

당신: 안녕하세요, 번스 씨?

번스: 네, 안녕하세요? 성함이….

당신: ○○○입니다.

번스: 네, 기다리시게 해서 죄송합니다.

당신: 괜찮습니다. (자리에 앉는다.) 만나 뵙게 되어 반갑습니다. 저를 만나시다니 운이 좋으시네요. 특히 지난번 저희 크슈타트 호텔에서 주최하신 회의에서 그런 낭패를 보셨던 터라 더 그렇다고 할 수 있죠. 그때 고객님들이 너무 노여워하지는 않으셨길 바랍니다. 이제 한 2~3년 됐죠? 지역 미팅에 갔다가 들었습니다.

번스: '낭패'라니 무슨 말씀이시죠, ○○○ 씨?

당신: 아, 그게 저희가 번스 씨 선임이신 플린트 씨와 일했었어요. 당시 저희가 연결해드린 시청각 업체가 갑자기 잠적해 난리가 났

8장 협상

•

279

었죠. 저희 사무실에서 팩스로 보낸 서류를 잃어버려서 그랬던 것 같은데, 어쨌든 혼선이 좀 있었어요. ☹

번스: 그랬군요. (미묘한 표정. 이제 그의 머릿속이 복잡해졌다. 일전에 이 업체가 일 처리를 실망스럽게 했던 것에 대해 좀 더 알아봐야겠다는 생각이 든다.)

당신: 번스 씨, 이번에 칸에 새로 개관하게 된 저희 호텔을 소개드리고 싶습니다. 완벽한 회의 시설은 물론이고 고급 레스토랑 세 곳과 최고급 스파 시설도 갖추고 있어요." (자신의 서류 가방을 집어 들더니 꽤 오랫동안 뭔가를 찾는다. 그러는 동안 번스 씨는 어딘가에 전화를 걸기로 한다.) ☹

번스: 게리, 안녕하세요. 존 번스입니다. 탑노치 호텔에서 직원 한 분이 오셨는데요. 네, 맞아요. 아… 그렇군요. 알겠습니다. 네, 아, 그랬어요? 일단 끊으시죠.

당신: 여기 층별 배치도와 샘플 메뉴들이 나와 있어요. 여기에는 외관이…"

번스: (번스 씨는 서류를 건네받기는 하지만 당신의 제안에는 더 이상 관심이 없다.) 7월 중순 대관료는 어떻게 되나요? 200달러 내외?

당신: 아, 그때는 성수기라서요. 어떤 방법이 있는지 한번 볼게요. (이제 계산기를 꺼내 한참을 두드려보는 당신. 번스 씨가 그의 책상에 쌓여 있는 서류 더미로 눈을 돌리고 천천히 훑어보는 사이 점점 신경이 예민해진다.) "이거 한번 보시겠어요? 룸 타입을 디럭스에서 스탠다드로 다운시키고 식사 구성도 좀 변경할 경우 할인율을 대략 써봤어요. ☹

설득의 디테일
•

번스: 감사합니다, ○○○ 씨. 죄송하지만 제가 급히 마무리 지어야 할 일들이 있어서요. 와주셔서 감사합니다. 기억해둘게요.

당신: 제가 감사하죠. 말씀드렸듯이 지난번의 그런 안타까운 사고 이후 저희와 다시 한번 계약하시는 건 행운입니다. 다른 사항을 논의할 수 있도록 다음 주에 전화 한번 드릴까요? ☹

번스: 아뇨. 그러실 필요 없습니다. 그러니까… 생각 있으면 제가 연락드릴게요.

당신: 그럼 가보겠습니다.

번스는 속으로 생각한다. '저들하고는 절대 계약 안 해. 또다시 실망시킬 게 뻔한걸. 그런 일이 있었는지 몰랐는데 내 선에서 알게 되어 다행이군. 윗선에서도 반기지 않을 거야. 어쨌든 저 정도 금액대의 거래를 누가 신입한테 맡기겠어? 난 여기서 아직 수습 기간 중인데. 에이, 괜히 시간만 낭비했네!'

상황 2

당신: 안녕하세요. (안내원에게 명함을 건넨다.) 11시 45분에 번스 씨와 미팅 약속이 있습니다.

안내원: 앉으시겠어요? (안내원이 당신의 명함을 들고 갔다가 잠시 후 돌아와 그를 사무실로 안내한다.)

당신: 안녕하세요, 번스 씨.

번스: 안녕하세요, ○○○ 씨. 앉으시죠. (번스가 명함을 살펴본다.) 몬테카를로 지사에 계시는군요. 거기는 요새 날씨가 좋죠. 여기

보다 훨씬 나을 거예요, 아마.

당신: 네, 그런 편이에요.

번스: 어떤 일로 만나자고 하셨죠? 뭐 좀 재밌는 게 있나요?"

당신: 네, 그럼요. 귀가 아주 솔깃해지실 겁니다. 저희가 칸의 한 부동산을 인수해 완벽하게 리모델링했어요. 여기 브로슈어를 보면 아실 겁니다. 요즘에도 고객들을 위해 여러 해외 콘퍼런스를 개최하시죠?"

번스: 네, 그럼요. 사실 이번 주에는 캘리포니아 팜스프링스에서 콘퍼런스가 열려요. 제가 오래전부터 좋아하던 곳이죠. 세월이 묻어나는 공간이에요. 리조트 느낌 물씬 풍기는 최고급 부지이기도 하고요. 5만 평이 넘는 대지에 정원, 호수, 테니스장, 그리고…. 혹시 골프 치시나요, ○○○ 씨? (당신은 고개를 끄덕인다.) 그럼 나인홀 골프 코스 좋아하시겠네요. 실내 수영장이 달린 고급 헬스클럽도 있고요. 저녁이면 훌륭한 해산물 요리를 선보이는 레스토랑도 아주 근사하죠.

당신: 해산물 요리를 좋아하시나 봐요?

번스: 제가 해산물 다이어트를 하거든요. 음식이 눈앞에 있으면 먹어치워서요!

당신: 하하! 무슨 말씀이신지 알겠습니다. 제 아내도 항상 저에게 해산물을 권하죠. 칼로리 좀 낮추라면서요!

번스: 저도 마찬가집니다. 그럼 다시 업무 이야기로 돌아와서, 아시겠지만 저희는 귀사의 여러 경쟁 업체들과 거래하고 있습니다. 그런데 저는 불과 두 달 전에 입사해 지금은 올해와 내년에 진행

할 프로그램들을 작업 중이에요. 그러니 타이밍을 아주 잘 맞추신 겁니다.

당신: 그러네요.

번스: 다른 지역에 있는 귀사의 여러 호텔에도 관심이 가지만 우선 칸의 이 5성급 호텔에 대해 듣고 싶군요. 제가 머지않은 9월, 10월에 행사를 하나 해야 하는데, 300~400명 정도 규모면 대략 얼마나 들까요?

당신: 물론 그건 선택하시는 룸 타입에 따라 다양합니다. 제가 이 호텔에 관해서 지난달에 작성한 기사가 하나 있는데 잠시 보고 계시겠어요? 그동안 예산을 한번 뽑아보겠습니다." (당신이 계산하는 동안 번스는 기사를 읽는다.) ☺

번스: 아주 인상적이네요, ○○○ 씨. 대략적인 예산은 나와 있습니까?

당신: 네, 여기 있습니다. (당신은 종이 한 장을 건넨다.) ☺

번스: 부가가치세 포함 예산인가요?

당신: 아뇨, 세전입니다.

번스: 우리가 지금까지 거래해온 금액대보다는 비싸네요.

당신: 그럴 겁니다. 하지만 행사 참석자 분들께 여러 관광지를 무료로 방문하실 수 있도록 서비스를 제공해드릴 수 있어요. 매일, 추가 비용 없이요.

번스: 그 부분에 대해선 같이 논의해보시죠.

당신: 그럼 이제 어떻게 하면 좋을까요, 번스 씨? ☺

번스: 제가 금요일에 이메일로 세부 사항들을 알려드릴게요. 일

정이 좀 타이트해서 일괄적으로 처리해야 합니다. 이 건이 벌써 얼마 동안이나 저를 괴롭혔는지 몰라요.

당신: 기꺼이 저희가 처리하도록 하죠.

번스: 타이밍이 아주 끝내주네요, ○○○ 씨!

두 번째 미팅

상황 1

안내원: 피터스 씨가 곧 오실 텐데 사무실에 들어가서 기다리시겠어요, ○○○ 씨? (당신은 널찍한 사무실을 둘러본다. 멋진 원형 테이블과 의자 세 개, 테이블 위에는 커피가 반쯤 채워진 컵 두 개와 전화기가 있고, 대형 책장도 눈에 띈다. 또 한쪽 구석에 놓인 커다란 책상 위에 갖가지 문서가 산처럼 뒤덮여 있다. 그는 책상으로 걸어가 가방을 내려놓고 맞은편 의자에 앉아 그 위에 있던 장갑 한 짝을 치운다. 몇 분이 지나도 소식이 없자 당신은 가방에서 노트북을 꺼내 책상 모서리에 올려놓는다. ☹)

피터스: 아, ○○○ 씨. 미안해요. 이 편지들을 받아오느라 늦었네요. 제 비서가 오늘 병가를 냈거든요. (피터스가 문 앞에 있는 원형 테이블을 흘끔 쳐다보고는 당신에게 다가가 악수하고 책상 쪽을 보니 중요한 문서들 위에 노트북이 올려져 있다. 곧장 책장 모서리 쪽으로 걸어가 노트북을 들어 올리고는 문서들을 빼낸다.) ☹

당신: 아, 죄송합니다. (당신은 노트북을 닫고 가방에 집어넣는다.)

피터스: 자, ○○○ 씨. 우리가 마지막으로 통화한 게 벌써 3주 전이니 다시 한번 간단히 설명해주시겠어요? 저희가 기획 중인 기

넘일 축하연 기획 방향을 말씀해주신다고 했죠. 맞나요? 말씀하시는 동안 저는 이 편지들에 서명 좀 할게요. 😣

당신: 네, 저희가 칸에 5성급 호텔을 새로 개관했는데 500명가량을 수용할 수 있는 연회장이 있습니다. 전화상으로는 400~450명가량 참석할 예정이라고 하셨는데 맞나요? (정적. 피터스는 고개를 숙인 채 편지에 열심히 서명 중이다.) 저기, 어, 제 말이 맞나요? (또다시 정적.) 😣

피터스: 뭐가 맞냐고요?

당신: 기념일 행사에 400~450명 정도 오시는 게 맞냐고요.

피터스: 네. 그 정도예요. (피터스는 일어나서 발송용 서류함에 편지들을 넣고는 다시 책상으로 돌아온다.) 귀사의 요금은 상당히 비싸네요. 그렇지 않나요, ○○○ 씨?

세라: (노크 소리.) 실례합니다. 피터스 씨, 혹시 이 우유 상품권에 서명해주실 수 있을까요? 몰렛 씨가 오늘 케임브리지에 가서요.

피터스: 이리 줘봐요, 세라. 이게 뭐죠? 3.42파운드? 제대로 체크한 거 맞아요? 아… 다른 사람이 서명할 순 없나요?

세라: 지금 아무도 안 계셔서요, 피터스 씨.

피터스: 아, 이런. (당신을 쳐다본다.) 또 제가 서명하네요. (세라가 나간다.) 어디까지 했었죠?

당신: 저희 호텔의 이용 요금이 비싸다고 하셨습니다. 😣

피터스: 맞아요, 마르베야에도 좋은 호텔이 있는데 가격은 더 싸요. 또 내세울 만한 게 있나요? (당신은 커다란 파일을 꺼내 또 피터스의 중요한 문서들 위에 올려둔다. 층별 설계도를 꺼내 피터스에게 건

8장 협상
•
285

네지만 그녀의 관심은 온통 자신의 문서들을 향해 있다. 괜히 구겨지거나 지저분해지는 건 아닌지 계속 흘끔댄다. 그때 전화기가 울린다.) 네, 아, 리처드. 안 끊고 기다릴 테니까 찾아봐. 🙁 (당신은 피터스를 빤히 쳐다보며 특유의 몸짓으로 빨리 끊으라는 신호를 보낸다. 이를 눈치 챈 피터스는 통화를 계속하면서 당신에게 조용히 해달라는 신호를 보낸다.) 🙁

당신: "피터스 씨, 그래서 여기 보시면…" (피터스가 손을 내저으며 잠시 조용히 해달라고 하고 통화를 이어간다.)

피터스: 그래. 그것도 좋아, 리처드. 그 부분에 대해선 나중에 얘기하자고. 끊을게. (그녀는 당신의 눈을 피하며 여전히 그에게 무관심을 표한다.) ○○○ 씨, 그냥 브로슈어를 두고 가세요. 비서가 돌아오면 제가 한번 살펴볼게요. 비서한테 우리의 요구 사항을 정리해서 메일 보내라고 하겠습니다. 그런데 우리가 주소를 알고 있나요? 명함을 주셨던가요?

당신: 아니요, 죄송합니다. 명함을 드린다는 걸 깜빡했네요. 여기 있습니다. 🙁

피터스: 아, 본래 몬테카를로 지사에 계시는군요. 카지노 옆에 있던 레스토랑이 생각나네요. 벌써 몇 년이나 못 갔어요. 안대를 쓰시는 분이 운영했었는데. 아직 거기 있죠? 세상에, 이름을 까먹었어요. 니스에서 일할 때 주기적으로 갔었거든요. 그곳에서 근무한다고 진작 말씀하시지 그랬어요. 담소나 나눴으면 좋았을 텐데. 어쨌든 이제 일을 해야겠네요. 안녕히 가세요.

설득의 디테일
•

상황 2

당신: (당신은 사무실로 들어간다. 창가의 커다란 책상이 종이들로 뒤덮여 있다. 원형 테이블의 상태는 좀 더 양호하다. 이곳에 마시던 컵도 두 개나 있는 걸 보면 피터스는 이 공간을 주로 사용하는 게 분명하다. 그래서 당신은 테이블 앞에 앉아 가방에서 문서들을 꺼낸다.) ☺

피터스: ○○○ 씨, 미안합니다. 이 편지들을 받아오느라 좀 늦었어요. 오늘 비서가 병가를 내서요. (둘은 악수하고 피터스도 테이블 앞에 앉는다.) ○○○ 씨, 우리가 전화 통화로 이 미팅을 잡은 게 벌써 3주 전이네요. 우리가 기획 중인 기념일 행사와 관련해 제안하셨던 내용을 다시 한번 말씀해주시겠어요? 괜찮으시다면 저는 이 편지들을 좀 훑어볼게요. 오류가 없는지 확인하고 서명해야 하거든요. 계속 말씀하세요.

당신: 아뇨, 괜찮습니다. 저도 보여드릴 자료를 좀 챙겨야 하니 일단 계속 살펴보세요. (당신이 문서들을 다 챙기고 피터스를 바라보자 그녀는 검토를 마친 편지들을 서류함에 넣어두고 테이블로 돌아오는 중이다.) 깜빡했네요. (당신이 명함을 건네자 피터스가 반갑게 받아 든다.) ☺

피터스: 음… (피터스가 당신의 명함을 보고 있다.) 몬테카를로에서 근무하시는군요. 저도 오래전에 니스에서 일한 적이 있어요. 이 그룹이 BMM 소유인지 미처 몰랐네요.

당신: 아, 네. 작년에 매각됐어요.

피터스: 혹시 스콧 워커라는 사람 알아요?

당신: 네, 지금 북미 지역을 담당하고 있죠. 그쪽 대표예요.

피터스: 15년 전 로마에서 그와 함께 일했었어요. 혹시 만나면 안부나 전해주세요.

당신: 물론이죠. 이제 본론을 말씀드리죠. 칸에 새로 개관한 저희 호텔에는 최대 500명의 고객과 대표단을 수용할 수 있는 연회장이 있습니다.

피터스: 대관료는 대략 얼마 정도인가요?

당신: 기본적으로 룸 타입에 따라 달라지는데….

세라: (노크 소리) 실례합니다, 피터스 씨. 혹시 이 우유 상품권에 서명해주실 수 있을까요? 몰렛 씨가 오늘 케임브리지에 가서요.

피터스: 이리 줘봐요, 세라. 이게 뭐죠? 3.42파운드? 제대로 체크한 거 맞죠? 펜 있나요? 아… 서명할 사람이 아무도 없는 게 확실해요?

세라: 지금 두 분 외엔 아무도 안 계세요.

피터스: 아, 그렇군요. (당신을 바라본다.) 또 제가 서명하네요…. 어디까지 했었죠? (당신은 피터스가 무엇이든 서둘러 결정하는 것을 좋아하지 않는 스타일임을 눈치챈다. 불과 3.42파운드짜리 우유라고 해도 말이다!) ☺

당신: 다시 한번 말씀드릴게요. 새 연회장은 최대 500명까지 수용 가능합니다. 만약 디럭스를 포함해 다양한 타입의 방을 사용하시면 비용을 상당히 절감할 수 있습니다. ☺ 여기 완벽하게 새단장한 스탠다드룸 사진을 보여드릴게요. 그야말로 없는 게 없어요. (피터스가 사진을 들여다보는 동안 당신은 말을 멈춘다.) ☺

피터스: 저희가 마르베야에 있는 한 호텔에서 제안받은 것보다

좀 비싸네요. 이 금액으로 합의하면 공항에서 무료 픽업 서비스가 가능할까요? (당신은 동의의 의미로 고개를 끄덕인다. 그때 전화벨이 울린다.) 죄송합니다. 무슨 얘기 중이었죠?

당신: 공항 무료 픽업 서비스를 제공할 수 있냐고 물으셨죠. 얼마든지 가능합니다. 윗선에서도 분명 승낙이 떨어질 거예요. ☺

피터스: 그럼 460명 정도면 대략 가격이 얼마 정도 나올까요? 그게 이 그래프에서 이 막대가 맞죠?

당신: 네, 그럼 다음 단계로 넘어가볼까요?

피터스: 네, 세부 사항들로 넘어가죠. 물론 우리는 잘 해결할 거예요. 그리고 새 호텔에서 우리의 중요한 기념일을 축하하겠죠.

당신: 세부 사항들은 제가 신속히 메일로 보내드릴게요. 스콧 씨한테도 꼭 안부 전하겠습니다.

피터스: 저한테 500만 리라 갚아야 한다고도 좀 전해주세요. 이제 유로로 이자까지 쳐서 갚으라고요! 그럼 조심히 가세요.

세 번째 미팅

상황 1

히치콕: 들어오세요, ○○○ 씨.

당신: 감사합니다, 음… 저… 히치콕 씨.

히치콕: 그나저나 ○○○ 씨. 지난주에는 죄송했습니다. 너무 급히 연락드렸는데, 어쩔 수가 없었어요. 살다 보면 그럴 때가 있죠.

당신: 무슨 말씀이시죠? ☹

히치콕: 제가 전화해서 미팅을 취소했었잖아요. 집에 배관이 터

져서 완전히 물난리가 났었거든요. ○○○ 씨도 지난겨울에 그런 일이 있었다고 말씀하셨던 것 같은데.

당신: 그랬었나요? 아… 그러네요. 맞습니다. 😕

히치콕: 어쨌든 해외에 아주 근사한 호텔을 새로 개관한다고 말씀하셨죠. (노크 소리) 아, 홀리. 들어와요. 앉으세요.

홀리: 감사합니다.

히치콕: 이쪽은 탑노치 호텔의 ○○○ 씨… ○○○ 씨, 이쪽은 우리 야외촬영장 섭외 담당인 홀리 우드 씨예요.

당신: 반갑습니다. (악수한다.)

히치콕: ○○○ 씨는 칸의 5성급 호텔 등 세계 각지의 탑노치 호텔들이 우리 구미에 딱 맞을 거라고 생각하세요. 그럼 좀 더 말씀해주시겠어요?

당신: 물론이죠. (당신은 여러 사진을 보여준다.) "지금까지 우리 DBC 프로그램의 우수성을 제대로 느끼셨을 겁니다. 그래서 DBC를 이용하는 여느 관객들처럼 상당히 만족하셨을 거라고 확신해요. 사실, DBC는…. 😕

히치콕: (히치콕은 DBC가 뭘 말하는 건지 전혀 모른다. 그래서 고개를 끄덕이고 있지만 사실은 듣지 않는다. 그렇다고 대놓고 물어보는 건 실례일 것 같다. 특히 홀리는 못 알아듣는 기미가 전혀 없어 더 그렇다. 이제 그는 DBC가 무슨 의미일지 머릿속으로 단어를 다양하게 조합해보는 데 여념이 없다. 당신이 그것부터 설명해줬어야 한다고 원망 섞인 생각을 하기도 한다. 당신은 히치콕이 다른 데만 바라보고 있자 다시 주의를 끌기 위해 갖가지 노력을 해본다. 하지만 그의 이름을 부를 수도 없다.

설득의 디테일
•

어느새 까먹은 것이다. 😕 그때 전화벨이 울린다.)

히치콕: 히치콕입니다. (감사하게도 당신은 그의 이름을 다시 알게 됐다.) 네 올라오세요, 베벌리 씨. 지금 미팅 중이기는 한데 같이 들으면 좋을 거예요. (잠시 후 노크 소리가 들린다.) 들어오세요. ○○○ 씨, 이쪽은 베벌리 힐스 씨예요. 이쪽은 탑캣… 아니 탑노치 호텔의 ○○○ 씨고요. 탑노치의 새 호텔을 소개해주시는 중이었어요. 앉으세요.

당신: (당신은 새로 온 사람에게 몇 가지 서류들을 챙겨준 뒤 히치콕을 쳐다본다.) 같은 지역에 있는 다른 호텔들에 비해 저희 호텔이 갖는 강점들을 설명해드렸는데요. 어떻게 생각하세요, 히치콕 씨?

히치콕: 아, 그게 아주…. (그는 듣지 않고 있었다.)

당신: 너무 비싼가요?

히치콕: 그런 것 같습니다. 제가 느끼기에 그 호텔은 좀 더….

당신: 예산이 풍부한 제작사에나 맞을 것 같다고요? 😕

히치콕: 어쩌면요.

당신: 그렇게 말씀하실 줄 알았습니다. 하지만 비수기 요금이 요동치고 있는 상황에서 이 정도면 상당히 경쟁력 있는 가격이라고 느끼실 겁니다.

히치콕: 혹시 저희가…?

당신: 좀 생각해봐도 되냐고요? 😕

히치콕: 네, 사실 사진들을 다시 볼 수 있을지 여쭤보려 했습니다. 하지만 그렇게 말씀하시니 저희가 한번 머리를 맞대고 의논한 다음에 나중에 연락드리도록 하지요.

8장 협상

•

291

당신: 정보가 더 필요하시면 언제든지 전화 주십시오.

히치콕: 네, 알겠습니다.

당신: 네, 댁의 지붕 문제가 잘 해결되길 바랍니다. 히치콕 씨. ☹

히치콕: 아… 무슨 말씀이신지?

당신: 댁의 지붕이요. 잘 해결되길 바란다고요.

히치콕: 네, 뭐….

당신이 떠난 뒤 남은 세 직원이 당신의 처신에 관해 뒷이야기를 나눈다.

히치콕: 저 친구 좀 걱정스럽네요. 질문도 하나 안 하고.

우드: 눈도 안 맞추잖아요. 우리한테 뭐가 필요할지 전혀 공감하는 기색도 없고요. 제가 브로슈어를 좀 읽어보려 할 때도 자기 말만 하기에 바쁘더라고요.

히치콕: 자, 봐요, 홀리. 홀리는 야외촬영장에 대해 훤하죠. 아까 답답해 죽는 줄 알았는데, 대체 DBC가 뭐죠?

우드: 패스!

히치콕: 베벌리, 당신은 알지 않나요?

힐스: 그렇게 말씀하시다니 당황스럽네요. 저도 두 분께 여쭤보고 싶었다고요!

상황 2

히치콕: 들어오세요, ○○○ 씨.

당신: 감사합니다. 히치콕 씨. (안내받은 자리에 앉는다.) 지난번에 터진 배관은 어떻게 됐나요? 피해가 심하지는 않았고요?

히치콕: 아, 그거요! 말도 마세요! 집이 완전히 물바다가 됐어요. 아직도 방 하나만 쓸 수 있어서 아내가 아주 힘들어해요. 보험회사가 와서 보고는 하루빨리 공사를 시작하라고 했는데 아직 괜찮은 업체를 못 찾았어요.

당신: 아이고, 저런. 남 얘기 같지가 않네요. 전화로도 잠깐 말씀드렸지만 저도 지난겨울에 똑같은 일을 겪었거든요. ☺

히치콕: 네, 그래서 공사는 잘됐나요? 지금은 별 문제 없고요?

당신: 네, 그럭저럭 잘됐어요. 아주 실력 있는 업체를 찾았거든요. 홍수 피해 복구 전문 업체인데 일 처리가 아주 빠르더라고요. 사실, 제 다이어리 어딘가에 아직 전화번호가 있을 것 같은데 관심 있으시면 한번 견적이라도 받아보시겠어요?

히치콕: 너무 좋죠. 그래주시면 감사하고요.

당신: 아, 여기 있네요. 노아 건축 주식회사. 전화번호를 적어드릴게요.

히치콕: 감사합니다. 그럼 이제 일 얘기로 돌아가보죠. 비행기를 놓치지 않으셔야 하니까요! 아시다시피 저희는 영화 및 TV 광고를 만들어요. 처음 보내주신 메일에서도 말씀하셨는데, 저희 작업에 꼭 맞는 호텔이 있다고요?

당신: 네, 귀사의 광고들을 쭉 봤는데, 주로 세월의 흔적이 느껴지는 건축물을 선호하시는 것 같더라고요.

히치콕: 아, 언제나 이상적인 촬영지 물색이 저희의 과제죠. 지금

은 스위스에서 촬영을 진행 중이에요. 저희 제작진은 제네바에서 이용했던 근사한 5성급 호텔에 머물고 있고요. 그러고 보니 아시겠군요, 모벤픽 호텔이라고. 공항도 가깝고 셔틀버스도 운행해서 제작진이 이용하기에 편리해요. 출연진과 감독들은 본래 성으로 쓰였던 건물에 묵고 있어요. 물론 개인 소유죠. 모든 방이 건축 당시의 세세한 모습 그대로 보존되어 있어요. 안락한 건 말할 것도 없고요. 정말이지 시간 여행을 떠나는 기분이라니까요. 그곳 레스토랑의 음식도 정말 맛있고요."

당신: 네, 음식 맛이 그저 그런 호텔도 많죠.

히치콕: 정말 그래요.

당신: 저희 호텔들은 대부분 주변 경치도 아주 훌륭해요. 이 사진 한번 보세요. 칸에 새로 개관한 호텔인데 벌써 음식 맛이 끝내준다는 소문이 자자합니다. ☺

히치콕: 아, 샌드라…. 커피 드시겠어요, ○○○ 씨? 네, 샌드라, 커피 두 잔 부탁해요.

당신: 많은 영상 전문가들이 세계 각지의 저희 호텔을 선택합니다. 그렇게 빼어난 경관을 자랑하는 건 저도 행운이라고 생각해요. 그리고 하나같이 유서 깊은 건축물들이기도 하고요.

히치콕: 아주 흥미롭군요, ○○○ 씨. 말씀을 듣고 있으니 조만간 시작할 프로젝트들이 떠오르네요. 아, 그런데 제가 야외촬영장 섭외 담당자를 이 자리에 초대했어요. 요새 골치 아픈 문제들이 좀 있거든요. 살다 보면 사람들 때문에 힘들 때가 있잖아요. 혹시 깜빡한 건 아닌지 한번 전화해볼게요. (그가 수화기를 드는 순간 노

크 소리가 들린다.) 들어오세요. 아, 홀리 왔군요. 막 전화하려던 참이었어요. 이쪽은 탑노치 호텔의 ○○○ 씨. 제가 저번에 이야기한 적 있죠?

우드: 안녕하세요, 홀리 우드입니다. 만나서 반갑습니다. (서로 악수한다.)

당신: 네, 반갑습니다. 죄송한데 성함을 잘 못 들었네요. 홀리…?

우드: 우드, 홀리 우드예요.

당신: 그렇군요, 감사합니다.

(다들 자리에 앉자 당신은 홀리에게 자신의 명함을 건넨다.)

히치콕: 홀리, ○○○ 씨가 우리 촬영지로 적합한 호텔을 몇 군데 보여주고 계셨어요. 계속할까요, ○○○ 씨? 어디까지 했었죠?

당신: 저희가 도와드릴 수 있는 몇 가지 프로젝트를 곧 시작할 예정이라고 하셨죠. ☺

히치콕: 네, 맞아요.

(당신은 두 사람에게 각각 브로슈어와 사진 몇 장을 건넨다. 그들이 모두 살펴보자 다시 눈을 맞추며 이야기를 시작한다.) ☺

당신: 히치콕 씨, 보시면 알겠지만 저희 호텔들은 아주 유서 깊은 건축물이고 영상 관계자분들 사이에서도 아주 인기가 높아요. 비수기에는 출연진과 제작진이 장기간 머물 수 있도록 호텔 전체를 대관하는 제작사들도 있죠.

히치콕: 네, 이런 환경이라면 얼마든지 있어도 좋을 것 같네요. 아, 홀리?

당신: 그리고 저희 호텔의 어느 지점을 이용하시든 DBC 고객으

로 지정됩니다. DBC 프로그램은 운영을 시작한 순간부터 엄청난 성공을 거뒀어요. 사실, 지난해에는 DBC 덕분에 상을 타기도 했죠. 홍콩에서 시상식이 열렸는데…. (다른 두 사람의 몸짓을 보고는 이야기가 맥락에서 벗어났다는 걸 알아차린다.) 아, 죄송합니다. 제가 요새 어딜 가든 DBC 이야기네요, 눈치 없이. DBC는 'Doing the Best We Can'의 약자로 특별한 고객님들을 위한 일종의 VIP 프로그램입니다. 이외에 다양한 서비스와 프로그램을 제공해 작년에는 상을 탔었죠.

우드: 아주 훌륭하네요.

당신: 사실, 언론에도 몇 번 보도됐어요. 여기 스크랩해둔 자료를 한번 보시겠어요, 우드 씨? (홀리가 기사를 읽는 동안 당신은 히치콕을 바라본다.) ☺ 광고 촬영을 할 때는 보통 해외에 얼마나 머무시나요?

히치콕: 아, 홀리가 말씀드리겠지만 짧게는 4일부터 길게는 한 달까지 천차만별이에요.

(당신은 자료에 완전히 심취해 있는 홀리를 바라본다. 홀리는 해당 지면에서 아주 흥미로운 기사를 발견했다. 바로 '세계에서 가장 끈적끈적한 토피 푸딩 레시피'다.)

당신: 뭘 보고 계신가요, 우드 씨?

우드: 죄송해요. 잠시 다른 데 정신을 팔았네요. 같은 지면의 다른 기사를 보고 있었습니다. 아주 재미있네요.

당신: 저희 호텔이요, 아니면 끈적끈적한 토피 푸딩이요?

우드: 둘 다요!

당신: 해외 광고 촬영은 소요 기간이 천차만별이라고 히치콕 씨가 말씀해주시던 참입니다. ☺

우드: 맞습니다.

히치콕: (이때 전화가 울리고 히치콕이 받는다.) 네, 베벌리. 올라와요. 지금 한창 미팅 중인데 같이 만나면 좋겠어요. (몇 분 후, 노크소리가 들린다.) 베벌리, 들어와요. 이쪽은 탑노치 호텔의 ○○○씨. 베벌리는 저희 영상 파트의 예산 담당관이에요.

힐스: 반가워요, 베벌리 힐스입니다.

당신: 반갑습니다, 힐스 씨.

힐스: 탑노치 호텔이라… 혹시 최근『필름 뉴스』에 소개되지 않았나요? 무슨 상을 탔다고 했던 것 같은데? 다른 기업이었나….

당신: 저희 맞습니다. 기억력이 좋으시네요, 힐스 씨.

힐스: 그쪽 호텔에 ESP 측 제작진이 나온 사진이었거든요. '악몽이 시작된다'라고 정문 앞에 큼직하게 써 있고요. 제 친구가 그 영화에 나와요.

당신: 안 그래도 그에 관한 최신 기사를 우드 씨께 보여드리던 참입니다.

히치콕: 저도 볼 수 있을까요?

당신: (당신은 우드에게 몸을 돌려 말한다.) 저희가 DBC에서 제공하는 시설들이 어떠신가요?

우드: 상당히… 포괄적이네요. 어떤 앵글을 잡아도 그림이 나올 것 같아요.

당신: (당신은 이제 세 사람을 번갈아 보며 말한다.) 저희 호텔은 모든

8장 협상
·

식사가 제공된다는 걸 꼭 말씀드리고 싶네요. 호텔에서 식사하기 어려우신 경우 도시락도 얼마든지 제공됩니다. 촬영 스태프들은 야외 일정이 워낙 많기도 하니까요.

우드: 그럼 평균 요금이 얼마인가요?

힐스: (당신은 세 사람에게 서류를 한 장씩 전달한다. 금액을 확인한 힐스 씨가 당신에게 묻는다.) 음… 저희가 지금껏 계약해온 평균 금액보다는 좀 비싸네요. 하지만 그만큼 차별성이 있겠죠?

당신: 네, 물론입니다. 힐스 씨, 혹시 그동안 다른 호텔들에서는 제작진의 식사를 어떤 식으로 해결하셨는지 여쭤봐도 될까요?

힐스: 보통은 호텔에서 먹었지만 혹시 자리가 없을 때는 밖에서 해결했죠, 뭐. 당연히 비용은 저희가 다 부담했고요.

당신: 그럼 식비 때문에 예산이 초과된 경우도 있지 않나요? ☺

힐스: 두세 번? 그 정도면 좋겠지만 사실 매번 그랬네요!

당신: 제작진이 호텔은 물론 밖에서 식사할 때 얼마씩 지출하는지 통제할 수가 없으니까요. 게다가 밖에서 먹으려면 택시도 타야 하잖아요?

힐스: 맞아요.

당신: 그러니 살짝 비싸더라도 저희 호텔을 선택하시면 모든 식사가 포함되어 있으니 지금까지와 비슷한 수준의 예산, 아니 어쩌면 더 저렴하게 진행하실 수 있는 겁니다. ☺

힐스: 네, 제가 지금껏 결재해온 레스토랑 영수증들을 떠올려보니 오히려 더 저렴하겠어요!

당신: 결론적으로 힐스 씨는 좀 더 수월하게 비용을 관리할 수 있

고, 또 스태프들은 식사 때마다 넉넉한 자리를 보장받아 외부로 나가는 번거로움을 피할 수 있고요. 🙂

힐스: 훌륭하네요. 비용을 관리할 수 있다니!

20분 후, 당신이 떠난 뒤 히치콕과 홀리 우드, 베벌리 힐스가 미팅에 대한 소회를 나눈다.

히치콕: 아주 흥미로웠어요.

우드: 네, 애용할 수 있을 것 같아요. 딱 우리 취향의 촬영지들이 많이 있네요.

힐스: 요금도 그리 비싸지 않고요. 식사가 다 포함되는 거면 최종 금액이 오히려 다른 호텔들보다 더 저렴할 것 같아요.

히치콕: 네, 아까 그분 마음에 들어요… 블레이크. 아니, 내가 뭐라고 하는 거지, 홀리? 블레이크였나요? 하여튼 나이는 못 속인다니까.

우드: 아니에요, 히치콕 씨. 저처럼 암기 기술을 사용해보세요. 전문가들이 말하는 연상법이죠. 저는 바로 ○○○ 모텔을 생각했어요! 🙂

●▶ 모두가 승자가 되는 고전적 협상에는 협력과 경쟁이라는 상반되는 요소가 항상 공존한다.

●▶ 상대방의 입장이 당신과 상반된다고 해서 그들의 목표도 상반되는 것은 아니다.

●▶ 신의를 바탕으로 협상하려면 신뢰성과 정직성에 대한 명성을 쌓아야 한다.

●▶ 승자와 패자가 존재하는 협상은 보통 일회적 관계에서 일어난다.

●▶ 입장이 아니라 이득과 필요를 협상 대상으로 삼아야 한다.

●▶ 장기적 관계에서는 대부분 둘 다 승자가 되는 협상 시나리오를 채택한다.

●▶ 협상에 도움이 되는 가장 중요한 자산은 훌륭한 듣기 능력이다.

●▶ 훌륭한 협상의 핵심은 당신이 원하는 바를 정확히 표현하는 것이다.

●▶ 협상은 뭔가가 원칙적으로 동의된 뒤에야 진행될 수 있다.

●▶ 협상은 기본적으로 양보를 주고받음으로써 우호적 합의안을 도출하는 것이다. 둘 다 승자가 됐는지는 각자 판단할 몫이다.

정답: 3달러는 없어지지 않았다.
호텔은 확실히 30달러를 가지고 있다. 여행객들은 모두 9달러를 가지고 있다. 벨보이는 6달러를 가지고 있다. 따라서 이를 합치면 총 45달러가 된다. 놀랍게도 인식과 현실은 이처럼 큰 차이가 난다. 누구나 자신만의 필터를 끼우고 세상을 바라보며 저마다 다르게 받아들인다.

난관

'불편한' 사람들을 어떻게 대해야 할까?

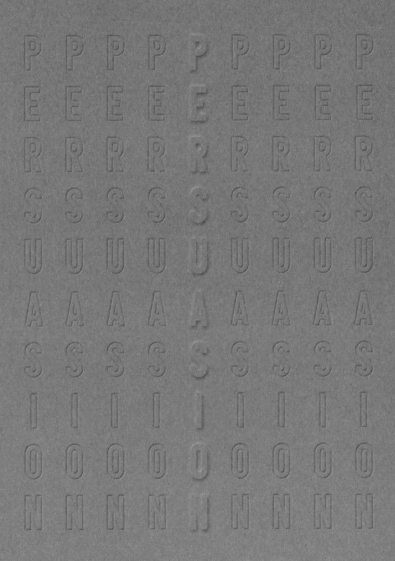

사람들이 회사를 이직하는 가장 첫 번째 이유는 불편한 사람들을 피하기 위해서라는 조사 결과가 계속 밝혀지고 있다(2위는 더 높은 연봉과 승진). 최근 몇 년간의 근로 관계 연구 결과에 따르면 많은 사람이 상사와의 불화를 퇴사 원인으로 꼽는다.

하지만 그렇게 이직을 해도 또 다른 불편한 상사나 동료들을 만나는 경우가 비일비재하다. 결국 그들은 또다시 좌절하며 '불공평하다'고 한탄할 테지만 본래 인생은 불공평한 것이다.

'불편한' 사람들과의 불화를 유발하는 두 가지 요인이 있다. 첫 번째는 '기대' 영역, 두 번째는 '경계'의 문제다.

기대

○

기대에 대해 살펴보자. 심리분석학자들은 환자를 치료하는 수단으로 그들의 기대를 수정하는 일에 부단한 노력을 기울인다. 만약 무언가에 대해 또는 누군가에 대해 기대를 품고 있다면 상당히 실망할 확률이 높다. 그 결과, 마찰과 불화가 생기고 사람들이 불편해진다.

당신은 남편이나 남자 친구로부터 꽃을 선물받기를 기대했다. 직장에서는 홍보 담당자가 회사의 최신 실적에 대한 보도 자료를 작성해줄 거라고 기대했다. 또 다른 매니저는 회사 영업부장이 마치 마법처럼 대규모 계약을 성사시켜 전시회 부스의 엄청난 대관비를 내고도 남을 수익을 올릴 거라고 기대했다. 한 팀원은 자신이 이번 분기에만 여섯 번이나 야근한 사실을 팀장이 기억해 추가 수당을 얹어주기를 기대하는 중이다.

하지만 위에 언급한 사례들은 이 같은 '기대'가 상대방과 논의는커녕 전달된 적조차 없다는 점에서 비극적이다.

기대는 순전히 그 사람의 머릿속에만 존재한다. 그러니 우리가 누군가에게 실망을 느끼고 그대로 반응하면 '불편한' 사람이라는 꼬리표가 붙을 수 있다. 그리고 동전의 다른 면처럼 그들 또한 애초에 저지른 원죄, 그리고 우리의 불만을 듣고 보인 반응으로 인해 '불편한' 사람이 되는 것이다.

결과적으로 직장에서 당신은 가장 높은 서열부터 말단 직원에 이르는 모든 사람이 기대가 충족되지 않아 실망함으로써 서로 분노를 품고 있다는 사실을 알게 될 것이다. 이 팀원이 저 팀원에게, 부하 직원이 관리자에게, 관리자가 자신의 상사에게 말이다.

우리는 기대에 어떻게 대처해야 하는가?

비현실적인 기대를 품었다가 실망감에 빠지는 악순환에서 벗어나는 유일한 방법은 그 기대를 제공하는 당사자와 직접 해결하는 것이다. 만약 당신이 누군가에게 품은 기대 때문에 그 사람이 불편하다면, 혹은 반대로 그 사람이 나에게 품은 기대 때문에 억울하다면 그 사람과 소통하는 것만이 유일한 해결책이라는 뜻이다. 하지만 실제로 직장에서 이런 일이 생기면 퇴근 후 다른 동료와 술 한잔하며 분노를 표출하거나 친구나 가족에게 쏟아내는 게 대부분이다. 결국 '불편한' 사람에 관한 문제는 미결로 남고, 우리는 그 관계를 회피해버린다. 중요한 건 아무리 어려운 사람이라도 한번 터놓고 이야기하면 한결 편안하게 지낼 수 있다는 사실이다.

경계

○

앞서 이야기했듯이 불화를 유발하는 또 다른 요인은 '경계'라는 개념이다. 심리학자들은 늘 심리적 경계와 감정적 경계를 이야기한다. 드라마틱하기 짝이 없는 직장에서 '가면을 쓴 채로' 다양한 역할을 동시에 감당하다 보면 실질적으로 경계라는 개념이 필요해진다. 예를 들어 당신이 자리를 비운 사이 비서가 당신 자리에서 일하면서 미팅 중인 당신을 방해하거나 당신에게 걸려온 전화를 받는다고 해보자. 뭐라고 하기도 그렇고 안 하기도 그런 참 애매한 상황 아닌가? 게다가 관리팀의 한 직원은 당신이 없는 사이 당신 책임인 사안을 회사 전체에 득이 되는 일이라며 독단적으로 승인해버렸다. 당신의 상사 역시 때때로 역할과 관련된 경계를 지키지 않아 당신을 곤란에 빠뜨린다. 이쯤 되면 당신은 그들이 불편할 뿐만 아니라 직원들과의 소통에도 문제를 겪을 수 있다. 데일 카네기는 직장의 이런 생리를 잘 표현했다. "사람들을 대하는 건 당신이 해결해야 하는 가장 큰 문제다. 당신이 비즈니스를 하는 사람이라면 특히 더 그렇겠지만 가정주부, 건축가, 공학자여도 마찬가지다."

접근법을 바꿔라

확실히 짚고 넘어갈 사실이 있다. 사람과 상황을 어떻게 다루느냐에 따라 모든 게 달라진다는 것이다. 그들은 절대 변하지 않는다. 변해야 하는 건 우리다. "잠시만요, 저는 아무 문제 없는데요…"라고 말하기 전에 현실을 직시하자. 저들은 자기는 옳고 당신은 틀렸다고 생각한다.

그렇다고 친구, 가족, 연인, 동료와 관계를 끊을 수는 없는 노릇이다. 그러니 기술을 좀 더 연마하고 자신감을 강화하는 방식으로 접근법을 바꿔보자. 성격을 바꾸라는 얘기가 아니다. 그저 이 '불편한' 사람에게 공감해주고 그의 '마음속으로 들어가' 어떻게 하면 그들에게 휘둘리지 않고 당신이 주도권을 잡을 수 있을지 배워야 한다.

그 비법은 상대방의 유형을 파악한 뒤 새로운 방식으로 소통을 시도해 좀 더 효율적으로 접근하는 것이다.

칵테일 파티에서 루시는 한눈에도 '비호감'인 사람이 맞은편에서

자신을 뚫어져라 바라보고 있는 모습을 발견한다.

루시: 이런, 저 사람이 나한테 오고 있어…. (친구한테 토로한다.)

사이먼: 안녕하세요, 저는 사이먼이라고 합니다. 헤어스타일이 너무 멋져서 그냥 지나칠 수가 없네요. 직업이 스타일리스트이신 가요?

루시: 아니에요. 저는 치위생사예요.

사이먼: 아, 그렇군요. 어… 그래서인지 치아가 아름다우시네요.

루시: 무슨 일 하시나요?

사이먼: (허세를 부리며 가슴을 한껏 '부풀려' 말한다.) 저는 파일럿입 니다.

루시: 아, 정말요? 파일럿이시군요. 그럼 제게 다가오시는 모습은 잘 봤으니 그만 떠나시는 걸 보고 싶네요!

다시 한번 말하지만 어떤 상황을 해결하고 싶다면 그 원인을 제공하는 사람부터 해결해야 한다. 직장 안팎에는 당신을 곤란하게 만드는 사람이 너무도 많다. 그러면서 정작 자신은 전혀 눈치채지 못한다.

현실적으로 생각해보자. 더 나은 결과를 얻고 싶다면 일상적으로 만나는 사람들을 어떻게 대할지 결정하는 책임은 우리에게 있다. 우리 역시 '곤란한' 상황을 초래할 때가 있으며, 어느 누구도 그로부터 자유로울 수 없다. 하지만 유독 짜증과 갈등을 유발하는 행동 방식이 엄연히 존재하는 것도 사실이다. 그중에서도 흔히 마주칠 수 있는 사례를 살펴보고 어떻게 해야 이들의 곤란한 행동들을 자제하도록 설득할 수 있을지 알아보자.

Procrastinator 관망형
Explosive 폭발형
Rigid 고지식형
Self-important 자기중심형
Untrustworthy 사기꾼형
Antagonist 적대형
Dampener 찬물형
Extrovert 외향형

설득의 디테일

관망형

○

우리는 이런 유형의 사람들을 잘 안다. 이들은 아마 결정을 잘 내리지 못하는 직장 동료나 고객, 예비 고객일 것이다. 점심을 뭘 먹을지 결정해야 할 때면 우리 자신이 이런 사람이 되기도 한다. 집에서든 직장에서든 어떤 결정을 내리는 것은 모두에게 어려운 일이다.

관망형의 경우, 평소 결정을 잘 못 내리는 경우가 더 많다. 무엇을 결정하기 위해 서로 다른 수많은 요소를 고려하는 일이 너무 막대한 부담으로 다가오기 때문이다. 이런 유형의 사람들은 타인에게 좌절을 안기기 쉽다. 일례로 한 시설 담당자에게 최신형 기기에 대해 열심히 설명하며 홍보했는데 정작 결정은 미룬다고 해보자. 사실 그녀는 결정하는 걸 좋아하지 않아서 막상 구입할 순간이 되면 늘 우유부단하게 미뤄왔다. 혹은 상품 프레젠테이션이 끝난 뒤 당신이 건넨 브로슈어와 통계자료를 여전히 들여다보고 있는 고객을 떠올려보자. 사실 이들은 실수하기 싫은 까닭에 여러 다른 선택지들이 주어져야만 사전 조사가 제대로 이루어졌다고 생각한다. 이럴 땐 더 많은 정보를 제공하자. 이들은 어떤 결정에 뒤따를 수 있는 단점들을 끊임없이 주시한다. 또 대화할 때는 "네, 그런데"라는 말을 가장 많이 한다. "네, 그런데 저는 좀 더 확실한… 결정하기 전에 혹시…." 가족이나 친구, 직장 동료 중 이런 유형이 있지 않은가?

그들은 사실과 수치를 좋아하고 언제나 증거를 찾는다. 그들은 타고난 회의론자로 거의 모든 것의 타당성을 의심한다. 이런 유형들은 심지어 냉장고 문이 닫히면 냉장고 안의 불이 꺼진다는 사실조차 믿

지 못한다. 도리어 "증거 있어?"라고 물어올 것이다.

여기서 중요한 건 그들 때문에 아무리 짜증스럽더라도 말투나 몸짓으로 티를 내서는 안 된다는 것이다. 오히려 그들의 입장에 서서 우유부단함의 원인이 무엇인지 생각해보고 결정을 못 하고 있는 현재 얼마나 난처할지 공감해줘야 한다. 그러면 그들의 속도에 맞춰 돕는 절차를 진행할 수 있다.

폭발형

○

사람들 중에는 난데없이 분노를 폭발한 뒤 통제가 안 돼 날뛰는 이

설득의 디테일
•

들이 있다. 상사나 동료 중에 이런 사람이 없을 만큼 운이 좋다면 공항 체크인 데스크에서라도 목격했을 것이다. 이러한 유형은 순간적으로 이렇게 난리를 치고 나면 자신을 통제하지 못했다는 이유로 상당한 수치심을 느낀다. 그래서 통제력을 잃은 자신에게 또다시 분노를 쏟아내 상황이 더 악화된다. 이처럼 폭발형은 이미 자신의 행동으로 인한 자기혐오를 어느 정도 내재하고 있다.

그들은 아마 우리가 하거나 하지 않은 행동, 또는 내뱉은 말 때문에 우리한테 화가 났을 것이다. 마찬가지로 어떤 상황에 화가 났을 수도 있다. 그렇다면 우리의 경험에 비춰볼 때 무엇을 해야 할까? 무엇보다 우리는 그 분노의 고리를 끊어버려야 한다. 달래보겠다고 "진정하라"는 식의 말을 해봐야 상황이 더 악화될 뿐이다. 분노하는 그들을 목격하는 당신 역시 분노가 치민다는 식의 발언도 도움이 되지 않기는 마찬가지다. 그 상황은 분명 그들이 벌인 일이므로 그들이 해결해야 한다는 사실을 명확히 심어줘야 한다.

그들보다 더 큰 목소리로 그들의 이름을 불러 주의를 모아야 한다. 걱정되는 마음을 전달하고 폭발한 이유를 들어본 뒤 충분히 공감해주자. 계속 눈을 맞춤으로써 당신이 그들의 말을 잘 듣고 있다고 느끼도록 하자. 결코 쉽지 않은 일이지만 그들을 폭발하게 만든 근원이 무엇인지 이해해준 뒤 다음 단계로 넘어가자.

이 사람들은 상당히 위협적일 수 있다. 어쩌면 상사나 동료가 주도권을 획득하기 위해 이처럼 순식간에 공격적 분노를 표출하는 것일 수도 있다. 이럴 때는 무엇보다 약점을 드러내지 않고 강한 자존감이 느껴지도록 행동해야 한다. 아마 머릿속에서는 싸울지 도망칠지 심하게 갈등하고 있을 것이다. 이런 상황이라면 그 순간에는 아무 문제 없어 보여도 돌아서면 후회하는 말이나 행동을 할 수밖에 없지 않겠는가? 그러니 그들의 행동에 휩쓸리면 안 된다. 마음을 가다듬고 계속 눈을 맞추며 '심리언어학'에 집중하자. 당신의 본래 입장을 견지하는 한편, 분노를 해소시키고 공감하는 마음을 전달할 수 있는 말을 건네보자.

"당신의 입장은 충분히 이해합니다."

"이 정도면 지나친 건 아닙니다. 이제 돌아가서 다시 한번 살펴보고 혹시…"

고지식형

O

이런 사람들은 새로운 가능성이라는 것을 고려할 줄 모른다. 매사에 워낙 엄격하다. 그들에게 제일 무서운 말이 '반박'과 '변화'이기 때문이다. 그들은 세부 사항을 좋아하며 특정 '제안'에서 옳은 점보다 틀린 점을 분석해 결과를 뒤집는 걸 즐긴다. 인생을 특유의 시각으로 바라보기에 '큰 그림' 분석도 거부한다. 그들은 다른 이들에 비해 자기성찰을 많이 하기에 여러 요청에 대응하기까지 시간이 오래 걸리는 특징이 있다. 따라서 당신이 그들의 결론을 다른 누군가에게 보고해야 하는 입장이라면 상당히 곤란할 수 있다.

그들은 아무도 반박할 수 없다고 믿을 만큼 자신의 생각을 맹신하고 이를 뒷받침하기 위해 통계자료를 내세운다. 자기주장을 뒷받침할 때 서술형 자료보다 확실한 수치를 선호하기 때문이다. 실제로 사람들이 혼란스러워할 때는 수치를 사용하는 편이 더 쉽다. 하지만 이와 같은 수치나 통계는 그들 주장의 근거가 되기 위해 '고문당하는' 경우가 허다하다. 고문당한다? 필자의 경제학 교수님은 정치인들을 비판할 때 늘 창의적인 단어를 고안하곤 하셨다. "끈질기게 수치를 고문하다 보면 듣는 사람 모두가 각자 다르게 받아들이는 자료를 만들 수 있습니다."

그들은 자신의 지식이 옳다는 믿음이 너무 확고해 자신의 사고방식에 반대되는 질문은 무조건 경멸한다. 심지어 인신공격으로 받아들인다. 따라서 그들이 주장을 펼친 뒤 질문을 받겠다고 사전에 얘기했더라도 실제로 당신이 질문하면 그다지 환영받지 못할 것이다. 결국 주어진 시간은 다 지나고 대화는 이루어지지 않은 채 일방통행으로 끝나버린다. 이런 상황을 정확히 보여주는 영국 하원의 사례가 있다.

핵주먹이 쥐어졌다. 고든 브라운은 부상당했지만 여전히 치명적인 권투 선수처럼 분노했다. 부상당한 건 브라운의 감정이었다. 조지 오스본이 그를 겨냥해 영국 연금을 끔찍하게 망쳐버렸다고 비난한 것이다.

브라운의 감정은 더없이 예민했다. 그 역시 틀릴 수 있다는 발상이 가장 참을 수 없는 모욕이다. 그래서 그는 분노하며 일어나 이렇게 선언했다. "저는 기꺼이 이 토론에 응하겠습니다. 제게 주어지는 모든 질문에 답하겠습니다."

9장 난관
•

지도자라면 응당 토론을 즐기는 척해야 하는 시대를 사는 브라운은 불운하다. 자신의 말에 누군가 끼어들거나 반박하는 걸 극도로 싫어하는 이 총리는 야당 의원들의 간섭을 받아들이겠다고 약속했다.

하지만 브라운이 단 한마디도 용납하지 않은 지는 이미 오래되었다. 토리당원들이 너도나도 그에게 도전장을 내밀 때 그는 짐짓 거만한 태도로 이렇게 응수했다. "제 연설을 시작하고 나면 여러분 모두에게 기회를 드리겠습니다."

잠시 후, 브라운은 이렇게 말했다. "제 말이 다 끝나면 기회를 드릴게요." 그전에는 "기회를 드릴 겁니다" 바로 전에는 "막 기회를 드리려던 참이에요" 직전에도 "이제 기회를 드린다고요"라고 해놓고 말이다. 이로부터 한참이 지난 뒤에야 그는 마침내 기회를 주었다.

하지만 정작 질문이 쏟아지자 총리는 거의 모든 질문에 답하지 않았다.

모든 정치인들이 토론 규칙을 정해두길 원한다지만 자신의 명분에 도움이 될 것 없는 주장들을 비난과 무시로 일관하는 브라운의 태도는 지켜보는 것만으로 기운이 빠졌다. 줄리 커크브라이드 의원은 브라운이 당당하다면 연금과 관련한 결정을 내릴 때 재무부 관리들로부터 조언받은 문서의 열람을 왜 그렇게 막으려 하는지 이유를 물었다. 브라운은 이렇게 답했다. "무엇보다 정보자유법을 입안한 건 저희입니다."

총리가 정보의 자유를 존중한다는 취지의 이 터무니없는 주장은 즉각 실소를 낳았다. 하지만 보수파를 이끄는 오즈번은 계속되는 노동당의 반대 속에서도 브라운 일당이 비밀리에 연금 계획을 부화시켰다는 사실을 이미 다 설명한 바 있었다.

『데일리 텔레그래프』, 2007년 4월 18일

다음 장에서 보게 될 것처럼 이렇게 어려운 사람을 대할 때는 그다지 공감하기 어렵다. 당신은 그저 사실과 수치 위주의 동떨어진 언어에 맞춰줄 수 있을 뿐이다. 그들이 사실과 수치에 집착한다는 것을 감안해 대화에 참여하고 당신의 제안 역시 분석적 방식으로 제시하자.

자기중심형

○

직장 안팎에서는 자기중심형 사람들을 흔히 마주칠 수 있다. 보통 이들은 자기 자신만을 중요하게 여길 뿐이다. 상대방의 입장에서 생각해봐야 한다는 사실은 고려조차 하지 않는다. 따라서 이들은 세상을 자기 관점에서만 바라본다.

말투는 물론 온몸으로 자신의 우월성을 과시하려 드는 이러한 유형에 대해 당신도 잘 알 것이다. 이들의 거만한 태도(이는 가면일 뿐이다)에 휩쓸리지 않도록 가볍게 무시하자. 이들은 지금 주도권을 잡는 데 이용할 당신의 약점을 찾고 있을 뿐이다. 따라서 단어 선택에 유의하고 확실한 사실만 활용하도록 하자.

다른 사람들 앞에서 이들에게 창피를 주고 싶어도 참아야 한다. 그래 봐야 당신이 '먹잇감'이 되는 역효과만 일으킬 뿐이다. 이러한 유형에게 복수는 달콤한 유혹이다. 우리는 접근 방식을 바꿀 수는 있으나 사람은 바꿀 수 없으므로 당신에게 도움이 된다면 얼마든지 그들의 자존심을 세워주자.

"풍부한 경험을 해본 당신께 신뢰할 만한 브랜드를 소개해드릴 수 있어 영광입니다."

"반드시 고려해야 하는 현실적 지점들을 지적해주셨네요. 혹시 저희를 도와…."

이런 사람들은 관객에게 자신이 얼마나 중요한 사람인지 입증하는 데 정신이 팔려 당신이 그들에게 하는 말이나 전달하고자 하는 관점은 끼어들 틈이 없다. 그런데 이는 오히려 전혀 반대되는 심리에서 기인한 행동일 수 있다. 예컨대, 당신 상사도 스스로 무능함을 감추기 위해 이처럼 자기중심적인 말투나 이미지를 활용할 때가 있는 것이다. 여기서 중요한 점은 무엇이든 감정적으로 받아들이지 않는 것이다. 그들은 특정 '역할'을 연기하고 있을 뿐이므로 그런 행동이 곧 그 사람이라고 생각하면 안 된다.

이런 사람들은 자신의 존재감을 확인하기 좋아하는 만큼 당신이 어떤 요청을 하기 전에 짧게나마 이를 인정해주는 것만으로 상당한 효과를 볼 수 있다.

이런 사람들은 첫 번째 관문을 통과한 사람들이 자신의 일이나 활동에 관해 질문해주는 걸 좋아한다. 그럼으로써 이들의 자존심을 세워주고 좀 더 마음을 열도록 만들 수 있다.

사기꾼형

○

좋은 관계를 구축하거나 설득하는 과정에서 신뢰가 얼마나 중요한지 생각할 때 믿을 수 없는 사람을 마주하면 삶이 좀 더 힘들어진다.

앞서 살펴보았듯이 신뢰란 타인으로부터 주어지는 것이다. 사람들이 당신에게 갖는 느낌이기 때문이다. 누군가 당신을 무수히 실망시켰을 때, 잭 웰치의 말처럼 당신은 무의식적으로 그 사람에 대해 어떻게 느낄지 결정한다.

우리는 거짓말하거나 과장하는 경향의 사람들을 가끔 마주친다. 그렇더라도 일상은 별 문제 없이 흘러가고 우리 역시 이따금 그런 식으로 떠벌릴 때가 있다. 하지만 누군가 신뢰할 수 없고, 입만 열면 거짓말이라는 악명을 얻게 되면 일상이 힘들어질 수 있다. 특히 인간관계가 가장 중요한 직장에서 동료나 상사, 부하직원 중에 이런 사람이 있으면 실제로 피해를 입기도 한다. 사람들이 이렇게 행동하는 이유는 특유의 불안 때문일 수도 있고, 누군가를 앞서야 자신의 우월성이 입증된다는 생각 때문일 수도 있다. 어떤 사람들에게는 그것이 권력이 된다.

신뢰할 수 없는 사람을 대할 때도 그들의 행동에 주목해야 방어 태세를 피할 수 있다. 우리는 심리언어학(6장 참조)을 통해 '당신'이라는 단어가 상황을 악화시킬 수 있음을 확인했다. 그러니 괜히 "거짓말 작작하시죠" 또는 "저는 당신의 말을 한마디도 안 믿어요" 등 상대방을 도발할 수 있는 말은 삼가도록 하자. 그들의 행동에만 집중하면 언제나 길은 통하기 마련이다.

"저희가 계약서에 서명했을 당시 주어졌던 수치와 이 최종 수치가 왜 일치하지 않을까요?"

"저희는 처음부터 이 집에 대해 다른 제안이 없는 걸로 들었습니다. 그래서 조사도 실시한 거고요. 설명이 필요합니다."

"저는 운송 날짜가 하루 이상 변경될 여지가 전혀 없는 걸로 알았는데요."

다른 어떤 유형보다 우리의 일상과 업무 영역에 큰 영향을 미치는 게 바로 이 사기꾼형이다. 하지만 아무리 어려운 사람이라도 섬세한 방식으로 잘못을 지적하고 바로잡도록 할 수 있다. 물론, 그래 봐야 소용없는 경우도 허다하다.

적대형

○

상당히 까다로운 유형이다. 무시하거나 쌀쌀맞거나 무례하거나 회의적인 언행은 적대적인 행동으로 이어진다. 그 원인을 아는 경우도 있지만 몰라서 추정할 수밖에 없는 경우도 있다. 어떤 이들은 적대적이거나 공격적으로 행동해야만 원하던 결과를 얻을 수 있다고 생각한다. 하지만 직장에서 동료들을 적대적으로 대하면 상대방 역시 적대적으로 나올 게 뻔하다. 불쾌한 공격을 주고받는 악순환이 되풀이되면서 부서, 팀, 회사 전체가 적대적 분위기에 잠식된다. 그리고 이렇게 행동하는 사람을 대하다 보면 감정적으로 소진되고 만다.

이른바 고차원적 적대감이라는 것은 대개 개인적 감정으로 형성된다. 따라서 그 사람이 어떤 이유로 그러는지 밑바닥까지 철저히 알아봐야 한다. 이에 비해 단순한 적대감은 당신의 말을 무시하거나 아예 듣지 않거나 혼자서만 이야기하는 데서 비롯될 수 있다.

이런 사람들은 자신의 소통 유형이 타인에게 어떤 영향을 미치는지 모르는 경우도 많다. 그들에게는 그저 하나의 화법으로 완벽히 자리 잡았을 수 있기 때문이다. 또는 '감성 지능'이 워낙 낮아 누군가 말해주지 않는 한 그렇게 계속 타인의 속을 뒤집어놓을 수도 있다.

상황을 해결하는 최고의 방법은 조심스럽게 문제가 무엇인지 물어보는 것이다. 다음과 같이 열린 질문들을 던져야 한다.

> 케이트: 제가 이 부서로 발령받은 이후 우리 사이에 불편한 기류가 흐르는 것 같아요. 제가 잘못한 게 있는지 언질이라도 좀 주시겠어요? 그리고 실제로 잘못했다면 어떻게 해결해야 할까요?
>
> 리처드: 아, 엄밀히 말해 당신이 문제는 아니에요. 그보다 앤디 팀장님이 저한테 BMW를 담당하라고 했었거든요. 그런데 당신이 여기로 오면서 선임인 세라가 하던 대로 고객들을 모두 담당해버렸죠.

이를 토대로 짐작건대 미리 손쓸 방법이 있었을 것이다. 이들의 상사는 아마 자신이 한 말을 잊었을 것이다. 따라서 리처드는 상한 감정을 케이트한테 푸는 대신 상사에게 다시 상기시켜야 했다.

늘 책임감 있는 자세로 이런 일이 생긴 이유를 끝까지 추적해보자. 케이트는 자신에게 적대적인 동료를 세심한 태도로 대해 대화의 물꼬를 틀 수 있었다.

적대형의 사람들은 상대방이 자신을 낮춰 이야기하는 언어에 반응한다. 워낙 매사에 반항적인 스타일이어서 이런 식으로 정보가 주어지면 방어 태세를 버리고 실제로 귀 기울일 것이다. 예를 들면 이런 식으로 이야기해보자.

"요새 너무 바쁘셔서 미처 신경 쓸 틈이 없으셨겠지만…."
"제 개인적 의견으로는…."

찬물형

○

당신은 이 같은 유형도 이미 잘 알고 있다.

이들은 매사에 찬물을 끼얹는다. 말 걸기가 두려울 지경이다. 이들과 만나거나 통화하면 항상 기운이 쭉 빠지니 왜 안 그렇겠는가? 온갖 짜증스러운 습관은 빠짐없이 갖추고 있는 게 바로 이들이다.

미팅 자리에서 당신이 어떤 창의적 의견을 내놓든 이들은 하나같이 쳐내기 바쁠 것이다. 심지어 사적 자리에서도 위협이 되기는 마찬가지다.

당신: 금요일에 켄이랑 유로스타 타고 파리에 갈 거야.
동료: 이런 때 파리에 가다니 말도 안 돼. 웨스트 위터링에 가면 끝내주는 카라반 공원이 있는데, 이맘때 가면 요금을 파격 할인

해준다고.

당신: 4월에 지역 케어 센터의 재미있는 이벤트를 기획해볼 생각이야.

동료: 안 돼. 4월엔 비가 많이 오잖아.

이런 사람들 중 대다수는 자기 인식이 부족한 건 물론이고 자신의 암울한 천성을 전혀 의식하지 못한다. 만약 함께 미팅을 한다면 눈 맞춤은 거의 불가능할 것이다. 당신이 제안하는 내용을 반박할 만한 그럴듯한 근거를 신속히 찾아내야 하는데, 괜히 당신을 봤다가는 집중하기가 힘들기 때문이다. 이들은 큰 줄기보다 세부 사항에 밝은 경향이 있고, 또 당신의 제안에 반박할 때면 방대한 양의 사실 및 수치들을 들이대며 당신의 혼을 쏙 빼놓을 것이다.

이런 사람들은 고의적으로 당신을 난처하게 하려고 이처럼 행동하는 게 아니라는 사실을 알아야 한다. 그냥 그렇게 타고났을 뿐이다. 좋든 싫든 이 또한 하나의 성격이다. 당신이 뭔가를 제안할 때마다 이들은 여기저기 온통 찬물을 끼얹을 테고, 계속 얘기해봐야 당신이 미처 소화할 수 없는 이유들만 나열할 게 뻔하니 오히려 대화를 그만 중단하는 게 낫다.

외향형

○

외향형은 모두가 그런 건 아니지만 일부는 사람들의 관심에 굶주린 나머지 극도의 짜증을 유발한다. 직장에서 이런 사람들의 최대 목표는 지속적으로 관심을 끄는 것인 만큼 당신의 요청이나 기분 따위는 전혀 고려하지 않는다.

이들은 평소 주목받고자 노력하는 게 일이기 때문에 타인에게 잘 공감하지 못하는 경향이 있다. 만약 상사가 이런 유형이라면 당신은 대부분 혼자 알아서 일을 처리해야 할 것이다. 그에게는 당신 따위를 신경 쓸 틈이 없기 때문이다.

만약 팀원 중에 이런 사람이 있다면 다른 팀원들의 에너지가 상당히 소진돼 팀이 제대로 돌아가기 힘들 것이다. 그래도 이들과 공존하고 싶다면 터무니없이 높은 이들의 콧대를 함부로 꺾으려 들지 말자. 이들에게 필요한 것은 지나칠 정도의 칭찬과 찬사다. 힘들더라도 이들의 '가치'를 인정하고 칭찬과 찬사의 말을 해준 뒤 당신만의 의견을 덧붙여주면 더 좋다.

이런 사람들은 기본적으로 '나르시시스트'다. 그래서 자기도취적 행동에 빠져 시간을 보낸다. 이들의 좌우명은 "당신 이야기는 이제 그만! 내 이야기를 하자고!"이다. 따라서 이들이 '자신의' 이야기를 마치고 나면 당신의 이야기를 나눔으로써 이들이 다시 현실로 돌아오도록 해줘야 한다. 이들이 뭔가를 하겠다고 약속하거나 당신의 요청을 수락할 때는 그 내용을 꼭 이메일로 작성해 보내달라고 부탁하자. 어쩌면 '신뢰' 운운하며 거부할 수도 있지만 끝까지 고집해야 한다. 그 순

간에는 많은 걸 약속하더라도 돌아서면 잊을 게 뻔하기 때문이다.

이들은 평소 온갖 쇼를 선보이느라 바쁘기 때문에 비언어적인 행동으로 전달되는 메시지는 특히 더 알아듣지 못한다. 따라서 당신이 몸짓언어나 '준언어'를 이용해 우려나 불쾌감 등을 표현하면 제대로 이해하지 못할 확률이 높다. 알다시피 우리는 모두 굳이 말하지 않아도 몸짓언어라는 섬세한 수단을 이용해 부정적 반응을 표현할 수 있다. 그리고 이렇게 미세한 표현과 비언어적인 힌트 역시 상대방이 알아차려주길 바란다. 타인과 소통할 때는 이 같은 명제가 암묵적 합의로 존재하는 것이다.

하지만 이들 외향형에게 메시지를 전달하는 유일한 방법은 그들을 잠시 멈춰 세운 뒤 우려 지점을 분명히 짚어주는 것뿐이다. 그렇지 않으면 그들이 자신의 계획대로 신나게 질주하고 있는 도중에 멈춰 세워야 하므로 부작용이 더 크게 나타날 것이다. "네, 그 계획이 부서 전체에 득이 된다는 건 잘 알겠어요. 하지만 실제로 득을 볼 수 있는 부서는 우리 회사에 존재하지 않아요."

이런 사람을 비판할 때는 신중해야 한다. 평소 이들의 행동을 지배하는 감정의 '고조' 상태가 정반대의 극단적 '저조' 상태도 유발할 수 있기 때문이다. 이들은 타인에 대해서는 공감 능력이나 민감성이 아무리 떨어진다고 해도 자기 자신의 감정에는 예민할 수 있다. 다시 한번 말하지만 그들의 행동에만 주목하고 '사람 자체'는 평가 대상에서 제외하자. 입장을 바꿔서 당신이 비난을 받게 되더라도 행동에 대한 비난은 견딜 수 있지만 당신이라는 사람 자체를 비난하는 건 견디기 힘들다.

이런 사람들의 늘 과시하고 싶어 하는 욕구를 잘만 이용하면 도리어 엄청난 혜택을 누릴 수 있다. 만약 처리해야 할 어려운 과제나 업무가 있다면 결국에는 이 사람들이 해결하도록 만들자! 물론 처음에는 이 같은 요청을 '그럴싸하게 포장해야' 한다. "소피, 저 나름대로 진짜 최선을 다했는데 아무리 생각해도 이 문제를 해결할 수 있는 사람이 소피 외에는 없는 것 같아요. 제발 한 번만 처리해줄 수 있어요?"

그 결과 당신이 포기하려던 한 업무를 이들이 마침내 성사시킨다면 이제 다시 한번 찬사를 보낼 시간이다. 칭찬이야말로 외향형인 사람들을 춤추게 만든다는 걸 우리는 알고 있다. 그들에게는 타인의 인정이 전부다. 순조로운 미래를 위해 투자하고 싶다면 이들을 향한 당신의 찬사를 온 동네에 퍼뜨리자. 사람들에게 떠벌리고 다른 사람들 역시 모든 걸 알고 있다는 사실을 외향형이 알 수 있도록 하자. 기회가 된다면 다른 여러 사람들 앞에서 이들에게 찬사를 보내는 것만큼 확

설득의 디테일
•

실한 투자는 없다!

　다음 장에서 우리는 지금껏 밝혀진 다양한 성격 '유형들'을 알아보고 심리학자 칼 융이 분류한 항목대로 나눠볼 것이다. 그리고 각 유형을 대하는 가장 효율적인 방법도 알아볼 것이다.

●▶ 사람들 간에 갈등을 일으키는 요소들은 대개 '기대'나 '경계'에 뿌리를 두고 있다.

●▶ '관망형'은 모든 결정의 단점에 주목하는 만큼 더 많은 정보를 준다.

●▶ '폭발형'을 대할 때는 보통 폭발의 원인이 되는 배경을 이해하고 동의하는 태도를 보여주는 게 중요하다.

●▶ '고지식형'을 대할 때는 당신의 제안을 분석적으로 제시함으로써 이들의 언어와 사고 과정을 반영하는 게 좋다.

●▶ '자기중심형'은 이들의 지위를 확인해주어야 다음 단계로 나아갈 수 있다.

●▶ '사기꾼형'은 평소 과장이나 거짓말을 밥 먹듯 해서 특정 사안을 해결할 때는 그들의 행동에 초점을 맞춰야 방어 태세를 유발하지 않을 수 있다.

●▶ '적대형'은 감성 지능이 낮은 경우가 많아 이들의 특정 행동에 대해 이유를 알아내려면 열린 방식의 질문을 활용해야 한다.

●▶ '찬물형'이 항상 고의적으로 곤란하게 만드는 것은 아니다. 이들의 성격 유형이 그런 것뿐이다.

●▶ '외향형'은 자기도취적 행동을 자주 하기 때문에 이 사람에게서 원하는 것을 얻어내려면 타인 앞에서 이들을 추켜세워줘야 한다.

10장

유형

MBTI에 따라 달라지는 관계의 기술

우리는 지금껏 사람들의 진심을 얻고 그들을 설득하는 데 필요한 일곱 가지 필수 기술을 살펴보았다.

◇ 경청하는 기술

◇ 집중력을 유지하는 기술

◇ 몸짓언어를 해석하는 기술

◇ 기억하는 기술

◇ 언어의 영향에 관한 지식

◇ 전화 통화 기술

◇ 협상 기술

이제 사람들의 성격 유형을 알아볼 것이다. 어쨌든 우리는 살아오

10장 유형

•

는 내내 누군가의 성격을 파악하고자 노력해오지 않았는가? 이를 위해 분명 돈을 지불한 적도 있을 것이다. 응용심리학 분야의 풍성한 연구 결과 덕분에 이제 우리는 인간의 성격 유형을 구분하고, 이에 따라 어떻게 대처하면 좋을지 더 많은 것을 알게 되었다.

당신이 만나는 사람들의 성격 '유형'과 그에 따른 대처 방법을 알면 한결 수월하게 그들을 당신 편으로 만들 수 있다. 그들의 성향을 파악할 단서를 찾는 방법은 다음과 같다.

◇ 그들의 행동을 관찰한다.
◇ 그들의 말에 귀 기울인다.

이렇게 하면 어떤 전략을 사용해야 그들로부터 특정 행동을 이끌어낼 수 있을지 알 수 있다. 성격은 그 사람의 태도나 인식, 믿음을 규정하기 때문에 어떤 '유형'인지 알면 일상적으로 일어나는 모든 소통에 활용할 수 있다. 따라서 누군가의 성향을 파악할 수 있다면 소통의 결과가 달라진다.

성격에 대한 심리학 연구는 성격의 특징적 요소에 초점이 맞춰져 있다. 심리 유형은 성격의 비슷한 특징들을 하나의 항목으로 분류한다. 우리 인간이 자연(생물학)과 양육(경험)의 산물이라는 데는 이견이 거의 없다.

심리학자 칼 융은 (그의 동료인 지그문트 프로이트와는 반대로) 인간이 단순히 과거의 사건들에 의해 형성되는 게 아니라 그것을 뛰어넘어 진화한다고 주장했다. 인간 행동을 예리하게 관찰한 융은 같은 유형으로 분류되는 성격에도 다양성과 일관성이 공존한다는 사실을 발견했다. 또한 서로 다른 사람들이 새로운 상황에 접근하는 방식을 통해 분명 '유형'이 존재한다는 사실을 알아냈다.

다양한 '유형'을 구분하고 대처하기

○

조심스럽고 신중한 사람들이 있는가 하면 과감하고 모험심이 강한 사람들도 있다. 특정 '유형'을 알고 구별할 수 있으면 보통 그들이 타인과 어떻게 소통하는지도 이해할 수 있다. 유형을 통해 그들의 성향이 파악된다.

내향형과 외향형

융의 가장 큰 업적은 내향과 외향의 개념을 정립한 것이다. 내향형과 외향형은 비교적 구별하기 쉽지만 정작 그 의미를 오해하고 있는 사람들이 많다.

융은 심리적 에너지를 어떻게 충전하느냐에 따라 내향과 외향을 구분했다. 내향적 태도는 에너지원이 자신의 안에 존재하며 고독한 경험에서 발현된 사고, 개념, 아이디어를 내면 혹은 주관적 세상으로 돌린다. 이런 사람들은 굳이 외부의 원천을 필요로 하지 않는다. 이들은 종종 진이 빠지는 상호작용보다 무언가에 집중하는 것을 선호한다. 행동보다는 성찰이 중요하고, 따라서 행동하기 전 신중하게 고민하고 계획하는 경향이 있다. 반면 외향적 태도는 외부 세계의 사람들과 물질적인 것들을 가장 중요하게 여긴다.

융에 따르면 외향형과 내향형이 정반대 태도를 보이기는 해도 모든 사람에게는 두 가지 요소가 모두 있으며, 그중 하나가 다른 태도에 비해 좀 더 지배적일 뿐이다. 지배적 태도는 의식적 행동으로 표현되고 하위 태도는 그 사람의 무의식을 대변한다.

일상을 살다 보면 늘 열린 태도로 친근하게 대해주는 사람들을 볼 수 있다. '외향형'이라는 말은 이런 사람들에게 적용될 것이다. 그렇다고 해서 이들이 사람들 사이에서 정적인 특징을 보이는 내향형보다 좀 더 감정적이라거나 세심하다고 볼 수는 없다. 내향형이 오히려 사람들을 대하는 데 능숙할 수 있다. 다만, 낯선 이들 앞에서 긴장하는 경향이 있을 뿐이다. 이들은 사람들과 친해지는 데 시간이 필요하고 다수보다는 소수가 모이는 걸 선호한다.

당신은 비행기 안에서 다음과 같은 상황을 경험했을 것이다. 이제 안전 지침 안내문을 읽고 안전벨트를 한 뒤 기내 잡지를 읽으려는 참이다. 그런데 그때 오른편 창가에 앉은 한 여성이 당신에게 말을 걸어온다.

"저는 에든버러에서 친구들과 함께 있었어요. 당신은요?"
"아, 저는 기업 미팅 때문에 와서 지루한 발표만 듣다 가요."
"당신도 발표했나요?"
"아뇨. 발표는 저희 회사의 국제 지사 분들이 해주셨어요."

당신의 이야기는 이걸로 끝이었다!

반면, 당신은 이 여성에 대해 얼마나 알게 됐는가?

그녀는 비행을 싫어한다. 그녀의 남편은 석유 사업차 출장 중이
다. 그녀의 남편은 크리스마스 선물로 그녀에게 고양이를 주었
다. 그녀의 집 주방이 눅눅해졌다. 그녀는 한때 살아 있었던 건
전혀 먹지 않는다. 그녀의 친구인 도린은 새 모자를 샀다. 아, 그
리고 그녀의 아들 마크는 발바닥에 사마귀가 생겼다.

  그녀는 몸짓언어에 무감각한 것이 분명했다. 어떤 신호를 보내든
전혀 눈치를 채지 못했으니 말이다. 물론 이코노미석에서 안전벨트를
매고 앉은 채로는 몸짓언어를 제대로 전달하기가 힘든 건 사실이다.

하지만 표정이나 하품만으로도 상대방이 지금 어떤 상태인지 알아차려야 하지 않겠는가. 당신이 그녀에게 전달한 이야기라고는 자동차에 대한 보잘것없는 지식과 에든버러에는 처음 와봤다는 사실뿐이었다. 따라서 이 여성은 한눈에 봐도 알 만큼 영락없는 외향형으로 분류할 수 있다.

귀에 이어폰을 꽂고 있다가 한 시간 반이 지난 후에야 뺐는데도 그녀는 여전히 말하는 중이었다. 당신은 무례해 보이고 싶지 않았던 게 아니고 무례하게 굴 수도 없었다. 입을 열 기회조차 없었기 때문이다. 잠시 후 짐 찾는 곳에서 그녀가 반짝이는 눈빛으로 다가와 당신의 손을 덥석 잡으며 이렇게 말한다. "최근 몇 년간 만나본 대화 상대 중 최고였어요!" 당신은 30초도 채 말하지 못했는데 말이다!

행동은 상대적이기 때문에 외향적인 사람도 외향적 성향이 더 강한 다른 누군가에게는 내향적으로 비쳐질 수 있다. 같은 외향형이라도 두 사람의 행동은 다를 수밖에 없다.

외향형(Extroverts)은 다양한 상황에 재빨리 대처하고 별 고민 없이 대답하는 경우가 많다. 일례로 업무와 관련된 미팅이나 세미나에서 외향형은 눈에 띄게 행동하는 반면, 내향형(Introverts)은 선천적으로 좀 더 신중한 데다 말도 걸러서 하는 경향이 있다. 하지만 내향형인 사람과 일대일로 대화해보면 그렇다고 해서 이들이 말을 덜하는 건 아니라는 사실을 알게 될 것이다.

E유형(외향형)과 I유형(내향형)에는 각각 장점이 있다. E유형은 사람들과 더 많이 교류하며, 덕분에 더 많은 지지를 받아 삶의 행복감과 만족감을 더 크게 느끼는 경향이 있다. 이에 비해 I유형은 타인에게

의지하기보다 자신의 내면에 집중하기 때문에 사려 깊고 성실한 이미지를 보여준다.

만약 이들이 서로 다르다는 걸 이해하지 못할 경우 I유형은 E유형을 가볍다고 인식하는 반면, E유형은 I유형을 소심하다고 여길 수 있다. 각 유형의 단점으로 E유형은 이따금 강압적이고 지나치게 남의 시선을 의식하는 것으로 비춰질 수 있는 반면, I유형은 대화의 기술이 떨어지고 주변 상황에 관심이 없다고 여겨질 수 있다.

융이 관찰한 바에 따르면, 우리 모두에게는 두 가지 유형의 특성이 동시에 존재한다. 예를 들어 얼마든지 외향적으로 생활할 수 있는 사람이 직장에서는 자신의 일에만 몰두할 수 있다. 또, 점심시간에 펍이나 와인바에서 많은 사람과 어울리는 걸 불편해하는 줄 알았던 사람이 일대일 또는 소수의 사람들과 함께 있을 때는 전혀 다른 모습을 보여주기도 한다.

외향형의 특징

◇ 빠르게 말하는 경향이 있다.

◇ 큰 소리로 말하는 경향이 있다.

◇ 대화를 계속할수록 기운이 넘치고 흥분하는 경향이 있다.

◇ 대화할 때 생동감이 넘치고 몸짓언어를 많이 사용하는 경향이 있다.

◇ 상대방의 말을 자주 끊는다.

◇ 말을 길게, 많이 하는 경향이 있다.

◇ 자신의 주장을 반복적으로 과장해 말하는 경향이 있다.

내향형의 특징

◇ 천천히 말하는 경향이 있다.

◇ 조용히 말하는 경향이 있다.

◇ 대화를 계속할수록 기운이 빠지는 경향이 있다.

◇ 몸짓언어를 별로 사용하지 않으며, 냉정하고 차분해 보인다.

타인에게 영향을 미치고 싶다면 먼저 관계를 형성해야 하고, 이를 위해 일찌감치 상대방의 유형을 파악해야 한다. 따라서 상대방이 E유형인지 I유형인지, 위에 제시된 내용과 같이 어떤 특징들을 갖고 있는지 아는 게 중요하다. 만약 당신이 E유형의 특징을 더 많이 갖고 있는데 I유형의 마음을 얻어야 하는 상황이라면 적어도 이들과 소통할 때는 상대방의 스타일에 맞춰주는 게 좋다. (마찬가지로 그들도 당신의 스타일에 맞춰야 할 것이다.)

융의 또 다른 업적은 우리가 세상을 인식하고 이해하는 방식을 네 가지로 분석했다는 것이다. 이를 E유형이나 I유형에 관한 광범위한 지식과 결합하면 특정 개인을 효과적으로 대하는 방법을 알아낼 수 있다.

감각과 직관

○

융은 첫 번째로 (내향형이든 외향형이든) 우리가 어떻게 기운이 충만해지는지 설명하고, 두 번째로는 감각형(S)과 직관형(N)에 관해 분석했다.

이는 특정 개인이 일상적으로 중요하게 생각하는 것, 즉 정보를 받아들이는 방식을 기준으로 분류되었다.

감각형(S)의 경우 있는 그대로의 사실, 그리고 오감(五感)의 사용을 중시한다. 이처럼 감각에 집중하는 사람들은 감각을 통해 이루어진 인지 과정을 거쳐 객관적 세상을 인식한다. 어떤 정보를 알아내거나 결정을 내릴 때 현실적으로 생각하고 주의 깊게 관찰하는 경향이 있으며, 다양한 사실을 기억하고 처리하는 데 뛰어나다. 한마디로 꼼꼼해서 세부 사항들도 잘 챙기고 반복적인 업무도 훌륭하게 처리한다.

이들이 근무하는 자리는 엉망진창인 경우가 많다. 책상에는 온갖 파일, 문서, 책 등이 뒤섞인 채 산처럼 쌓여 있어 혼란 그 자체다.

직관형(N)은 가능성에 관심이 많으며 여섯 번째 감각(영적 능력)도 중시한다. 이들은 말로는 표현되지 않는 경험을 중시하고, 상상력이 풍부하며, 새로운 아이디어 및 흥미로운 프로젝트를 끊임없이 찾아다닌다. 다양하고 색다른 경험을 선호하고 동시에 여러 업무를 처리하는 걸 즐긴다.

이들의 근무 환경은 도서관과 비슷하다. 여러 참고문헌, 통계 및 여타 정보가 담긴 책들이 책장을 메우고 있다. 책상 위에는 진행 중인 프로젝트 문서와 다양한 책들이 가득하다.

사고와 느낌

○

세 번째 분류는 뭔가를 결정할 때 어떤 기준을 따르느냐에 따라 사고형(T)과 감정형(F)으로 나뉜다.

사고형(T)은 이성과 논리를 포함하는 지적 절차에 의존한다. 무엇이든 논리적으로 추론한 결과를 바탕으로 결정을 내리며 인간적 요소는 고려하지 않는 편이다. 이들은 감정이 의사결정에 방해만 된다고 여기고 타인의 감정에도 꽤 둔감하다. 이들은 '자신'은 완전히 배제한 채 객관적으로만 접근한다.

이들이 근무하는 자리는 보통 질서정연하게 잘 정돈돼 있다. 책상 위에는 꼭 필요한 문서만 올라와 있거나 아무것도 없으며, 기껏해야 연필꽂이, 스테이플러, 클립 통 정도만 눈에 띈다.

감정형(F)의 경우, 감정을 가장 중요시하며 논리는 그다지 중요하지 않다. 이들이 뭔가를 평가할 때는 기쁨과 고통 중 무엇이 주어지는지가 기준이 된다. 어떤 사안이든 자신이나 타인에게 중요한지 여부에 따라 결정을 내린다. 이들은 공감 능력이 워낙 뛰어나서 타인에게 상처나 고통을 초래할 행동은 하지 않는다. 또한 사고형과 달리 심장이 머리를 지배한다.

감정형의 근무 환경은 꽤 아늑하다. 책상에는 가족사진, 동료로부터 받은 신기한 선물, 골프 대회나 다른 시상식에서 받은 트로피 등이 자리를 차지할 가능성이 있다.

이상을 요약하면 다음과 같다.

◇ 우리가 정보를 받아들이고 결정을 내리는 두 가지 행위는 별개의 기능이다.

◇ 우리는 감각 또는 직관을 통해 정보를 받아들인다. (두 가지를 동시에 활용하지는 않는다).

◇ 감각형(S)은 객관적 사실과 증명 가능한 데이터를 선호하고 세부 사항을 중시한다.

◇ 직관형(N)은 있는 그대로의 사실보다 가능성에 주목하고, 추상적 개념을 연구해 새로운 문제들을 해결하고 싶어 한다.

◇ 정보 입수 단계 다음은 판단 단계로 우리는 사고 또는 감정에 따라 결정을 내린다.

◇ 사고형(T)은 개인적 가치보다 논리와 이성을 활용하고, 감정적 측면은 잘 고려하지 않는 경향이 있다.

◇ 감정형(F)은 자신의 느낌에 따라 결정을 내리고, 그 결정이 타인에게 미칠 영향을 고려한 이후 행동에 돌입한다.

융의 분석에 따르면 사람들은 위의 네 가지 분류에 따라 의사를 결정한다. 네 가지 유형은 다음과 같이 분류된다.

감각 - 사고 (ST)

감각 - 감정 (SF)

직관 - 감정 (NF)

직관 - 사고 (NT)

다양한 유형의 사람들을 설득하는 방법

○

우선 당신이 상대할 사람의 유형을 파악한 뒤 그 사람의 사고방식에 맞춰 접근 방법을 결정해야 한다(이때도 마음을 읽는 게 중요하다). 일상에서 사람들을 대할 때 우리는 지배적인 특성이 본인과 비슷한 사람에게 동질감을 느끼며 이끌리기 마련이다. 그렇다면 그 외의 사람들에게는 어떻게 대하는가? 보통 상대방에게서 느껴지는 특성에 따라 맞춰주는 경우가 많다.

이제 사람들의 유형을 살펴보고 이에 따라 성과를 거두려면 어떻게 해야 하는지 알아보자.

감각사고형(ST)은 구체적이고 입증 가능한 사실들에 주목하고, 안정성과 확실성을 추구하며, 이성적 방식으로 실용적인 결정들을 내린다. 지금 이 순간에 집중하고 현실적 목표들을 실현하며 논리적으로 처리하는 것을 선호한다. 따라서 이런 유형을 상대할 때는 다음과 같은 점에 유의해야 한다.

- 단기적으로 성취할 수 있는 것을 강조하라.
- 각종 객관적인 데이터를 철저히 준비해 활용하라.
- 논리적으로 설명하라.
- 업무적이고 객관적인 태도를 견지하고 '사적' 요소는 배제하라.
- 말을 너무 많이 하지 마라.
- 만약 비용이나 투자와 관련해 대화한다면 그로 인해 거둘 수 있는 효과 및 절감할 수 있는 금액을 강조하라.

감각감정형(SF)은 입증 가능한 사실, 의리와 신뢰, 유용성과 친밀감을 중시한다. 그리고 상대방도 이런 요소들을 갖추기를 바란다. 이들은 현실주의에 기반해 결정을 내린다. 따라서 이런 유형을 상대할 때는 다음과 같은 점에 유의해야 한다.

- 그들과 좀 더 친밀해지고 나면 타고난 공감 능력을 활용해 개인적 차원에서 일을 처리하라.
- 공통점을 찾아라.
- 긍정적인 몸짓언어를 집중해서 들어라.
- 당신이 제안한 사항의 장점들을 강조하라.
- 체계적으로 논의하라.
- 당신의 친밀감을 전달하라.

직관감정형(NF)은 무궁무진한 기회들을 중시하고 가치를 따져가며 무언가를 결정한다. 이 같은 유형은 열정적이고, 팀워크과 협력을 중시하며, 새로운 아이디어에 열광한다. 이들은 타인에게 긍정적 영향을 미치고 싶어 하며 성실함을 중시한다. 따라서 이런 유형을 상대할 때는 이 점에 유의해야 한다.

- 질문을 많이 하고 잘 들어주라.
- 대화할 때 타고난 친밀감을 보여주라.
- 그들이 원하는 바에 맞춰주라.
- 지나치게 구체화하지 마라. 일단은 받아들이고 실행 가능성은 마지막을 위해 남겨두라.
- 당신의 제안 사항에서 새로운 요소를 강조하라.

- 동의하지 않는다거나 혼란스럽다는 몸짓 신호(준언어)를 보내지 않도록 주의하라. 이러한 유형은 우려 사항에 대해서는 결코 입을 열지 않기 때문에 당신도 '내색하지' 않도록 조심해야 한다. 우려되는 바는 질문을 통해 전달하도록 하라.

직관사고형(NT)은 여러 가능한 해결책을 선호하며 이성적으로 분석한다. 이들은 분석을 통해 논리적 가능성을 만들어내고, 먼 안목으로 큰 그림을 그려나간다. 그리고 기발하고 천재적이라는 평가를 좋아한다. 따라서 이런 유형을 상대할 때는 다음과 같은 점에 유의해야 한다.

- 처음부터 그들의 아이디어를 물어보라.
- 그들의 비전과 콘셉트를 이해했다는 점을 드러내되 가르치려는 듯한 인상을 주지 않도록 주의하라.
- 주제가 무엇이든 업무에만 집중하고, 그 문제가 해결될 때까지는 그 어떤 '사적' 대화를 삼가라.
- 이러한 유형은 발언들을 쏟아낼 수 있다는 사실을 인지하라. 이들은 당신을 시험함으로써 자신의 유능함을 입증하려는 경향이 있다.
- 가능하다면 그들에게 대안을 검토할 자유를 선사하라. 그들은 옵션을 좋아한다.
- 장기적 안목으로 그들을 편안하게 해주라.
- 제안할 때는 논리적으로 설명하고 명분과 효과를 강조하라.
- 시간을 꼭 지키고 잘 계획하라.

우리는 위의 모든 기능과 특징을 동시에 지닐 수도 있지만 내향형-

외향형과 마찬가지로 이들 중 한 가지 특성을 지배적으로 드러낸다. 그래서 이를 통해 우리의 성격을 규정할 수 있다. 이러한 분류는 우리가 간과할 수 있는 요소들을 일깨워준다. 일례로, 두 명의 감각사고형이 논의 중이라면 이들은 자신들의 제안 사항이 일반 대중에게 미칠 수 있는 영향은 평가절하할 것이다. 그들은 시야가 좁은 편이기 때문이다.

당신의 관점에 대해 듣고 난 이후에야 결정을 내리는 사람들을 만날 것이다. 성격 유형의 차이로 수많은 오해가 빚어지는 만큼 유형을 파악할 수 있게 되면 엄청난 보상을 거둘 것이다.

당신이 찾아가 만나게 될 유형

○

사실 우리는 서로 다른 유형의 특징들을 동시에 지니고 있지만 업무상 만나게 되는 고객이나 고용주에 관해서는 몇 가지 고정관념이 존재한다. 상대방의 유형을 파악할 수 있으면 그들을 대하는 적절한 기술을 갖출 수 있다. 앞서 살펴본 심리학적 '유형'에 대한 지식을 바탕으로 이들을 정확히 분류할 수 있는지 시험해보자.

당신은 다음의 여러 유형 중 일부 혹은 전부를 만나봤을 것이다.

단도직입형
원만하면 다 만나준다
이런 유형은 첫인상이 크게 거슬리지 않는 한 대부분의 사람들에게 미팅 기회를 제공한다. 예를 들어, 전화 통화로 그의 소중한 시간을 아주 많이 빼앗지 않았다면 미팅을 잡을 수 있다.

이들은 무엇이든 놓치려 하지 않는다. 구직자든 신제품이든 경쟁 업체에 빼앗겨 뒤처지는 걸 원치 않기 때문이다. 그래서 이들은 늘 더 많이 알고 싶어 한다.

빠르게 말한다

이 유형의 다른 특징들에서도 찾아볼 수 있는 특징이다. 이들은 끊임없이 시간을 의식한다. 사실, 당신에게 말하는 동안에도 주기적으로 시계를 들여다볼 것이다. 그것도 슬쩍슬쩍 살피는 것이 아니라 대놓고 본다. 자신의 시간이 흐르고 있다는 사실에만 집중할 뿐, 당신의 시간은 안중에도 없다.

이런 유형에게는 시간이 돈이다. 이들은 "시간이 없어서…"라는 말을 입에 달고 살며, 따라서 비서는 상사가 방문객과 얼마나 시간을 보냈는지에 따라 그 사람의 지위를 판단한다. 시간이 성공의 척도인 것이다.

차부터 내준다

당신이 도착하기 무섭게 비서가 환하게 웃으며 차를 내온다. 그런데 5~10분 만에 차를 다 마신다면 금세 쫓겨날 수 있다. 그러니 천천히 마시자. 당신의 이야기를 듣던 중 흥미를 잃거나 중간에 방해를 받아 더 이상 알아들을 수 없게 됐다면 상대방은 당신이 차를 다 마실 때까지만 기다려줄 확률이 높다. 차가 미팅 종료를 앞당길 수 있는 명

분을 제시하는 것이다. 하지만 이들의 관심을 되돌려놓는 데는 시간
이 필요하다. 중간에 방해를 받은 게 당신 잘못은 아니다. 그러니 차
는 되도록 천천히 마시고 그들의 눈에 잘 띄는 곳에 찻잔을 놓아두자.

그렇다고 당신이 일시적 주도권을 쥐게 됐다는 생각을 했다가는 상
대방의 심기를 건드릴 수도 있다. 미팅을 지속하고 싶다면 (하필 음료
를 다 마셔버렸다면) 계속 마시는 시늉이라도 하자.

당신을 골똘히 관찰한다

이런 유형은 레이저라도 나올 듯 강렬한 눈빛으로 당신에게서 눈을
떼지 않는다. 정작 당신의 이야기를 듣는 건 흥미로운 주요 단어가 등
장할 때뿐, 나머지 시간에는 당신의 옷이나 몸짓언어를 관찰하며 버
릇이나 불안 징후 등을 살핀다.

활발히 활동한다

이런 유형은 활발히 활동하기 때문에 평소 이들의 책상에는 시각적 '소음'이 가득하다. 회의실이나 다른 미팅 장소에서 당신을 만나는 건 그 때문이다. 이들은 당연히 시간을 낭비하려 하지 않는다. 혹시 당신 같은 사람들을 지켜보며 앉아 있다면 책상 옆에서는 보이지 않을 것이다.

단도직입적인 화법을 원한다

이런 유형에서 빠질 수 없는 특징은 단도직입적이고 솔직한 사람들을 좋아한다는 것이다. 이들은 뭐가 뭔지 정도는 다 알아들을 만큼 똑똑하기 때문에 있는 그대로 얘기해주길 바란다. 빙빙 돌려서 이야기하거나 애매하게 말하는 게 느껴지면 불편한 내색을 보일 것이다.

이미 그런 식으로 말했다면 당신은 글러 먹었다. 이런 사람은 한꺼번에 1,000가지 생각을 할 수 있기 때문에 당신이 횡설수설하는 순간 다른 999가지로 관심을 돌릴 것이다.

구직을 하든, 상품과 서비스를 제공하든, 특정 의견에 동의하도록 설득하든, 방향만 제대로 잡는다면 이런 유형을 만난 것은 무조건 축복이다. 이들은 언제나 당신에게 먼저 마음을 열고 싶어 한다. 따라서 당신이 단도직입적으로 간결하게만 이야기하면 본래 자신의 방식대로 당신을 대할 것이다. 신속하게 요점을 말했다는 것은 당신도 시간을 귀하게 여긴다는 의미이므로, 이는 그들이 상당히 높이 평가하는 태도다.

공격형

철통 보안

미팅을 잡기 전 당신은 아마 엄격한 심문을 받았을 것이다. 비서나 조수가 건네는 조서 기입부터 시작해 끈기와 집념으로 마침내 이 사람과 연결되었고 이들도 당신과의 만남을 동의했다. 이들은 아무것도 약속할 수 없다고 강조했다.

유죄 추정의 원칙

이런 유형은 처음부터 당신을 의심스러운 눈초리로 관찰한다. 이들의 영역에 들어서면 마치 침입자가 된 듯한 기분을 느끼게 될 것이다. 이는 당신을 불편하게 만들어 우위를 점하려는 전략이다. 이들은 당신이 허둥지둥하는 걸 보고 싶어 한다. 만약 사업과 관련된 제안을 하고자 미팅을 요청했다면 그야말로 솔깃한 내용이어야 할 것이다.

당신에 대해 모든 걸 알고 있다(또는 그렇다고 생각한다)

이들은 여러 정보를 통해 당신(또는 당신의 회사)에 대해 모든 걸 알고 있다고 주장한다. 실제로 거의 알지 못하면서도 그런 선입견을 갖고 있다. 따라서 제대로 들으려 하지 않는다. 좀처럼 집중은 안 하면서 계속 "네, 알아요"만 반복하기 때문이다. 알고 보면 회사를 헷갈리는 경우도 많으며, 그래서 엉뚱하게도 당신에게 부정적 평가를 몽땅 뒤집어씌우기도 한다. 만약 미팅을 진행하던 중 이를 깨닫고 정정하려 한다면 그들은 망신 주는 일로 받아들인다. 이런 유형은 사전에 굳이 사실관계를 확인하지 않아 당신만 답답할 뿐이다.

책상의 공격에 취약하다

심리학자들은 운전석 앞에만 앉으면 딴사람이 되는 이들을 오랫동안 목격해왔다. 본래 사려 깊고 친절한 사람들이 운전대만 잡으면 위협적이고 공격적으로 돌변하는 것이다.

사람들을 큰 책상 뒤에 앉혀놔도 똑같은 일이 벌어진다. 여기서는 이를 '책상의 공격'이라고 부르기로 하자. 이런 유형은 책상의 공격을 받아 권력의 단맛에 빠지고 딴사람으로 돌변한다. 책상이 클수록 더 극적인 변화가 일어난다.

이런 사람은 만약 다른 자리가 있다면 책상이라는 권력 기반에서 빠져나오게 하자. 미팅 결과가 달라질 것이다.

당신을 꺾을 방법을 찾는다

원래 이들은 미팅을 회피했지만 당신이 고집했다. 이제 당신은 싫다는 사람을 억지로 끌어다 고문하고 있는 거나 다름없다.

결국 그들은 당신이 무슨 말을 하든 트집부터 잡으려 할 것이다. 지금 자신은 무슨 짓을 해도 다 용납되고, 당신이 제안하는 바는 아무것도 필요없다고 여길 것이다. 왜 쓸데없이 다른 변수를 들이밀어서 균형을 깨뜨리려 하는가? 그들은 이렇게 생각한다. '대체 나한테 득이 될 게 뭐가 있지? 사양하겠어. 난 지금 있는 거래처만으로도 충분해. 변화는 필요없어.'

당신의 제안 내용을 비판한다

이런 유형은 당신의 제안에서 빈틈을 찾으려고 혈안돼 있다. 그편이 더 쉽기 때문이다. 항상 현상 유지에 깊이 뿌리박혀 있으며 현재의 방식이 개선될 수도 있다는 발상 자체를 거부한다. 그래서 당신의 제안 사항을 면면이 검토해본 뒤 일제히 폐기 처분한다. 당신이 아무리 타당한 반론을 제기해도 묵살될 뿐이다.

이들은 처음부터 당신을 제멋대로 조종하려 들 것이다. 침착함을 유지하자. 그럼에도 당신이 애초의 제안을 고수한다면 결국 이들이 양보할 것이다. 아무리 흔들어대도 굳건한 당신의 모습을 이들은 진짜 뭔가 있는 것으로 받아들이기 때문이다. 심지어 급속도로 관심이 커지기도 한다.

이런 사람은 머리로 대하는 게 현명하다. 몇 차례 타격이 오겠지만 감정적으로 받아들여서는 안 된다. 그리고 어느 때보다 확신에 찬 모습을 보여주자.

꼼꼼하고 체계적인 유형

1분도 늦어선 안 된다

당신 앞의 이 사람은 지금 상당히 잘 짜인 삶을 살고 있다. 아마 당신보다 나이가 많을 테고 지난 수년간 이 조직에 몸담아왔을 것이다. 그만큼 타인의 말을 듣지 않을 확률이 높다.

당신이 미팅을 잡았을 때 이들은 시간을 구체적으로 제시하고 오는 길까지 자세히 알려줬을 것이다. 그냥 가만히 듣고 있어야 한다. 그렇지 않으면 이들은 공격당했다고 느낀다. 평생 세부 사항에 집착해온 사람들이니 굳이 바꾸려 들지 말자.

당신은 11시 40분까지 도착하기로 되어 있고, 미팅은 길어도 40분을 넘기지 않을 것이다. 정확히 12시 20분에 비서가 차 한 잔을 들고 들어오면 이들은 당신에게 작별을 고하듯 가방에서 치즈 샌드위치와 빵을 꺼낼 것이다.

빠르게 말하는 사람을 좋아하지 않는다

이런 유형에게 말할 때는 속도를 늦춰야 한다. 모든 건 그들의 속도에 맞춰 진행돼야 한다. 혹시 빠르게 말하면 이들은 당신이 몇 가지 사항을 대충 얼버무린다고 생각할 것이다. 또한 말과 몸짓언어가 일치하는 사람들에게서 편안함을 느낀다.

자신이 말할 때 뜸을 많이 들인다

이런 유형은 단어를 선택할 때도 대체로 신중하게 행동한다. 결과적으로 뭘 하든 오래 걸리고 말 한마디할 때도 뜸을 아주 많이 들인다. 특히 이들이 언제 말을 시작할지 예측할 수 없다. 특정 사안에 대한 이야기가 언제 끝났는지도 모르기 때문이다. 만약 이들의 말을 본의 아니게 끊는다면 결코 용서받지 못할 것이다.

광범위한 조사를 실시했다

이런 유형은 뭔가를 결정하기 전에 관련 사실이나 가능한 대안들을 빠짐없이 조사하는 특징이 있다.

이들은 당신의 제안에 가능한 대안들을 모조리 분석해보았다. 그러니 당신도 관련 정보들을 제공하면 좀 더 점수를 딸 수 있다. 이들은 사전 조사한 사실을 발설하지 않을 작정이고, 그래서 직접 이야기

할 때는 뜸을 들일 수밖에 없다. 그래야 말실수할 확률이 줄어들기 때문이다. 이들은 당신의 제안 외에도 선택할 수 있는 대안들을 잘 알고 있다. 파일로 꽉 들어찬 캐비닛이 그 사실을 잘 보여준다. 이들은 마치 다람쥐가 도토리를 모으듯 정보를 모은다.

곧바로 답변하길 바란다

이들이 당신에게 질문을 던지면 무조건 답변을 내놔야 한다. 이들의 마음은 답변이 입력되도록 설계되어 있다. 따라서 당신의 답변이 나오지 않으면 이들의 머릿속 '컴퓨터'는 다음 명령어를 수행할 수가 없다.

모든 것을 문서로 작성하길 바란다

미팅이 끝나면 이들은 논의한 모든 내용을 문서로 작성해달라고 요구한다. 그렇다고 해서 당신의 제안에 꼭 흥미가 생겼다는 뜻은 아니다. 그보다 또다시 논의해야 할 경우를 대비해 안전장치를 확보하는 쪽에 가깝다.

안타깝게도 이런 유형은 즉흥적으로 결정하는 스타일이 아니다 보니 첫 미팅에서 성과를 거둘 확률이 아주 희박하다. 그뿐만 아니라 돌아가서 논의 내용을 다시 문서로 작성해야 한다면 직접 만나 이야기한 노력이 허사가 될 수도 있는 노릇이다. 슬프게도 이들은 처음 만나서 나눈 논의는 대부분 잊어버리고 이후 문서를 통해 무미건조한 이야기만 기억하는 경향이 있다.

이제 모든 건 그들의 손에 달렸다. 당신은 추가 미팅을 강요할 수 없으며 그쪽에서 먼저 연락이 오기만을 기다려야 한다. 따라서 문서나 이메일을 인상적으로 작성하는 게 중요하다. 이들의 막연한 우려를 해소하려 하기보다 당신이 제안한 핵심 내용에 집중하자. 중요한 포인트들을 빠짐없이 넣자. 이들은 결국 당신을 만난 적 없는 동료에게 당신 제안에 대한 의견을 구할 것이라는 사실을 명심하자.

제삼자와 함께 만나자고 요구한다

이들이 다시 한번 미팅을 하자고 요구한다면 제삼자와 동행할 확률이 높다. 아마 당신의 제안으로 득을 볼 수 있는 누군가일 것이다. 이들은 안전을 추구하는 본능에 따라 제삼자의 동의를 확보하고 싶어한다. 아니면 면접이나 사업 관계에서 흔히 볼 수 있는 것처럼 결과가 좋지 않을 경우 책임을 회피하고 싶은 것이다.

이럴 때는 제삼자의 유형을 파악하고 이에 따라 대처한다. 그렇다 해도 결국 최종 결정권은 처음 만났던 '꼼꼼한' 유형인 그에게 있음을 잊지 말자. 따라서 제삼자가 이들의 생각을 바꿔놓을 수 있도록 만드는 게 중요하다. 주도권을 제삼자에게 쥐여주어야 한다.

지금 당신이 마주하고 있는 사람은 과도한 원칙주의자라는 사실을 명심하자. 까다로운 상대라는 걸 인정하고 인내와 끈기로 끝까지 버틴다면 분명 좋은 결과를 얻을 것이다. 단, 당연히 당신의 제안이 흠잡을 데 없이 뛰어나야 한다. 이런 사람들은 조금이라도 빈틈이 발견되면 그야말로 지옥을 맛보게 할 테니 그럴 바엔 차라리 항공권과 여권을 미리 준비하는 편이 낫다.

친근한 유형

무척이나 반가운 어조로 전화를 받는다

이런 유형은 처음 통화할 때 편안하게 대해주고 당신 말도 잘 들어준다. 당신의 제안에 흥미를 느낀다면 둘이 한번 만나자는 얘기도 먼저 꺼낼 것이다.

첫 만남에서 당신의 이름을 부른다

이런 사람들은 격의 없이 친근하게 대하는 스타일이어서 처음 만난 자리에서 당신의 이름을 부를 것이다. 그뿐만 아니라 당신에게도 편하게 자신의 이름을 부르라고 말해줄 것이다.

사무실 좌석 배치가 특이하다

이들의 사무실은 아주 안락하다. 마치 자신을 확장시켜놓은 듯하다. 책상과 그 주변 구역도 마치 이들만의 공간인 것처럼 한쪽 구석에 동떨어져 있다. 이들은 자기 자리에서 논의하는 것을 좋아하지 않는다. 누가 봐도 자기 구역이니 상대방에게는 불리하다고 생각하기 때문이다. 게다가 현재 진행 중인 업무들 때문에 상대방에게 집중하기도 힘들다고 말한다. 당신에게는 횡재가 아니고 무엇이겠는가! 이들은 당신을 포근한 소파나 안락의자로 안내한 뒤 이렇게 제안할 것이다. "불편하시면 재킷도 벗으시죠."

처음에는 말을 많이 한다

이런 유형은 첫 만남에서 당신의 긴장을 풀어주기 위해 말을 많이 한다. 풍부한 제스처와 표정으로 '난 내 삶을 즐기고 있어' 혹은 '난 우리의 이 대화가 즐거워'라는 메시지를 전달한다.

사생활에 관해 질문한다

이런 유형은 당신에게 아주 친밀한 관심을 보인다. 워낙 사람을 좋아하는 스타일이지만 그렇다고 문제 될 건 없다. 사람을 다루는 기술이 뛰어난 만큼 오히려 당신도 덕을 보게 될 것이다. 이들은 경험상 당신이 좋은 사람이라는 걸 한눈에 알아차렸다. 그래서 당신에 대해 좀 더 알아보고 싶어 한다. 당신의 취미나 관심거리를 물어보고 공통점을 찾는 것도 그 때문이다. 일단은 당신이 여기에 온 용건도 나중으로 미뤄둔다.

당신의 제안에 즉각 동의한다

이들은 당신의 제안에 흥미가 생기면 그 자리에서 즉시 그렇다고 인정한다. 일단 마음을 정하고 나면 서로 밀고 당기는 게임 따위를 필요로 하지 않기 때문이다. 당신은 테스트를 통과했다. 이제 이들과 함께 다음 단계로 넘어갈 때다. 이들은 자신의 시간만큼 당신의 시간도 소중히 여긴다.

이런 유형을 상대하는 건 언제나 즐겁다. 이들은 늘 사람들에게서 진심과 공감을 이끌어낸다. 당신도 그런 태도만 보여준다면 실패할 리 없다. 함께 어울리기에 가장 이상적이라 할 수 있는 이 유형은 분명 우리 주위에도 있지만 좀처럼 찾기 힘든 게 사실이다.

호의적 유형

친근한 유형에는 짚고 넘어가야 할 한 가지 변종이 있다. 이들도 마찬가지로 친근하게 대하기는 하지만 목적은 따로 있다. 당신에게서 중요한 정보를 캐내려는 것이다.

당신의 상태를 알고 싶어 한다

업무적 미팅인 경우 이들은 당신의 명함을 꼼꼼히 살필 것이다. 직장 내 당신의 서열을 가늠하기 위해서다. 이들은 당신에게 이 회사에서 얼마나 근무했는지 (혹은 이 회사를 얼마나 운영해왔는지) 질문할 것이다. (당신이 도착하기 전에 꼼꼼히 기획한) 거래를 직접 승인할 수 있을 만큼 영향력이 있는 건지, 아니면 사무실의 누군가에게 동의를 구해야 하는 건지도 알고 싶어 한다. 만약 당신이 최종 결정권자라는 사실을 알게 되면 이들은 차뿐 아니라 비스킷까지 내올 것이다.

이들이 당신의 경력을 머릿속에 그려보고는 상당히 노련한 사람이라는 사실을 알게 된다면 그야말로 이상적인 전개다. 하지만 경력을 확인했는데 변변치 않다면 당신과의 미팅은 금세 끝나버릴 것이다.

만약 현재 회사에 입사한 지 얼마 되지 않아 그들에게 신뢰를 줄 수 있을지 불안하다면 이전 직장의 경력이라도 어필하도록 하자.

당신이 긴장을 풀고 방심하게 만든다

이런 유형은 당신이 누군가를 방문한 형식적 자리에서는 대부분 호스트 측이 홈그라운드의 이점을 누린다는 사실을 알고 있다.

따라서 괜히 격식 차릴 것 없이 긴장 풀고 편안히 대화할 수 있도록 유도함으로써 이들은 당신에게서 더 많은 정보를 캐낼 수 있다. 혹시 당신이 회사의 일급비밀이라도 발설할지 누가 아는가. 하지만 이들은 당신을 시험하고 있을 뿐이다. 만약 당신이 경쟁 업체에 관해 떠들어 댄다면 이들에 대해서도 얼마든지 떠들 수 있는 사람이기 때문이다!

이들 호의적 유형은 당신이 경계를 풀면 협상 시 좀 더 양보할 스타일이라는 사실도 알고 있다. 결국에는 방문객이 따뜻한 환대를 받는다고만 느끼면 훨씬 많은 노력을 쏟게 되어 있기 때문이다.

이들 유형은 계산적이다. 따라서 주변 환경이 아무리 아늑해도 긴장의 끈을 놓쳐서는 안 된다. 만약 당신이 조금이라도 흔들리는 모습을 보이면 이를 틈타 조금이라도 더 빼내려고 들 것이다. 긴장을 놓치지 말자. 혹시 이들이 당신의 제안에 동의하고 당신도 내용을 좀 더 손본다면 이는 순전히 자의적으로 내린 결정이지 압박에 굴복한 게 아님을 밝혀야 한다. 이들은 본능적으로 강자에게 끌린다.

사람들은 대부분 서로 다른 성격 유형을 동시에 갖고 있지만 앞서 말한 것처럼 그중 몇 가지는 '무리'를 짓는 경향이 있다. 서로 다른 행동 특성을 이해하고 정신적으로 황폐하거나 축복받은 이들을 분류하면 당신은 ESP 기술을 훨씬 적극적으로 활용할 수 있을 것이다.

대부분의 유형에는 살짝 튀는 경향이 있는 변종이 존재한다. 당신은 특유의 질문을 던짐으로써 이들을 구분할 수 있다. 하지만 이때 당신이 사용하는 기술도 당신의 유형에 따라 달라진다.

당신을 찾아와 만나게 될 유형

○

'당신을 찾아오는' 사람들의 행동 특징들을 몇 가지 사례를 통해 살펴보자.

우왕좌왕하는 유형
도착하기 무섭게 여기까지 온 여정을 지겨울 정도로 떠벌린다

이런 유형은 별수 없다. 도로 상황이나 날씨에 대해 이야기함으로써 어색한 분위기를 환기시켜야 한다는 일종의 강박을 느낀다. 스스로 긴장해서일 수도 있고 딱히 할 말이 없어서일 수도 있다. 불편한 자리에서는 이것만큼 편하게 이야기할 수 있는 주제도 없다.

물론 당신이 이 자리에 오기까지 어떤 일들을 겪었는지, 주차할 때는 어땠고 열차는 또 어떻게 취소했는지 이야기하는 건 아무 문제 없다. 어쩌면 다른 사람이 물어볼 수도 있다. 하지만 짧게 말해야 한다. 그런 이야기나 듣자고 이 자리를 마련한 것은 아니다.

커다란 가방을 들고 다닌다

금방이라도 터질 것 같은 이들의 가방은 어리둥절하기까지 하다. 우리는 기술에 의존하는 테크놀로지 시대를 살고 있다. 그런데 이들의 가방은 마치 공항 짐 찾는 곳에서 방금 들고 내려온 것만 같다. 여기에는 엄청난 양의 자료들이 들어 있다. 이런 모습을 본 상대방은 즉시 흥미를 잃고 만다. 가뜩이나 바빠 죽겠는데 이 판도라의 상자에서 대체 뭐가 나올지 지켜보고 있으라는 말인가?

책상 위에 온갖 문서를 쏟아낸다

이런 유형은 엄청난 양의 시각 자료들을 꺼내놓는다. '백문이 불여일견'이라는 속담을 신봉하는 것처럼 보인다. 대신 타이밍이나 연관성은 전혀 이해하지 못한다.

상대방이 자료를 좀 읽어보려고 하면 말을 시작한다

자신 앞에 놓인 엄청난 양의 자료들을 들여다보기라도 하려는 사람에게 불운이 닥쳤다. 막 읽기 시작하려는 찰나 설명을 시작하는 것이다. 이들은 대체 어디에 집중해야 할지 혼란스럽다. 설명을 들으면서 방문객과 눈을 맞춰야 하는가, 아니면 자료들을 읽어야 하는가? 두 가지를 동시에 하는 건 불가능하다. 여기에는 정답도 없다.

시간은 안중에 없다

이런 유형은 상대방이 얼마나 더 머물 수 있는지 따위는 알려고 들지 않는다. 그저 자신이 죽여야 하는 시간만 계산하면서 계속 횡설수설할 뿐이다.

단조로운 유형

단조로운 톤으로 말한다

이런 유형은 지루하기 짝이 없는 자신의 말투를 전혀 의식하지 못한 나머지 듣는 이의 삶이 피폐해질 만큼 끔찍한 시간을 선사한다. 이들의 말투에 변화라고는 없다. 목소리에 전혀 열정이 묻어나지 않기 때문에 누군가를 설득할 때 상대방이 이질감을 느낄 수밖에 없다. 단조로운 이들의 목소리는 전화 통화에서 심지어 더 극대화된다.

표정에 변화가 거의 없다

이런 유형은 얼굴에서 어떤 온기나 진실함을 찾아볼 수 없다. 거의 웃지 않는 데다 심지어 그 사실을 인식하지도 못한다. 비언어적 수단으로 감정을 표현하는 경우가 거의 없기 때문에 상대방은 이들이 공감은 하는지, 자신이 제기한 문제나 요구 사항을 대체 이해는 하는지 확인할 도리가 없다.

대본을 읽듯이 말한다

이런 유형은 도무지 이해할 수 없는 이유로 마치 대본이라도 읽는 것처럼 경직된 어조로 말해 상황을 악화시킨다. 집에서 배우자에게도 이렇게 말할 것이다. "뒷방 라디에이터에 생긴 누수가 내 주의를 사로잡았어."

공감 능력이나 진실성이 상당히 떨어지기 때문에 상대방의 입장에서 생각해보거나, 어떤 유형인지 파악하고 그에 따라 적절히 말해주기를 기대하기는 힘들다. 이들은 오직 특유의 무미건조한 목소리로 대본을 읽을 뿐이다. 정말 최악 아닌가?

하지만 이들은 지금까지 이렇게 살아왔기 때문에 앞으로도 이 패턴을 따르게 될 것이다. 혹시 상대방이 대본에 없는 질문이나 주장을 제기하더라도 즉시 편집될 테니 답변이 나올 것이라는 기대는 하지 말자! 이들에게 개선의 여지 따위는 없다.

상대방이 말할 때 끼어든다

이런 모습을 지켜보는 건 꽤나 불편하다. 심지어 이런 일을 직접 겪으면 상처를 받기도 한다. TV 예능 프로그램이나 인터뷰를 통해 이런 장면들을 적잖이 목격했을 것이다. 정치인들은 툭하면 상대방 말을 끊고 끼어들기 일쑤지만 일상에서 이런 태도는 무례하기 짝이 없다.

물론 우리도 이따금씩 상대방이 말하고 있을 때 끼어드는 결례를 저지르지만, 토론 중이거나 지나치게 흥분한 상태였다면 그나마 이해해주기도 한다.

그러나 업무상 누군가를 설득해야 하는 자리에서는 이런 태도가 절대 용납되지 않는다. 예의도 예의지만 상대방이 하는 말의 내용을 정확히 이해해야 받아칠 말도 알 수 있는 것이다. 이럴 때 상대방은 (주의를 기울인다면 몸짓언어로 알아볼 수는 있겠지만) 반대 의견을 표현하는 대신 당신 자체를 거부할 것이다.

　이런 유형은 직업과 무관하게 사람들과 효율적으로 관계를 맺거나 메시지를 전달하는 걸 상당히 어려워할 수밖에 없다. 만약 이들이 동의를 구하기 위해 누군가를 설득하거나 영향력을 발휘하려 한다면 성공 확률이 아주 희박하다.

뭐든지 지나친 유형
너무 성급히 이름을 부른다

　이런 유형은 처음 만나 서로 소개하기 무섭게 상대방의 이름을 부른다. 이 문제는 정확히 짚고 넘어갈 필요가 있다. 만약 당신이 닉 피터스라는 예비 고객에게 처음으로 전화를 걸었다고 해보자. 비서가 전화를 연결해준다. 그런데 당신이 다짜고짜 "닉, 안녕하세요. 유니버설 임포츠사의 톰 스미스인데요"라고 인사하면 상대방은 당황할 확률이 높다. 이는 당신이 오랜 지인이나 가까운 친구를 통해 닉을 알게 됐고, 그들이 그냥 편하게 이름을 부르라고 얘기해줬을 때와는 차원이 다른 문제다.

　사람들은 대부분 지나친 친밀함에 거부감을 느낀다. 대화가 끝나갈 때쯤 두 사람 사이에 어느 정도 관계가 구축됐다면 이름으로 불러도 괜찮겠지만 아직 서로에게 낯선 존재일 때는 그렇지 않다. 오히려 무례하다는 인상만 남길 뿐이다. 그래서 다음으로 어떤 말을 하든 먹히지 않을 것이다. 두 사람 간에 공감대를 구축하기 전까지는 서로 격식을 갖춰 대하는 게 안전하다.

지나치게 아첨한다

칭찬이나 띄워주는 말에 진심만 담겨 있다면 좀 이상하더라도 문제되지 않는다. 한편, 적절하게 쓰이는 경우에는 관심을 표현할 뿐만 아니라 경직된 분위기를 깨뜨려준다. 반면 아첨하는 태도는 단순히 가식적인 것보다도 못한 반응을 일으키기도 한다. 상대방이 속으로 이런 의문을 가질 수 있기 때문이다. '이 정도로 아첨에 능숙하면 이력서나 제안 사항들도 모조리 거짓일 수 있겠군. 그러니 난 당신을 못 믿겠어.'

듣는 걸 시간 낭비로 여긴다

이런 유형은 숨 쉴 틈도 없이 계속 말을 한다. 이들에게 정적은 반드시 메워야 하는 구멍이기 때문이다. 결국 제안을 한 건 이들이고, 따라서 말해야 하는 것도 이들이다. 하지만 안타깝게도 상대방의 말을 충분히 들으며 자신의 오류를 발견할 기회는 얻지 못한다.

자신의 제안에 지나치게 열광한다

이런 유형은 자신의 제안에 오류나 결함이 있을 수 있다는 생각을 꿈에도 하지 않는다. 긍정적 태도를 지녀야 한다는 메시지에 너무 집착한 나머지 자신이 관여한 모든 일을 최고로 여기는 것이다. 따라서 반대 의견이나 우려 사항이 제기될 수 있는 대화를 피하고 심지어 상대방에게 제안을 평가해볼 기회조차 주지 않는다.

거절당하면 화낸다

이런 유형은 형편없다는 평가를 받아들이지 못한다.

이들은 상대방이 만족하지 못하는 이유를 분석하는 대신, 이 자리에 오기 위해 빗길을 두 시간이나 운전해야 했고, 상대방의 일 처리도 마음에 안 들기는 마찬가지이며, 지금 큰 실수하는 거라는 등 험담을 늘어놓는다. 결과적으로 향후 다시 올 수 있었던 기회마저 영영 놓쳐 버리고 만다.

시간이 지나면 사람들의 마음은 얼마든지 변할 수 있다. 그게 자연의 이치이며 우리 모두가 그러고 산다. 환경은 달라지기 마련이고 인생은 고정불변의 것이 아니다. 오늘은 그저 운이 나빴을 뿐이다.

만약 호의적으로 마무리함으로써 가능성을 열어둔다면 훗날 또다시 기회가 올 수도 있다. 반면, 상대방의 결정에 불만을 제기하는 등 볼썽사납게 굴면 자기 손으로 보트에 불을 지르는 거나 다름없다.

이런 유형은 대개 사람들, 특히 업무상 지인들과 인간관계라는 것을 전혀 구축하지 못한다. 혹시 가까스로 누군가와 합의에 이르더라도 결국 상대방이 만족하지 못할 테고, 서로 처음 만났을 때 느꼈던 회의감과 단절감만 확인하게 될 것이다. 그 결과 선의 자체를 잃어버릴 것이다.

자신감과 확신에 차 있는 유형

상대방의 시간도 소중히 여긴다

이런 유형은 상대방이 바쁜 걸 잘 알고 있다고 말함으로써 처음부터 좋은 인상을 보인다.

아무나 만날 수 있는 사람이 아니라는 건 사회적 지위가 높다는 뜻이다. 따라서 상대방의 시간이 한정적이라는 사실을 인정할 때 당신은 이런 메시지를 전달하게 된다. "당신을 만나려는 사람들이 줄을 섰다는 걸 잘 압니다. 그럼에도 제게 시간 내주셔서 정말 감사합니다." 이와 같은 인상을 주면 상대방은 마음을 더 활짝 열게 된다. '중요한 직책을 맡고 있는 만큼 사회적 명망이 높은 당신이 귀한 시간을 내주어 너무 감사하다'는 의미가 전달됐으니 말이다.

한편, 당신 역시 못지않게 바쁘다는 사실을 알려주면 더 큰 수확을 거둘 수 있다. 상대방 또한 바쁘고 성공한 사람을 만나고 싶어 하기는 마찬가지인데, 이는 그렇게 함으로써 어깨를 나란히 할 수 있기 때문이다. 그러니 양해를 구하고 먼저 일어나 당신의 시간도 소중하다는 사실을 일깨워주자. 처음부터 당신이 머물 수 있는 시간을 알려주고 반가운 마음이 아직 남아 있을 때 자리를 떠나자. 상대방의 시선이 달라질 것이다.

상대방이 대화를 시작하도록 해준다

운동선수가 경기에 출전하기 전에 준비운동을 하듯 사람들을 처음 만났을 때도 워밍업이 필요하다. 당신의 목표는 처음부터 일정한 공감대를 형성하는 것이다. 생판 처음 만나는 사이라면 어색할 수도 있고, 만약 상대방의 홈그라운드에서 만난다면 더 불편할 것이다. 그보다는 아예 제3의 장소에서 만나는 게 낫다.

이제 상대방이 대화의 주도권을 쥐도록 해주자. 만약 두 사람 모두 관심이 많아서 대화가 얼마든지 길어질 수 있는 주제에 봉착했다면 훌륭하다. 어쨌든 당신의 목표는 그 사람의 마음을 들여다보는 것이다. 무엇이 그들을 설레게 하는지, 그들의 관심은 무엇이고 또 무엇을 중요시하는지 말이다. 당신도 경험해봐서 알겠지만 모든 건 거기서부터 시작된다.

당신은 지금 남의 말을 경청하는 사람이라는 걸 보여주고 있다. 사람들은 잘 듣는 사람을 좋아하므로 그들이 알아서 말을 멈출 때까지 내버려두자.

상대방을 편안하게 해준다

이는 상당히 값진 능력이다. 사람들의 자세나 반응은 상대방의 태도에 따라 결정된다. 만약 당신이 긴장해 있다면 상대방도 긴장할 확률이 높다. 반대로 당신이 미소 지으면 웃음이 전염된다는 사실을 알게 될 것이다. 혹시 적절한 분위기를 조성해 상대방을 편안하게 해주고 싶다면 당신 스스로가 편안한 상태여야 한다. 당신은 지금 이 미팅에 몰두하고 있으며, 상대방을 무척이나 돕고 싶다는 걸 보여주자. 강요할 마음은 전혀 없으니 긴장할 필요 없다는 걸 웃음기 담긴 목소리로 전달하자. 당신은 지금 부드러운 설득의 예술을 펼치는 중이다.

상대방이 진지한 스타일이라면 기분을 띄워줄 묘책이 필요할 수도 있다. 어떤 이유에서든 근심이 가득하거나 기분이 좋지 않다면 마음을 열 수 있도록 도와야 한다. 사람들은 잠깐만 같이 있어도 상대방의 기분에 전염되기 마련이다. 맞은편에 앉은 사람이 마냥 즐거운데 당신 역시 즐겁지 않기는 무척이나 어려운 일 아닌가. 인내심을 갖고 노력하자.

늘 상대방과 눈을 맞춘다

이런 유형은 몸짓언어를 비롯한 모든 신호를 빠짐없이 잘 읽어낸다. 성공하는 협상가들은 상대방의 눈에 모든 게 담겨 있다고 주장할 것이다.

누군가와 대화할 때 반드시 눈을 들여다보자. 당신의 질문에 답변이 돌아올 때도 눈으로 전달되는 메시지를 놓치지 말자. 말로 특정한 의미를 전달할 때 우리는 눈빛으로 그 의미를 보완하기도 한다. 눈을 들여다보면 그 사람이 실제로 무슨 생각을 하는지 알 수 있다.

뭔가에 대해 강력한 감정을 느낄 때 우리 눈에는 진실성이 묻어난다. 마찬가지로 거짓말하거나 진실하지 못할 때면 눈치 빠른 사람에게 들킬 수밖에 없다.

계속 눈을 맞춘다는 건 우리가 상대방의 말에 귀 기울이고 있다는 것을 증명한다. 이로써 대화의 깊이가 더해진다. 우리가 관심을 보여야 상대방의 관심도 지속된다. 상대방을 정면으로 응시할 때 우리는 감추는 게 없다는 인상을 줄 수 있다.

●▶ 지금 당신과 대화 중인 사람의 '유형'을 파악할 수 있는 황금 법칙은
다음과 같다.

　(a) 이들의 언어에 귀 기울인다.

　(b) 이들의 행동을 잘 살핀다.

●▶ 각 유형들 간에는 차이점도 있지만 분명 공통점도 존재한다.

●▶ 내향형과 외향형의 특징은 상반되지만, 사람들은 대부분 이 두 가지
를 동시에 지니고 있으며 그중 한 가지가 우세하게 나타나는 것뿐이
다. 우세한 성향은 의식적 행동을, 부차적 성향은 무의식적 행동을 나
타낸다.

●▶ 연구 결과, 자신과 우세한 성향이 비슷한 사람에게 끌린다는 사실이
지속적으로 입증되었다. 그리고 성향이 다른 사람들에게는 보통 그들
의 특징에 따라 맞춰주게 된다.

●▶ 몸짓언어를 해석할 때와 마찬가지로 각 개인의 '유형'을 파악하려면
이들의 행동을 순간적으로 판단하지 않고 맥락 속에서 꾸준히 관찰해
야 한다.

●▶ 당신의 의견에 동의하도록 사람들을 설득하고 싶다면 그들과 관계성을 형성하는 게 중요하다. 특히, 상대방이 외향형인지 내향형인지 파악하면 상당히 도움이 된다.

●▶ 상대방이 어떤 '유형'인지 파악하고 그에 따라 능숙하게 대하고 싶다면 공감 능력을 발휘해야 힌다.

●▶ 상대방의 사고방식에 영향을 미치기 원한다면 그의 유형을 파악하고 접근 방식을 조절해야 한다.

옮긴이 **이정민**

인하대학교 사학과를 졸업하고 고려대학교 국제대학원에서 국제평화안보를 공부했다. MBC에서 시사교양국 「지구촌 리포트」 구성 작가, 보도국 국제팀 번역 작가로 재직했고, 외교통상부 산하 핵안보정상회의 준비기획단에서 홍보 에디터로 일했다. 지금은 바른번역 소속 전문 번역가로 활동 중이다. 옮긴 책으로는 『리로드』, 『MOM 맘이 편해졌습니다』, 『평가받으며 사는 것의 의미』, 『이집트에서 24시간 살아보기』, 『인류의 역사』, 『돈 걱정 없는 삶』, 『부패권력은 어떻게 국가를 파괴하는가』, 『로마에서 24시간 살아보기』, 『빅 히스토리』 등이 있다.

설득의 디테일

원하는 것을 얻는 섬세한 대화의 기술 9가지

1판 1쇄 발행 2022년 5월 26일
1판 3쇄 발행 2024년 5월 1일

지은이 제임스 보그
옮긴이 이정민
발행인 박명곤 **CEO** 박지성 **CFO** 김영은
기획편집1팀 채대광, 김준원, 이승미, 이상지
기획편집2팀 박일귀, 이은빈, 강민형, 이지은, 박고은
디자인팀 구경표, 구혜민, 임지선
마케팅팀 임우열, 김은지, 전상미, 이호, 최고은

펴낸곳 (주)현대지성
출판등록 제406-2014-000124호
전화 070-7791-2136 **팩스** 0303-3444-2136
주소 서울시 강서구 마곡중앙6로 40, 장흥빌딩 10층
홈페이지 www.hdjisung.com **이메일** support@hdjisung.com
제작처 영신사

ⓒ 현대지성 2022

"Curious and Creative people make Inspiring Contents"
현대지성은 여러분의 의견 하나하나를 소중히 받고 있습니다.
원고 투고, 오탈자 제보, 제휴 제안은 support@hdjisung.com으로 보내 주세요.

 현대지성 홈페이지

이 책을 만든 사람들
편집 박일귀 **디자인** 구경표